조직민주주의

당신의 조직은 정의로운가

조직민주주의

당신의 조직은 정의로운가

초판 1쇄 인쇄 2022년 8월 15일
초판 1쇄 발행 2022년 8월 31일

지은이 승근배

편집 송준기 윤소연

디자인 윤소연 | **표지디자인** 롬디

마케팅 총괄 임동건 | **마케팅** 전화원, 한민지, 이제이, 한솔, 한울 | **경영지원** 이지원

펴낸이 최익성 | **출판총괄** 송준기
펴낸곳 파지트 | **출판등록** 2021-000049 호

제작지원 플랜비디자인

주소 경기도 화성시 동탄원천로 354-28
전화 031-8050-0508 | **팩스** 02-2179-8994 | **이메일** pazit.book@gmail.com

ISBN 979-11-92381-13-8 03320

조 직 민 주 주 의

당신의 조직은
정의로운가

승근배 지음

P:AZIT

여는 글

사람이 사람답게 일하는 조직

2015년, 프란치스코Francis, Jorge Mario Bergoglio 교황은 미국에 방문하여 미 의회에서 상·하원 합동연설을 했다. 교황은 연설에서 미국인의 정신에 영원히 흐르는 기본 가치를 만든 네 사람의 위대한 미국인을 거론했다. '노예해방의 링컨Abraham Lincoln 대통령, 흑인 인권운동가인 마틴 루터 킹Martin Luther King 목사, 영성가인 토머스 머튼Thomas Merton', 그리고 도로시 데이Dorothy Day였다. 세 명의 미국인들은 익숙한 이름이지만 도로시 데이는 매우 낯설 것이다.

도로시 데이는 1930년대 가톨릭 일꾼 운동Catholic Worker Movement을 일으킨 미국의 여성운동가로 2016년 미국 민주당 대선 후보 경선자였던 버니 샌더스Bernie Sanders가 가장 존경하는 인물로 미국사회에서는 꽤 알려져 있다. 도로시 데이는 미국의 대공황시절, 가난한 노동자와 실직자를 위한 환대의 집을 만들고 1페니의 가톨릭 일꾼 신문을 통해 노동의 중요성, 사회와 교회의 변화를 촉구했다. 사회와 교회가 가난한 사람을 향해 있어야 함을 주장한 그녀는 미국사회에 큰 울림을 주었고 사람들은 그녀를 빈자들의 어머니라 칭한다. 도로시 데

이는 인생의 격동 속에서 가톨릭 신앙을 만나게 되면서부터 '빈자들의 어머니'라고 불렸다. 그녀는 이후 문학과 글에 심취했으며 마침내 영적 스승이자 동반자인 피터 모린Peter Maurin을 만나면서 가톨릭 일꾼 운동을 이끌게 되었다.

피터 모린은 20세기에 살다간 사상가이자 예언자라고 불린다. 피터 모린은 도로시 데이의 정신적 지주였고 친구였고 운동의 동반자였다. 피터 모린은 노동 자체가 인간성을 말살하는 것에 대해 저항하였다. 오늘날의 조직에서 노동이 인간성을 말살하여 왕따를 만들고, 성폭력이 일어나고, 노동 착취가 일어나는 현상은 사람을 사람답게 대하지 않기 때문인데, 피터 모린은 그런 사회에 대해 경고했다. 그는 푸른 혁명Green Revolution을 주장하면서, 자본주의와 공산주의의 천박한 개인주의와 집단주의를 비판했다. 그가 꿈꾸었던 사회는 강요보다는 협동을 강조하는 사회, 노동자 자신이 주인 되는 사회였고, 노동자와 학자가 서로가 통합되어 함께 일하고, 생각하고, 나누고, 기도하는 공동체를 바랐다.

도로시 데이와 피터 모린은 급진주의자radicalism였지만, 한편으로는 인본주의자humanistic이며 항상 가난한 사람을 향해 있었다. 그래서 이들을 '최소 수혜자적* 인본주의자'라고 불린다. 그들은 사회의 변혁과 개선을 위해 최소 수혜자들을 위한 주장을 하였고, 그 안에는 언제나 '사람'이 있었다. 사람에 대한 그들의 관심 주제는 언제나 '노동'이었다. 그들은 사람이 사람답게 살기 위한 노동이라는 것이 자본

---

* 사회나 조직에서 가장 약한 사람에게 가장 먼저 기회가 주어야 한다는 의미로 쓰인다.

과 권력에 의해 무자비하게 강탈되고 있다고 보았다. 이들은 인간성이 훼손되는 것을 방조하는 비합리적인 사회에 대해 변화를 촉구했으며, '노동은 영성이다'라고 주장했다.* 사람은 노동을 통해 자아를 만나게 되고, 궁극적으로는 신神을 만나게 된다. 태초에 신에게서 갈라져 나온 사람은 결국 노동을 통해 신을 만난다. 죽을 때까지 일을 해야 한다는 것은 저주가 아니라 자신을 발견하여 신에게 도달하는 하나의 중요한 통로이자 축복이다. 그러나 노동이라는 것, 특히 육체적 노동이 더 과중한 노동이 될수록 무능과 억압의 상징으로 전락하는 것은 분명 잘못된 것이다.

사람은 본질적으로 자유롭고 평등한 존재이다. 그래서 존엄하다. 동기부여와 자율성은 사람이 자유롭고 평등할 때 발현된다. 사회나 조직이나 사람을 작동시키는 메커니즘mechanism은 다르지 않다. 그러나 자유와 평등에 대한 담론은 사회에서는 허용되지만 조직에서는 금기되어 왔다. 오늘날, 조직에서 일어나는 노동에 관한 문제는 본질적으로 자유와 평등을 이야기하지 않기 때문이다. 이러한 침묵은 사회의 암묵적 묵인에 기인한다. 비록 윤리와 인권이라는 패러다임으로 조직에게 노동윤리와 윤리경영의 사회적 책임을 요구하지만 이역시도 자유와 평등을 꺼내지 않고서는 실제적이지 않다. 자유와 평등 이전에 이익창출이나 목적 달성이 먼저이기 때문이다. 사람은 언제나 목적에 의해 자유와 평등을 희생해야 한다. 그러나 사회는 그렇지 않다. 사회의 목적을 달성하기 위해 자유와 평등이 우선적 조건이

---

* 도로시데이, 이건 역, 『오늘 유성처럼 살아도』, 바오로 딸, 1995, 13~50쪽 참조.

다. 결코 사회의 목적을 달성하기 위해 사람에게 자유와 평등을 희생할 것을 요구하지 않는다. 사회와 조직은 다른 곳이 아니다. 모두 목적이 있으며 그것을 이루어내는 사람이 존재한다. 그리고 목적을 이루기 위해서는 사람이 중심이어야 하며 사람은 자유롭고 평등할 때 목적을 위해 헌신한다. 민주주의가 경쟁력이 있는 것은 사람의 자유와 평등을 보장하기 때문이듯이 조직 역시 사람의 자유와 평등을 보장함으로써 조직의 경쟁력을 갖게 될 것이다.

　하지만 이러한 주장은 받아들여지지 못했다. 조직에서의 자유와 평등은 계급갈등이나 노동 조건의 개선이라는 계층적·물리적 개선에 집중되어 왔다. 사람이 노동을 하는 이유, 일하는 이유를 계급이나 물질적 관점에서 보게 된다면 힘과 힘의 대결로 볼 수밖에 없다. 먹고 먹히거나 뺏고 빼앗기는 투쟁의 장이기보다는 자기의 욕구를 실현하는 장場이 조직이어야 한다. 자신의 욕구를 실현하는 것은 일을 통해 자아를 실현함으로써 일의 의미를 발견하는 것이다. 조직과 사람과의 주고받음이라는 교환에 있어서 새로운 계약을 맺어야 한다. 사람은 노동을 제공하고 조직은 물질적 보상을 하는 자본주의의 교환계약이 아니라 사람과 조직이 서로에게 의미 있는 것을 주고받는 선의good will의 계약contract으로 전환해야 한다. 조직의 목적은 더 이상 이윤창출만이 아니라 사회가 발전할 수 있도록 사회의 문제와 사람의 욕구를 해결하는 것이어야 한다. 대가代價로 이윤이 발생하는 것이며 조직에 속한 사람은 그 대가로 물질적 보상 이외에 자기를 실현할 수 있는 기회를 보장받는 것이다. 이로써 조직의 구성원들은 사회의 문제와 사람의 욕구를 해결하는 주체가 된다. 해결의 주체가 되는 주인은 자유롭다. 자유로운 주인에게는 조직의 목표에 참여할 수 있는 기회의 균등이 보장되어야 한다. 또한 누구에게나 기회가 보장될 수 있도록 차등적이어야 한다. 이것이 피터 모린이 제시한 최소 수혜자의 입장이다. 평등의 조건을 이루기 위한 전제 조건은 조직의 모든 사람들이 참여하여 합의한 '선의의 계약'이라는 것이다. 선의의 계약에 의해 맺은 계약조건들에 의해 사람들은 자유롭고 평등해지며 사람이 중심이 된 조직이 된다. 이를 '조직민주주의'라 한다.

우리가 이미 알고 있는 조직의 계약이라는 것은 근로계약에 한정된다. 선의의 계약은 근로가 아닌 사람의 자유와 평등에 관한 계약이다. 그러한 계약을 하는 이유는 자유와 평등이 조직의 경쟁력을 높이는 것이라 보기 때문이다. 조직심리 내지는 조직행동론에서 주목하는 것은 조직의 성과를 높이기 위한 동기부여이다. 그러나 이 이론들은 조직의 자유와 평등 근처에 가다가도 멈춰 버린다. 동기부여까지는 사람을 변화시키는 것이지만 자유와 평등은 사람이 아닌 조직을 변화시켜야 하기 때문에 이론의 종착지는 언제나 리더십과 팔로우십이다. 수많은 조직개발 서적을 뒤적여보아도 결국 조직개발의 성과는 리더십에 달려 있다. 특출한 사람이 있거나 아니면 사람이 변해야 한다는 것이다. 수많은 조직개발 서적과 세미나들이 있음에도 불구하고 조직은 언제나 그대로 남을 수밖에 없다. 사람에게 변화의 초점을 두는 속인적인 접근은 문제의 원인을 사람에게 두는 것이다. 근로계약의 준수라는 것도 사람의 노동력에만 특정하여 이루어지는 속인주의 계약이다. 선의의 계약은 조직의 변화 요인을 사람에게서 벗어나 조직의 자유와 평등에서 찾고자 하는 것이다. 자유롭고 평등한 조직이 될 때 사람은 동기부여 될 것이고 그로 인해 조직은 성과를 보일 것이기에 진정 조직의 성과를 원한다면 자유와 평등을 계약하는 선의의 계약이 필요하다.

이 책은 인본주의 이론을 통해 자유와 평등이라는 동기부여의 전제조건을 설명할 것이다. 그리고 자유와 평등을 조직의 계약으로 풀어낼 것이다. 이러한 시도는 사람의 동기부여를 위해서는 궁극적으로 자유와 평등이 필요함을 설명하기 위함이다. 그리고 자유와 평등이라는 계약을 조직에 실현시켜야 하는 보완적 논리로써 사회계약론을 제시할 것이다. 사회와 조직은 다른 것이 아니라고 보기 때문이다. 자유와 평등이라는 조직의 계약은 규범과 기준이 있고 그것에 조직과 사람들이 합의하는 것이다. 이때 조직은 구성원들의 자유와 평등을 보장한다. 자유와 평등을 보장하는 계약의 목적은 조직자본의 획득, 그리고 조직과 구성원의 자아를 실현하기 위함이다. 나아가서는 조직의 자유와 평등이 사회의 자유와 평등으로 실현되는 것이다. 그것이 조직의 존재 이유이고 이 정의가 곧 조직민주주의의 정의justice, definition이기도 하다.

인본주의 이론과 사회계약이론, 그리고 약간의 제도경제학institution economics* **들이 소개될 것이다. 인본주의는 조직에 있어서 동기부여

---

* 제도경제학은 인간의 합리성이 제한되어 있으며 경제 행위를 사람이 만든 제도로 이해한다. 제도경제학은 시장에 의한 조정이라는 고전적 관점뿐만 아니라 제도에 의한 조정이라는 관점도 중요함을 주장하는 비주류경제학이다. 제도경제학은 주류경제학인 신고전경제학이 경제의 원리를 시장에 중점을 두고 있는 반면, 사회 및 정치적 기반에 둔 제도에 근거한다. 시장은 사회의 일부분이라는 총체론적 입장에서 접근하며 제한적 합리성과 복잡한 동기, 그리고 집단의 성질과 목적 등 다양한 접근 방식과 기술 변화의 중요성을 주장한다. 또한 제도는 고정적인 것이 아닌 계속해서 변화되고 있기 때문에 역사적 맥락

와 자율성, 사람에 대한 무한한 신뢰에 관한 것이며 사회계약은 권한과 책임, 자유와 정의, 공정성에 관한 것이다. 인본주의와 사회계약을 조직과 연관시킴으로써 사람이 사람답게 하는 조직을 설명하고자 한다. 두 이론을 연결시키는 이유는 조직 구성원들이 동기부여와 사회가 성립하는 이유에는 모두 자유와 평등이라는 공통분모가 자리하기 때문이다. 제도경제학 역시도 조직에서의 자유와 평등을 다루는 데 매우 유용하다. 자유와 평등은 제도로 실현되며 그것이 정의로운 조직이기 때문이다.

그동안 터부시되던 조직에 있어서의 자유와 평등에 관한 담론을 조심스럽게 꺼내보고자 한다. 각 사회마다 인식하는 자유와 평등이 다르듯이 조직 역시 모두 다를 수밖에 없다. 그러나 단 한 번도 자유와 평등을 꺼내어 본 적이 없다는 것은 동일하다. 물론 꺼내본 적이 있던 조직이나 사람이 있다면 아마도 엄청난 갈등을 겪었을 것이다. 자유와 평등의 개념 조건이나 인식 등이 서로 다르기 때문에 차이만큼 갈등의 골은 깊을 수밖에 없다. 그러므로 이 책은 계약이라는 익

을 통해 경제를 이해하려고 한다. 창시자는 미국의 경제학자 소스타인 베블렌(Thorstein Veblen, 1857~1929)으로 알려져 있다.

** 소스타인 베블런은 사람을 '어버이 성향, 제작본능, 한가한 호기심, 모방본능 등 다중 본능이 있는 존재로 이해한다(한성안, 『진보 집권 경제학』, 아름다운사람들, 2020, 70쪽). 사람의 본능은 목표들을 이루기 위해 습관화된 방법들을 발전시켰는데 그것이 제도이다. 베블런은 진화경제학자로 불린다. 다중본능인 사람은 다양성과 상호작용에 의해 새로움을 창조한다. 때문에 결과는 불확실하며 다양하고 비목적론적이다. 진화의 결과를 예측할 수 없듯이 경제역시도 이미 정해져 있거나 완전히 합리적 것이 아닌 사람의 집단적 본능과 행위 그리고 제도로 진화한다고 보았다. 그가 제도경제학의 창시자라고 불리는 이유는 기존의 신고전경제학에 대해 새로운 접근을 시도한 사회이론가이자 비평가, 그리고 경제학자이기 때문이다.(켄 맥코믹, 한성안 편역, 『경제학자 베블런, 냉소와 미소 사이』, 청람, 2019, '기술과 사회진화' 주석 9, 11, 16)

숙하지만 아주 낯선 개념을 통해 조직을 다른 관점에서, 자유와 평등의 관점에서 이해해보고자 하는 바람으로 쓰여졌음을 밝힌다. 이 책을 통해 조직의 존재 이유, 사람이 일하는 이유, 사람과 조직이 서로에게 무엇을 바라고 채워주어야 하는가에 대해 새롭게 조명되길 기대한다. 이 책은 크게 세 가지의 목적을 갖고 있다. 하나는 사람이 사람답게 일하는 조직민주주의를 정의하는 것, 둘째는 조직의 진정한 사명을 밝혀내는 것, 마지막으로 자유와 평등이라는 동기부여의 원리를 제시하는 것, 이것이 목적이다.

목차

제1부

동기를 촉진하는 조직의 조건

조직의 계약은 매우 불완전하다.

불완전함은 조직이 구성원으로부터 기대하는 행동을 저하시킨다.

동기(M)를 촉진하는 것은 행동(B)과 사건(E),

그리고 욕구(N)와 조건(S)이다.

동기는 행동과 사건이다

월요일 아침, 김 부장은 평소보다 무거운 발걸음으로 회사로 가고 있다. 다음 달에 있을 신규 프로젝트에 대한 회의가 예정되어 있고 회의의 주요 안건은 프로젝트 매니저를 정하는 것이다. 신규 프로젝트이기는 하나 그다지 보상이 없는 사업이기에 매력이 없는 프로젝트이다. 회사 사무실에 들어가려고 하는데 회의실에서 구성원들의 이야기 소리가 들린다. 어떠한 의견을 가지고 옥신각신하는 소리인 것 같아, 궁금증에 귀를 대고 가만히 들어본다. 논의의 내용을 간단히 정리하면 이렇다. "그런 프로젝트면 우리 부서가 하는 것이 맞다. 내가 맡고 싶다! 아니다 내가 맡고 싶다!, 내가 그 일을 맡을 터이니 당신은 보다 더 중요한 프로젝트를 맡아라" 김 부장은 서로 맡으려고 하는 그런 직원들이 너무나도 고맙다. 지금 당장 결론을 내지 않으면 구성원들 간에 큰 싸움이 일어날 듯 해, 김 부장이 긴급 투입되어 논의를 중재한다. 어느 구성원도 그 프로젝트를 놓고 싶지 않았기에 어쩔 수 없이 선택한 방법은 제비뽑기. '결국 한 구성원이 당첨되고 당첨된 사람은 복권이라도 당첨이 된 듯 축제 분위기가 되었으며 당첨되지 않은 구성원들은 초상집 분위기가 되어버리고 말았다'는 전설 같은 이야기.

'사람의 동기motivation는 어디서 오는 것일까?' 해묵은 질문인 것 같지만 조직 구성원들의 동기에 관심을 갖게 된 것은 100년도 되지 않았다. 동기부여이론은 크게 내용이론과 과정이론으로 구분된다. 내용이론motivation content theory은 사람 행동을 동기화시키는 원동력을, 과정이론motivation process theory은 욕구와 행동이 어떠한 과정으로 촉진되는지를 설명한다. 내용이론에는 욕구단계이론, ERG이론, 2요인이론, 그리고 성취동기이론 등이 있으며 과정이론에는 기대이론과 업적만족이론, 경로-목표이론, 기대이론, 공정성이론 등이 있다. 근원적 동기는 결국 사람이 일을 하는 이유에 대한 답이다. 수많은 동기부여이론들이 나름의 타당성들을 가지고 있지만 이론들에서 간과해버린 근원적 동기가 있다. 동기는 모든 동기부여 이론을 관통한다. '사람이 일을 하는 원동력이자 욕구와 행동을 촉진하는 동기는 과연 무엇일까?', '욕구, 기대, 만족, 성과, 보상, 공정'이라는 동기의 저변에 있는 근원적 동기가 궁금하다.

시키지도 않았는데 자발적으로 어려운 과업에 지원을 하고, 조직과 팀의 발전을 위해 혁신적인 제안을 하며, 굳이 말하지 않아도 정해진 규정을 준수하는 구성원과 함께 일한다면 얼마나 행복할까? 게다가 한두 명이 아니라면, 그것이 조직의 문화여서 너무나 당연한 것이라면 말이다. 누구를 시킬 것인가를 고민하거나 눈치 보지 않고 지원자들이 너무나 많아서 누구를 선택해야 할지 고민하게 만드는, 그런 이상적인 조직. 누구나 한 번쯤은 꿈꿔보았던 그런 조직 말이다.

1980년대 초반에 오건^{Organ}과 동료들은 조직 내에서의 이러한 자발적인 행동을 '조직시민행동^{Organizational citizenship behavior}'*이라는 용어를 통해 정의하였다. 조직시민행동에는 5가지가 있다. 첫 번째는 이타주의^{altruism}로 보상을 바라지 않고 다른 구성원을 도와 주려는 친사회적인 행동을 말한다. 두 번째는 예의^{courtesy}이다. 자기의 행동이 다른 조직 구성원에게 피해를 주지 않도록 정보를 공유하는 행동을 말한다. 세 번째는 성실함^{conscientiousness}으로, 조직이 요구하는 수준 이상의 역할을 수행하는 행동을 말한다. 네 번째는 시민의식^{civic virtue}으로 조직의 목표달성을 위해서 자발적으로 솔선수범하는 책임이 있는 행동을 말한다. 마지막으로 조직에 대한 비난을 지양하는 스포츠맨십^{sportsmanship}이다. 조직의 의사결정을 온전히 받아들이는 행동이며 나아가서는 의사결정을 적극적으로 지지한다.

흔히들 조직시민행동이 조직에서 일어나는 행동이라고 이해하고 있지만 사실 이러한 행동들은 사회에서도 일어난다. 조직이라고 특

---

* 조직시민행동은 조직 구성원 스스로가 조직을 위해 행하는 자발적인 행동으로, 직무기술서에 열거된 핵심적인 과업 이상으로 조직의 효율성 증진에 기여하는 행동을 말한다. 1980년대 초반에 오건(Organ)과 동료들이 조직 내에서의 자발적 도움 행동을 '조직시민행동'이라는 용어를 통해 정의(definition)하면서, 조직시민행동 연구가 활발하게 이루어지기 시작했다. 오건은 조직시민행동을 보상이라는 개념과 연결 지어 설명했다. 그는 조직시민행동이 자유 재량에 의한 것으로, 강제적이거나 보상이 보장된 것은 아니지만, 조직이 효과적으로 기능할 것을 기대하면서 자발적으로 하는 도움 행동을 뜻한다고 했다. 이러한 정의를 통해서 볼 때, 조직시민행동은 개인의 선택에 의한 것이기 때문에 행동하지 않았다고 해서 처벌을 받는 행동은 아니다. 오건이 처음으로 조직시민행동을 정의했고, 조직시민행동을 타당하게 측정할 수 있는 척도를 개발했으며, 그가 정의한 조직시민행동이 조직 내에서 실제로 유의미한 행동 차원인 것으로 밝혀졌기 때문에, 여전히 많은 연구자들이 그의 정의 및 측정 도구를 조직시민행동 연구에 활용하고 있다.

정 짓지 않더라도 사회에서나 집단에서 발견할 수 있는 건강한 사회적 행동들이다. 2020년, 코로나바이러스감염증-19$^{COVID\ 19,\ 이하\ 코로나\ 19}$대해 반응한 사회 구성원의 태도에서 조직시민행동의 다섯 가지의 행동을 찾아볼 수 있다. 손길이 필요한 곳에 투신하는 의료진과 자원봉사자들, 착한 임대료라는 이타주의, 조금이라도 발열이 있으면 동선을 최소화하여 남에게 피해를 주지 않으려는 예의, 정부에서 요구하는 것 이상으로 스스로를 자가격리하는 성실함, 사회의 안전이라는 이익을 위해서 사재기를 하지 않는 시민의식, 정부에 대한 비난을 지양하고 사회적 거리두기, 마스크 5부제를 받아들이는 스포츠맨십이다. 이러한 행동이 보다 많은 사람들에게서 발생할수록 조직과 사회는 건강하고 성과가 높다. 특히 위기가 있을 때 그것을 이겨내는 거대한 사회적 자본이 되어 준다. 내가 속한 조직에서의 조직시민행동이 기억나지 않는다면, 코로나 19가 발생하였던 2020년 초기 이러한 사회적 행동을 하였는지 자문해보면 될 것이다.

'만약 그런 행동을 하였다면 동기는 무엇일까? 당신은 원래 선하고 자발적인 사람이기 때문에 그런 행동을 한 것일까?' 물론 그럴 수 있다. 사람은 누구나 공동체 기여하고자 하는 경향성을 가지고 있다. 그러나 행동이라는 것은 당신이 가진 경향성에 특정한 동기와 사건이 촉진될 때 나오는 것이다. 그렇다면 '당신의 행동에 영향을 준 동기와 사건들이 있지 않았을까?' 조직시민행동은 동기와 사건들을 매개로 한다.

이유 없는 행동이란 없다. 사람들의 행동^{behavior}은 그것을 촉진시키거나 억압하는 원인들이 있다. 코로나 19에서 나타난 대한민국 시민사회의 행동은 2020년 OECD 회원국 중 사회적 신뢰도가 평균 이하인 23위 국가에서 나타날 수 없는 행동들이었다. 낮은 신뢰사회에서는 사재기는 물론이요, 정부가 요구하는 감염대응 기준에서 벗어나는 행동들이 다반사이여도 그것이 당연할 수도 있다.

언론과 대한의사협회에서는 전염병의 공포와 정부의 잘못된 정책적 판단을 판단과 특정 지역에서 하루에 몇백 명씩 전염병 환자가 발생하는 것을 연일 보도했다. 그러나 우리나라는 세계가 감탄할 정도의 훌륭한 시민사회의 모습을 보여주었는데 그것이 가능했던 이유는 무엇일까?

대한민국 정부가 코로나 19에 대응하는 정책은 투명성과 개방성, 그리고 일관성이다. 진단키트라는 혁신적인 기술과 탄탄하게 구축된 공공의료자원, 마지막으로 리더의 진정성 있는 모습인 선행사건 activating event이 있었기에 조직시민행동과 같은 건강한 행동이 시민사회에 발현된 것이다. 즉 국가위기 상황에서 국가가 시민들에게 기대하는 행동(침착하고 동요되지 아니하며, 결정된 정책에 즉각적으로 반응하고 때로는 정책이 늦어져도 기다려주며, 서로 협력하고 자원을 연계해주는 탁월한 시민행동)은 통제되거나 강요해서 되는 것이 아니라 방역 당국이 보여주는 투명하고 개방적이며 일관된 선행사건들에 의해 동기화되는 것이다.

조직에서 구성원들에게 기대하는 행동들 역시, 조직이 통제하거나 강요해서는 얻어질 수 없다. 구성원의 이타주의와 예의, 성실함과 시민의식, 그리고 스포츠맨십이라는 행동들은 조직이 보여주는 선행사건들에 의해 영향을 받고 동기화된다. 조직시민행동을 정의한 오건과 동료들은 조직시민행동에 영향을 주는 선행사건들을 '일 자체, 동

조직시민행동(B)	선행사건(Event)
BEHAVIOR	1. 승진(공정성과 기회)
• 이타주의	2. 감독(리더의 슈퍼비전)
• 예의	3. 동료(함께 일하는 구성원)
• 성실함	4. 직무(주어진 일)
• 시민의식	5. 급여(적정성과 합리성)
• 스포츠맨십	

조직시민행동과 사건

료, 감독, 승진, 급여' 이상 5가지 사건으로 제시한다. 즉 5가지의 요소들이 조직에서 어떠한 선행사건들로 출현되었는가에 따라 기대되는 건강한 행동이 촉진된다는 것이다. 이제 5가지의 조직시민행동을 촉진시키는 선행사건 5가지를 알아보자.

조직시민행동에 영향을 주는 5가지의 선행사건들 자체만으로는 영향을 주지 않는다. 5가지의 사건들이 긍정적일 때 사건이 사람의 만족도에 영향을 주며 기대하는 행동을 이끈다. 선행사건이란 승진(공정성과 기회), 감독(리더의 슈퍼비전), 동료(함께 일하는 구성원), 직무(주어진 일), 급여(적정성과 합리성) 5가지를 말한다.

첫 번째, 급여이다. 급여는 많고 적음의 문제가 아니라 적정성과 합리성이 확보되어야 한다. 동종 직종에서 일하는 사람들과 동일 직장 내에서 일하는 사람들과 비교하여 '내 급여가 얼마나 적정한가, 얼마나 합리적으로 책정이 되었는가?'에 대한 문제이다.

두 번째는 일 자체이다. 구성원들은 우선적으로 적합한 집단에서 일해야 한다. 소속된 집단에서 자신이 가진 공급자원에 부합하는 과업(일)이 주어졌을 때 만족도가 높아진다. 만약, 공급자원에 비해 현저하게 과소하거나 자신에게는 버거운 과중한 과업이 주어진다면 일에 대한 무료함을 느끼거나 스트레스를 받는다. 구성원들이 직무 전환이나 업무 분장에 민감한 이유이기도 하다.

세 번째는 동료이다. 구성원들은 자신과 비교하여 비슷한 사람을 선호한다. 자신보다 출중한 사람은 결국 자신에게 부담으로 작용하고 자신보다 조금 낫거나 동일 혹은 조금 처진다면 안도한다. 바로 동질성이라는 것이다. 함께 일하는 구성원들 동질성은 서로에게 안전감을 제공한다. 안전감은 내 동료 역시도 동일한 상황이라면 동일한 행동을 할 것이라는, 자신의 행동이 비난받지 않을 것이라고 예측하는 데 기인한다. 그리고 경쟁을 굳이 하지 않아도 된다는 안도감이 안전감으로 작용한다.

네 번째는 감독, 리더의 슈퍼비전supervision*이다. 슈퍼비전은 서로를 존중하는 인격적 관계를 의미한다. 존중이라는 것은 사람을 있는 그대로 인정하는 것이다. 지식과 정보의 차이, 권력으로써 주어지는 직책, 직급으로 사람을 대하는 것이 아니다. 존중은 자신의 의견을 타인이 들어준다고 느낄 때 가능하다. 존중의 슈퍼비전은 지도 및 감독에 의해 말을 듣는 것(경청)이 아니라 자신의 의견을 물어봐 주는

---

* 지휘, 감독, 통제, 지시 등을 의미한다. 주로 조직이나 집단에서 경험과 지식이 많은 자가 목표를 달성하기 위하여 원조 또는 지도, 감독과 통제를 하는 행위를 말한다. 통상 슈퍼비전을 하는 자는 슈퍼바이저, 받는 자는 슈퍼바이지라고 한다.

것(질문)에서부터 출발한다. 나의 의견을 묻고 들어줌으로써 자신이 존중받는다고 느낄 때 자발적이고 헌신적인 행동이 일어난다.

마지막 다섯 번째는 승진이다. 승진은 공정성에 관한 것이다. 승진이 조직의 공정성을 대표할 수 없겠지만 앞서 제시한 감독, 동료, 일, 급여라는 요소는 승진이라는 결과에 영향을 준다. 그렇게 본다면 조직시민행동은 조직의 공정성에 관한 논의로 귀결된다. '승진의 공정성이란 무엇인가?' 오건과 동료들은 승진의 '기회'를 제시한다. 공정성은 승진의 결과 공정성이 아니라 기회이며 이는 절차적 공정성이라는 것에 주목해야 한다. 구성원들이 경험하는 인사평가와 승진의 공정성에 대한 판단은 결과가 아닌 절차에 있다. 절차적 공정성은 참여를 통해 확보된다.

조직시민행동이 일어나길 바라는 조직이라면 승진(공정성과 기회), 감독(리더의 슈퍼비전), 동료(함께 일하는 구성원), 직무(주어진 일), 급여(적정성과 합리성)라는 5가지의 요소를 자유자재로 통제할 수 있어야 한다. 그런데 '과연 이 5가지를 통제할 수 있는 조직이 있을까?' 만약 구성원들에게서 조직시민행동을 찾아볼 수 없다면 그것은 구성원들의 이기심이 아니다. 나태함과 무능도 아니다. 구성원들에게 기대하는 행동은 선행사건에 의한다. 선행사건들이 긍정적이지 않다면 기대하는 조직시민행동이 일어나지 않는다. 사람은 선행사건이 긍정적일 때 건강한 행동을 한다. 이유 없는 행동이란 없다. 조직이 건강하지 않은 책임은 구성원이 아니라 선행사건을 통제하지 못한 조직에서 찾아야 할 것이다.

여기까지가 조직행동, 조직심리학자들이 주장하는 조직시민행동과 요소에 관한 일반적인 내용들이다. 조직시민행동에 관한 이론은 오늘날까지 다양하게 발전하고 있지만 건강한 행동과 이를 촉진시키는 사건들만 다루고 있다. 이제부터는 건강한 조직시민행동과 구성원들의 '욕구'와의 관계를 논하며 행동과 사건은 욕구에 영향을 받는다는 가설을 제시하고자 한다. 제1의 전제는 이렇다. '조직시민행동을 위해서는 촉진적인 선행사건이 있어야 한다.' 그리고 이 전제에 가설적 전제를 하나 더 보태 보겠다. 제2의 전제, '건강한 행동을 촉진시키는 5가지의 선행사건은 '사람의 욕구'를 기반으로 한다.' 건강한 행동은 촉진적 사건과 관계되어 있고 사건은 바로 사람의 욕구라는 것이다. 제2의 전제가설로 조직시민행동과 동기이론과의 만남이 이루어진다.

동기는 욕구가 중요하다

건강한 행동을 촉진하는 승진(공정성과 기회), 감독(리더의 슈퍼비전), 동료(함께 일하는 구성원), 직무(주어진 일), 급여(적정성과 합리성)라는 5가지의 선행사건들은 구성원들이 가진 욕구^{Need}에 의해 반응한다. 조직공정성, 슈퍼비전, 동료, 일, 급여는 인간의 욕구와 강력하게 연결되어 있다. 예를 들어 급여, 직무, 승진, 상사와 동료와 관계된 선행사건에 구성원들이 반응하는 것은 단순히 급여가 줄었거나 평가 결과가 기대만큼 나빠서 그런 것이 아니다. 사건들이 자신이 조직에서 추구하는 욕구의 충족과 결핍을 건들기 때문이다. 그리고 그것이 동기를 자극하며, 행동으로 반응한다. 동기부여가 촉진되거나 저해되는 것은 욕구와 선행사건이 만나서 반응하는 지점에서부터 시작된다. 그런 이유로 욕구이론은 동기이론에 속한다. 여러 동기이론들 모두가 인간의 욕구를 거론하는 이유이기도 하다.

여기서는 매슬로우$^{Abraham\ Harold\ Maslow}$의 욕구이론을 거론해 보자. 매슬로우는 '욕구란 목적 자체가 아닌 목적으로 가는 수단이며 의식

조직시민행동(B)	선행사건(Event)	욕구(Need) 5단계
B **E** **H** **A** **V** **I** **O** **R**	1. 승진 (공정성과 기회)	자아실현의 욕구
	2. 감독 (리더의 슈퍼비전)	존경의 욕구
	3. 동료 (함께 일하는 구성원)	소속의 욕구
	4. 직무 (주어진 일)	안전의 욕구
	5. 급여 (적정성과 합리성)	생존의 욕구

조직시민행동, 그리고 사건과 욕구

적인 욕망 뒤에는 더 근본적인 목표가 있다'고 주장한다.* 위의 그림을 보자. 조직시민행동의 선행사건인 '급여의 적정성과 합리성'은 매슬로우의 '생존의 욕구'와 관계된다. 급여는 수단이지 목적 자체가 아니다. 급여의 많고 적음에 반응하는 욕망 뒤에는 더 근본적인 목표가 있다. 즉 급여의 적정성과 합리성이 근본적인 목표가 되는 이유는 그것이 적정하거나 합리적이지 않으면 생존의 욕구가 결핍되기 때문이다. 만약 급여가 적정하거나 합리적이지 않다면 생존의 욕구를 충족시키기 어렵다. 그렇게 되면 선택의 동기가 작용하게 되어, 급여에

---

* 매슬로우(1908~1970)는 미국의 심리학자 · 철학자로서 인본주의 심리학의 창설을 주도하였다. 생존욕구, 안전, 소속, 존중, 존경, 그리고 인간의 궁극적 목표인 자기실현에 이르기까지 충족되어야 할 욕구에는 위계가 있다는 것이 '욕구 5단계설'이다. 매슬로우가 주장한 인본주의 심리학은 이전까지 행동주의자와 정신분석론에 주도되고 있던 심리학계와 전혀 다른 새로운 길을 제시한다. 매슬로우에 의해서 '자아실현'의 개념이 널리 알려지기 시작하였고 저서로는 『이상심리학 원리(Principles of Abnormal Psychology)』(1941), 『인간의 동기와 성격(Motivation and Personality)』(1954), 『존재의 심리학(Towards a Psychology of Being)』(1968) 등이 있다.

수준만큼으로만 일을 하거나 다른 구성원들과 비교하고 시기하는 선택을 한다. 조직에서 구성원에게 기대하는 조직시민행동은 절대 일어나지 않는다. 이것이 생존의 욕구^{N}와 관계된 급여라는 선행사건^{E}이 일으키는 동기부여^{M}이다.

직무인 '주어진 일'은 '안전의 욕구'와 관계되어 있다. 자신이 보유하고 있는 공급자원보다 구성원에게 주어진 직무의 수준이 현저히 낮다면 안전하지 않음을 느낀다. 자기 자신을 조직에서 '과소평가하고 있다'는 느낌은 그리 유쾌한 것이 아니다. 조직에서 자신에게 필요로 하는 자원이 극히 적다면 언제든지 자신이 무용해질 수 있다는 안전의 욕구를 자극한다. 직무 수준이 현격히 높을 때 역시도 안전하지 않음을 느낀다. 만약 과업을 온전히 완수하지 못했을 때, 자신이 조직에서 언제든지 배제될 수 있다는 느낌은 불안감으로 작용한다. 역시 안전의 욕구가 결핍된다. 반대로 자신이 가진 공급자원과 조직에서 원하는 필요자원 사이의 유사성과 보완성을 확보한다면 안전의 욕구는 충족된다. 그렇게 되면 자발적인 조직시민행동이 촉진된다. 이것이 안전의 욕구(N)와 관계된 일 자체라는 선행사건(E)이 일으키는 동기부여(M)이다. 주어진 일이라는 선행사건은 수단이지 목적 자체는 아니다. 일이 많고 적음, 과업 수준이 높고 낮음에 반응하는 것보다는 일 자체가 주는 더 근본적인 목표가 있는 것이다.

'동료'는 '소속의 욕구'와 관계되어 있다. '일 잘하는 동료가 왜 최고의 복지라고 말하는가?' 일 잘하는 동료들 집단에 소속되고 싶은 것이 사람의 욕구이기 때문이다. '왜 동질적인 동료들을 선호할까?' 자신과 너무 격차가 나지 않는 동료와 함께 일하기를 선호하는 것은 소속의 욕구를 충족시키기 위함이다. 소속의 욕구를 결핍시키는 것은 피 말리는 '경쟁'이다. 공동체에 기여하고 자아를 실현하고자 조직에 속했지만 그것이 내부의 과다한 경쟁으로 결핍된다면, 동료의 역량이 자신보다 너무나 월등해 격차가 크게 난다면, 소속의 욕구는 충족되지 못한다. 조직에 소속되어 있지만 언제든지 경쟁에서 도태될 수 있다는 불안감이 작용한다. 소속의 욕구를 충족시키기 위해서는 '자긍심'도 필요하다. 만약 동료들의 수준이 자신보다 현저하게 낮다면 자신 역시 그렇게 낮게 판단받고 있을 수 있다는 불안감이 작용한다. '사람은 왜 소속되고 싶어할까?' 이것이 소속의 욕구(N)와 관계된 동료라는 선행사건(E)이 일으키는 동기부여(M)이다. 동료는 수단이지 목적 자체가 아니요, 더 근본적인 목표는 동료를 통해 자신을 실현하고 자신이 갖는 조직에서의 위치, 조직에서 자신을 바라보는 인정 여부가 동료를 통해 확인되는 것이다. 동료에 의해 확인되는 위치와 인정에 따라 조직시민행동이 일어난다.

'감독'은 '존중의 욕구'와 관계되어 있다. 슈퍼비전이 더 이상 지도감독이 아니라 인간에 대한 존중을 담아야 하는 이유가 여기에서도 확연히 밝혀진다. 지도와 감독은 통제적 기능이다. 자신이 통제되거나 명령에 의해 움직여야 하는 수동적 존재로 인식한다면 존중의 욕구는 결핍된다. 존중의 욕구를 충족시키지 못하는 슈퍼비전이라는 선행사건은 잘못된 수단이며 목적 자체를 상실하게 만든다. 조직에서는 종종 슈퍼비전을 오해한다. 가르치려 하거나 훈육의 방법을 사용하여 선도 내지는 개도의 개념으로 사람을 바꾸려고 한다. 이는 사람의 존재를 부정하는 것이다. 자신이 잘못되었거나 모자란다는 것을 전제하는 슈퍼비전이라면 누가 존중의 욕구를 충족시킬 수 있겠는가. 조직이 슈퍼비전을 하는 이유는 지도와 감독으로 사람으로 통제하는 것이 아니라 조직에서 기대하고 있는 조직시민행동을 이끌어내기 위함이다. 그러면 통제보다는 존중의 경영이 필요하다. 사람이 조직에 몸담는 근본적인 목표는 인격적 관계를 맺는 것, 있는 그대로 자신의 존재를 인정받는 것이다. 자신의 존재를 인정(N)받는다고 동기부여(M)된 사람만이 조직시민행동(B)을 보여준다. 이에 슈퍼비전은 감독과 통제가 아니라 존중이어야 할 것이다.

'승진'은 '자아실현의 욕구'와 관계되어 있다. 승진을 못해서 불만인 것이 아니다. 인사평가의 결과가 좋지 않아서 불만인 것이 아니다. 인사평가와 승진은 단지 수단일 뿐이다. 결과에 대한 반응으로 공정성에 이의를 제기하는 이유는 자아실현의 욕구충족과 관계되어 있기 때문이다. 구성원들이 급여와 일에 관심을 갖고, 동질적 동료와 존중의 슈퍼비전을 기대하는 이유는 승진이라는 평가의 결과가 아니다. 자신의 자아를 실현하기 위한 기회와 과정의 공정성이다. 이렇듯, 조직시민행동에 영향을 미치는 5가지 요소 하나하나가 인간욕구의 충족과 결핍에 관한 선행사건으로 작용한다. 그렇기 때문에 급여와 일에 대한 구성원의 저항은 조금이라도 일을 덜 하고 조금이라도 더 많이 받으려는 부도덕한 행동이 아니다. 결핍된 안전과 생존의 욕구를 충족시키고자 하는 인간 본연의 행동반응이며 합리적 선택이다 (물론 조직의 입장에서는 매우 비합리적인 선택일 것이다). 동료와 비공식적 모임을 만들거나 슈퍼비전에 수긍하려 하지 않는것도 패거리 문화를 즐겨하거나 선천적으로 부정적인 사람이라서가 아니다. 단지 소속과 존경의 욕구를 충족시키기 위한 합리적 행동일 뿐이다. 욕구가 충족되어 선행사건이 만족스러울 때 조직시민행동이 촉진된다. 이러한 욕구들이 충족되어 갈 때 조직이 기대하는 멋진 구성원들과 함께 할 수 있다. 그리고 그것이 조직의 목표를 실현하는 길이기도 하다.

조직시민행동의 시작은 다섯 가지의 선행사건이다. 그리고 선행사건의 동기요인은 바로 욕구이다. 동기부여(M)된 건강한 행동(B)으로 조직에서 달성하고자 하는 성과^{Performance}를 이루기 위해서는 욕구의 충족이 필요하다. 욕구의 충족은 욕구를 억누르는 통제의 방법과 비교하여 대척점이 있는 방법이다. 그러나 욕구의 충족은 쉽지 않다. 반면 단순하고 즉각적으로 결과를 얻어낼 수 있다. 그것도 하나의 동기를 부여하는 방법이다. 그러나 욕구충족의 방법은 복잡하고 시간이 필요하다. 보이지 않는 인간의 욕구를 다루어야 하고 보이지 않는 만큼 기다려야 하기 때문이다. 성과는 행동에서 나오는 것이다. 행동이 모이고 모여서 기대하는 성과가 나온다. 행동은 욕구에 반응하는 동기부여에 의해서 나타나게 되고, 동기부여를 위해서는 조직의 중심에 사람을 두어야 한다. 그런데 난제들이 많다. 욕구는 사람마다 다르고 쉽게 얻을 수 없다는 치명적 단점이 있다. 또한 개인이 가진 다양한 욕구를 조직의 중심으로 둔다는 것은 이상^{理想}적이기는 하겠지만 이것은 자유주의의 단점을 내포하고 있다. 목적달성을 중심으로 생겨난 조직에 개인의 욕구를 충족시키는 자유주의라는 이상은 강한 저항을 받을 수밖에 없다. 이것이 통제의 조직을 선호하면서 조직에서 자유와 평등을 감히 이야기하지 못하는 이유이다. 즉 구성원들의 욕구충족을 두려워하는 것이 아니라 그들에게 주어져야 하는 자유를 두려워하는 것이다. 그렇다. 조직시민행동의 핵심은 자유와 평등이다. 승진(공정성과 기회), 감독(리더의 슈퍼비전), 동료(함께 일하는 구성원), 직무(주어진 일), 급여(적정성과 합리성)가 만족스럽다는 의미는 곧 그 조직이 자유롭고 평등하다는 의미이다. 자유롭고 평등함은 바로 민주주의이다.

100년이 지났지만 테일러Frederick Winslow Taylor의 과학적 관리법은 여전히 강한 도전을 받는다. 일하는 사람과 생각하는 사람을 나누고, 사람의 일을 시간과 동작 단위로 분석하고, 기계도 아닌 사람에게 매뉴얼을 건네 주고, 보상이라는 당근과 채찍으로 사람을 작동시키려는 시도는 분명 문제가 있다. 사람이 중심이 아니라 문서와 숫자가 중심이 된 통제의 조직을 작동시키는 힘은 자본과 소유욕밖에는 없다. 그리고 그것에 의해 경쟁이 일어난다. 그러므로 자본이 중심이 되는 조직에서는 생존과 안전의 욕구가 우선시된다. 하지만 자본은 수단이지 목적 자체가 아니다. 자본을 소유하는 것은 욕구 및 동기와 관련되어 전방위적인 힘을 발휘하지만 사람들이 이루고자 하는 진정한 의미 있는 목표는 다른 것에 있다. 사람은 기계가 아니다. 오직 돈을 벌려고 일을 하는 것도 아니다. 사람은 통제가 아닌 자유를 원한다. 조직은 갈등과 경쟁의 전쟁터가 되어서는 안 되지만, 테일러리즘의 영향력은 견고하다. 영향력을 무너뜨리는 방법은 자본과 소유, 경쟁이라는 조직의 메커니즘mechanism을 사람의 욕구 충족으로 변환시키는 것이다. 변환의 방법은 사회에서만 이야기되어 오는 민주주의를 당신의 조직으로 가져오는 것이다. 바로 조직민주주의이다. 그런데 자유와 평등이라는 민주주의 가치를 조직으로 가져오자는 주장이 그다지 가능해 보이지가 않는다. 조직민주주의의 가능성을 확인해 보기 위해 구성원들이 실현하고자 하는 욕구와 민주주의 가치인 자유와 평등은 어떤 연관성이 있는지 탐색해 볼 필요가 있다. '건강한 행동을 촉진하는 5가지 선행사건은 '사람의 욕구'를 기반으로 한다'는 제2의 전제가설의 보완이 필요하다.

조직과 그 사회의 정의

사물이 아름다운 것은 그것이 아름다움에 '참여'하기 때문이다(플라톤).

노동운동이 정의로운 것도, 조직민주주의가 정의로운 것도, 운동과 조직이

정의로운 것이 아니라 사람들이 정의로움에 참여하기 때문이다.

 조직에서 바라는 동기부여(M)된 조직시민행동(B)을 위해서는 선행 사건(E)이 욕구(N)를 충족시킬 수 있어야 한다. 여기까지는 조직행동론과 욕구이론의 결합으로 나름 타당한 논리를 갖는다. 서로 떨어져 있던 조직이라는 집단 공동체를 사람이라는 욕구를 가진 인격체와 연결시킨 나름 새로운 시도이다. 조직은 필요욕구가 있고 사람은 공급자원이 있다. 또한 조직은 공급자원이 있고 사람은 필요욕구가 있으며, 양자가 만나서 서로의 결핍을 충족시키는 것이 바로 조직과 사람의 관계성이다. 조직은 이런 이유로 존재의 의미를 공고히 하는 것이고 사람은 그러한 조직에서 존재의 의미를 발견한다. 행동과 동기부여, 욕구는 서로 강력하게 관계되어 있다. 그러나 무엇인가 부족하다. 연결만으로도 공급과 필요가 서로 작동되고 과정 속에서 성과를 얻어낸다는 가설을 보완해야 하는 무엇인가가 필요하다. 부족함을 조직의 '자유^{liberty}'와 '정의^{justice}'로 채우고자 한다. 이제 다시 매슬로우에 대해 이야기해 보기로 하자. 조직을 이야기하는데 계속 욕구를

주장한 매슬로우를 꺼내는지 궁금해할 것이다. 이유는 간단하다. 조직민주주의가 채워야 하는 '자유'와 '정의'를 거론한 인본주의 학자가 매슬로우이기 때문이다.

매슬로우는* 인본주의 학자로, 관심을 둔 영역은 자기실현self-actualization이라는 동기화였다. 그리고 그렇게 파생된 이론이 욕구위계론이다. 매슬로우는 작고하기 10년 전 발간한『인간욕구를 경영하라 Maslow on management』(1960)**에서 경영에서의 인간욕구, 즉 조직에서의 사람에 대해 다뤘다. 인본주의와 조직론이 그를 통해 만나게 된 것이다. 매슬로우가 평생 주장했던 자기실현이라는 실존적 장소는 다름 아닌 조직이었다. 시간이 흐를수록, 현대 및 미래사회에 있어서도 사람이 자신의 실존을 증명하는 곳이 조직일 확률은 높다. 사람은 사람과의 관계를 중심으로 자신이 투신하는 '일' 속에서 자신을 발견하기 때문이다. 그곳이 바로 조직이다.

매슬로우는 일을 통해 자기실현을 하는 사람들, 노동과 땀의 중요성, 조직의 권력, 리더십 등 인본주의 학자로서 바라본 조직경영을 연결시켰다. 그리고 마침내 민주주의 이야기를 꺼냈다. 그는 '인간이 자신의 운명에 참여하기를 좋아하며, 윗사람의 통제를 받기보다는 자유를 좋아하며, 자신의 삶에 결정을 가지고 싶어 한다'고 믿었다. 또한, 민주주의 철학을 조직에 적용한 것을 '깨어 있는 경영'이라 정

---

* 흔히들 매슬로우를 심리학자 정도로 알고 있지만(사실 그것이 정확하기도 하지만) 그는 경영에도 관심 있었다.
** 매슬로우의 『인간욕구를 경영하라』는 출간된 1960년대에는 별로 주목을 받지 못하다가 심리학자와 여러 경영자의 요청으로 1998년에 미국에서 재출간되었다.

의하며 민주적인 리더가 조직에 더 많은 수익과 더 많은 구성원들을 행복하게 만들어 준다고 주장했다. 그가 주장한 조직에서의 '깨어 있는 경영', '인간을 중심으로 하는 경영'은 조직에서 자기 자신을 실현하는 민주적인 방법론이다. 이러한 혁신적 민주주의가 조직에 들어오지 못한 이유는 무엇일까? 당시의 시대 상황일까? 물론 그럴 수도 있다. 1930년대부터 1970년대까지 자본주의 팽창과 세계대전이라는 역사 속에서 조직의 민주주의를 거론한다는 자체가 어울려 보이지 않는다. 그리고 1970년대 이후부터 지금까지 산업화와 신자유주의에 의해서도 낯설음이 가시질 않는다. 하지만 매슬로우 사후 150년이 지난 지금은 그때와는 너무나 많이 변했다. 사상의 대립 속에서 승리한 민주주의가 정수가 되어버린 상황에서 '왜 민주주의는 조직의 문 앞에서 멈추어 서 있는 것일까?' 민주주의하에서 자본주의가 살아 움직이고 자본주의의 원동력이 조직이다. 그런데 조직에서는 민주주의를 입 밖으로 꺼내지 못하고 있다.

민주주의 안에는 자유와 평등, 그리고 그것을 지키는 것이 국가의 역할이며 사회의 '정의'라는 개념이 자리하고 있다. 이것이 사회를 강력하게 돌아가게 하는 힘이다. 모순적인 것은 사회에서는 자유와 평등, 정의가 보편적으로 용인되면서도 사회 속의 조직에서만큼은 터부시된다는 것이다. 17~19세기까지 르네상스와 산업혁명, 시민혁명을 거치면서 사회는 자유와 평등이라는 정의를 품는다. 그러나 20세기에 들어서 사회를 구성하는 기업 조직들이 증가하지만 조직은 자유와 평등이라는 정의를 품지 못한다. 생산성과 수익의 극대화라는 기업의 목적에 있어서 노동의 자유와 평등, 조직의 정의를 거론하는 것은 너무나 한가한 주장으로 내몰렸기 때문이다. 21세기가 되어서야 지속가능 경영이라는 화두를 통해 지배구조 개선과 인권이라는 개념이 등장한다. 그리고 기업윤리의 의미가, 더 이상 수익의 극대화가 아닌 사회적 가치를 실현하는 것이라는 전환적 사고에 관심을 보이면서 드디어 조직에 자유와 정의에 관한 이야기가 조금씩 시작되었을 뿐이다. 이렇듯, 매슬로우의 '정의'와 '민주주의'에 대한 주장은 한 세기를 훌쩍 뛰어넘어서야 우리 앞에 와 있다.

사람은 본질적으로 자유롭고 평등한 존재이다. 그러기에 존엄하다. 자유롭고 평등한 인간의 존엄성을 지키는 것이 사회정의^{social justice}이다. 그리고 이것이 복지국가이다. 사람의 존엄성과 사회정의는 사회 속에서만 국한되는 것이 아니다. 자유와 평등은 장소에 따라 다르지 않다. 사회가 자유와 평등을 가치 있게 여긴다면 조직 역시 그래야 한다. 사회가 자유와 평등을 추구한다면 조직 역시 자유롭고 평등해야 한다. 서울에 사는 사람, 경기도에 사는 사람, 강원도에 사는 사람의 자유와 평등이 다르지 않다. 마찬가지로 사회 구성원과 조직 구성원의 자유와 평등은 다른 것일 수 없다. 그러므로 매슬로우의 정의와 공정성에 대한 주장은 조직에서의 민주주의와 다르지 않다. 자유와 평등을 조직 안에서 실현할 수 없는 것은 '조직에서는 자유와 평등이 있을 수 없어!'라며 부정해서가 아니다. 그것은 조직에서 진정으로 원하는 것이 자유와 평등이라고 말하기를 두려워하기 때문이다. 조직과 구성원들의 갈등을 보자면 표면상으로는 급여나 처우에 집중되어 있는 것 같지만 사실 충돌의 지점은 자유와 평등이다. 리더도 자유와 평등을 원하고 구성원들 역시 자유와 평등을 원한다. 에둘러 권한위임, 수평적 조직이란 말로 대체하려 하지만, 궁극적으로 서로가 원하는 것은 단 하나, 자유롭고 동등하고 싶은 것이다. 진정으로 서로가 원하는 것이 자유와 평등이라는 것을 고백할 때 매슬로우가 주장한 욕구를 실현하기 위한 기본조건인 '정의'는 조직의 '민주주의'와 마주할 수 있다.

뒤에서 불만을 터뜨리는 구성원이 진정으로 요구하는 것은 무엇일까? 조직에 대한 비난은 그들이 갈구하는 무엇이 충족되지 못했기 때문이다. 표면상으로는 급여와 처우이겠지만 결핍된 것은 구성원들의 욕구이며 불만의 원인은 욕구의 결핍이다. 결핍된 욕구를 충족시키기 위해 급여를 올려주고 휴가를 늘려주는 것은 임기응변식이다. 진정으로 구성원의 욕구를 충족시키는 길은 자유와 평등이라는 기본조건을 조직에 구성하는 것이다. 조직이 자유롭고 평등해져야 자신의 욕구충족이 지속되고 조직이 성장할 수 있는 건강한 행동이 나온다. 하지만 조직의 구성원들은 진정한 욕구를 꺼내지 못한 채 다른 식으로 표현한다. 원하는 것은 조직 구성원 역시 사람으로서 자유롭고 평등하고 싶은 것인데 말이다.

조직 안에서 자유와 평등이라는 정의가 이제까지 아예 금기시되어 왔던 것만은 아니다. 조직의 자유와 평등이라는 정의에 관한 주장은 우리나라의 경우 1980년대 노동운동을 통해 먼저 제기된 것이 사실이다. 그러나 노동운동을 통한 조직의 정의는 자유와 평등을 저항적 개념으로 이해하는 속성이 있다. 그도 그럴 것이 자본에 의한 노동, 그리고 인간성을 말살하는 자본에 대한 저항으로 시작된 것이 노동운동이기 때문이다. 그들은 조직을 계급으로 인식하기도 한다. (조직을 계급투쟁의 장으로 인식하여 억압에서의 해방을 추구하는 노동운동을 여기에서는 계급운동*으로 정의하여 서술하겠다.) 이러한 계급운동의 역사는 조직에서의 자유와 평등에 대한 오해를 낳는다. 조직 역시 구성원들의 노동운동을 저항적 계급운동으로 인식한다. 우리는 노동운동의 역사에서 빚어진 조직에서의 자유와 평등의 개념을 재정의해야 한다.

매슬로우는 욕구위계론에서 정보의 자유, 언론의 자유, 표현의 자유, 선택의 자유가 욕구를 충족시키는 기본조건**이라 보았다. 이는 사회 구성원의 자유뿐만 아니라 조직 구성원에게 있어서도 기본조건이다. 조직에서의 자유란 조직의 목적을 달성하는 행위의 주체가 구성원이라는 의미이다. 목적을 달성하는 행위에 있어서 모든 구성원들은 자유롭다. 행위란 정보와 언론, 표현과 선택의 자유이다. 자유의 조건은 조직에서 어떤 이유든 희생될 수 없다. 다만, 조직에서의 자유는 완전한 자유로움이 아니라 조직이 정한 기준 안에서의 자율성autonomy을 갖는다. 자율성이란, 조직에서 함께 합의한 규범을 모두가 동등하게 선택하고 결정하는 것이다. 이것이 조직의 평등이다. 사회의 정의가 자유와 평등이기는 하지만 그것을 지키기 위하여 법이라는 기준 안에서 자유롭고 평등함을 영위한다. 이 법에 사회 구성원들이 기꺼이 따르는 이유는 국민들이 합의했기 때문이다. 이를 자유

---

* 계급운동이란 노동자의 경제적, 사회적 지위를 향상시키거나 안정시키는 것이 아닌 조직을 계급투쟁의 장으로 변질시키는 운동이다. 조직은 설립 목적으로 존재하며 목적에 근접할수록 존재의 의미를 다하고 그것이 사회의 책무이다. 그러나 조직의 설립 목적보다도 계급운동이 우선시하게 되면 조직의 설립 의미는 퇴색되어질 수 있다. 계급운동 내의 권력 유지 내지는 확보만을 위한 조직을 향한 투쟁, 조직의 설립 목적보다도 계급투쟁을 주도하는 집단의 생존이 우선시되는 것, 그에 대한 전략으로 구분, 구별, 차별하는 행위 등을 의미한다.
** A 매슬로우, 소슬기 역, 『매슬로의 동기이론』, 유엑스리뷰, 2019, 71쪽.

주의적 개입주의^{libertarian paternalism*}라 한다.

매슬로우가 주장한 정보와 언론, 표현과 선택의 자유 역시 일정한 규범에 의해 규제된다. 그는 선택의 자유를 타인에게 위해를 끼치지 않는 범위 안에서 하고 싶은 일을 하는 것으로 설명한다. 다만, 전제되어야 할 것은 자유를 규제할 수 있는 규범은 평등의 조건과 마찬가지로 충분히 구성원들이 참여하여 논의되어 합의된 것이어야 한다. 비록 기준에 의해 구성원들에게 한계가 주어진다 하더라도 조직의 목적달성을 위한 합의된 기준이므로 이로 인한 자유의 제한은 정당하다고 본다. 그러므로 조직에서 구성원들에게 보장되는 자유란, 자유^{liberty, 해방}이기보다는 자율^{autonomy, 자기결정성}이 보다 적정한 표현이다. 그렇다고 해서 모든 자유가 스스로의 통제를 필요로 하는 것은 아니다. 사상의 자유, 양심의 자유는 어떤 이유로든 희생될 수 없다. 계급운동은 조직의 자유와 자율에 혼란을 겪는다. 조직의 목적 달성을 위해서는 노동의 자유가 아니라 노동의 자율이 필요한 것이다. 조직에서의 자유를 얻기 위해서는 가장 적절한 방법과 절차에 의해 합의된 규범과 원칙이 필수조건이다. 계급운동은 조직에서 자유를 쟁취하는 것이 아니라 자율을 확보할 수 있는 공정한 방법과 절차를 요구하는 것이어야 할 것이다. 즉 조직의 규범을 합의하기 위한 절차와 방법을

---

* 사회를 영위하게 하는 법은 개입주의이다. 그러나 개입성이 강하면 사람의 자유가 사회에 의해 억압당할 수 있다. 자유주의는 사람의 자유로운 선택을 보장하는 것이다. 그러나 자유주의가 너무 강하면 공동체의 균형이 위협받을 수 있다. 자유주의적 개입주의는 법에 의한 적정한 개입을 유지하면서도 자유의 선택을 적극적으로 보장하는 것이다. 한편으로는 사회의 제도와 사람의 자유라는 비대칭적 명제 속에서 발전적 합리성을 찾고자 하는 비대칭적 합리주의라고 할 수 있으며, 개인의 자유를 증대하고 복지를 확장하고자 하는 사회자유주의라고도 할 수 있다.

먼저 정하고, 공정하게 합의된 기준에 의해 스스로 통제하는 것이 바로 조직에 적합한 자유와 평등의 방향이다.

동기부여와 조직시민행동, 그리고 욕구에서 다루고자 하는 것이 이것이다. 사람이라는 존재에게 부여된 본질적인 '자유와 평등'에 관한 논의이다. 이제까지 조직에서 주장하던 '자본의 자유self-indulgence'와 '분배의 평등'을 경영이라는 그럴듯한 이름으로 포장한 '생산성의 정의justice'가 아니다. 또한 계급운동에서 주장하는 '노동의 자유liberty'와 '권리의 평등'이라는 '계급의 정의justice'도 결코 아니다. 진정한 자유와 평등, 그리고 정의로움은 조직과 사람이 협의하고 합의된 결정을 의미한다. 그 결정이야말로 자유롭고 평등한 것이며 정의로운 것이기에 진정으로 약속된 계약 속에서 각자의 역할을 부여받는다. 그것이 '선의의 계약'이다. 조직에서 구성원들이 합의한 그들 조직만의 순수한 계약이다. 선의의 계약으로 조직시민행동이라는 조직이 기대하는 건강한 행동으로 이끄는 것이다. 이제 매슬로우가 말한 '정의'와 조직의 '민주주의'를 통해 조직에서의 자유와 평등, 정의로움에 대한 이야기를 꺼내고자 한다. 그가 주장한 깨어 있는 경영, 인간 중심의 경영을 이루기 위한 조건situation에 대해서 말이다.

자유와 평등이라는 전제조건

"조직이 정의로운 것이 아니다.

조직에 속한 구성원들의 행동이 정의로운 것이다.

사람은 존재만으로도 존중받아야 한다.

그러나 조직은 구성원들의 행동이 정의로워야 존중받는다."

조직에서 기대하는 동기부여^{Motivation}된 구성원들의 건강한 행동 ^{Behavior}을 촉진하는 것은 5가지의 선행사건^{Event}이다. 그리고 선행사건 은 이에 상응하는 5가지의 인간의 욕구^{Need}와 관계된다. 그러하기에, 인간의 욕구를 이해하고 충족시키는 조직은 성과^{Performance}가 높다. 즉 조직의 성과를 위해 구성원들에게 기대하는 건강한 행동을 이끌 어내려면 인간의 욕구^{Need}를 건드려줘야 한다. 그런데 인간의 욕구를 파악하고 조직에서 충족시켜 준다고 해서 기대하는 행동이 일어날지 는 확언할 수 없다. '혹시 자유가 아닌 방종이 일어나지 않을까? 비 용만 끊임없이 투자될 뿐이지 채워지지 않는 욕구들을 조직에게 요 구하여 비용 낭비만 있지 않을까?' 하는 우려의 질문을 할 수밖에 없 다. 그렇다. 조직에서 욕구를 충족시켜 준다고 해서 만족한 상태에서 기대하던 행동이 나올지는 단언할 수만은 없다. 이러한 의문에 대해, 행동을 더욱 촉진할 수 있는 조직에서의 어떠한 상황적 조건^{Situation}

이 필요한데 그것이 바로 조직의 '자유와 평등이라는 정의^{Justice}'이다.

오늘날 조직은 생존을 위해 끊임없이 변화에 도전한다. 수평적 조직, 권한위임, 소통, 공정성 등등 그간 조직개발에 등장하는 중요한 흐름이다. 수평적 조직을 위해 직제를 개편하고 호칭을 유화시킨다. 부서제에서 팀제로 변경하고 전무, 부장이라는 호칭을 팀장으로 바꾸어 사용한다. 직무를 분석하고 더 이상 위임할 것이 없을 정도로의 권한을 부여한다. 회의문화 개선과 IT 기술을 도입, 사내 동아리와 워크숍 제도 등을 통하여 소통을 시도한다. 채용과 승진, 보상의 절차를 좀 더 과학적이고 객관적으로 개선하여 공정성을 확보하고자 컨설팅에 투자한다. 이 모든 조직의 변화행위는 결국 구성원들의 동기를 촉진하기 위함이다. 조직의 노력만큼 구성원들의 욕구는 채워져야 할 것이다. 그리고 동기가 촉진되어 조직에서 원하는 건강한 행동이 발현되어야 할 것이고 조직은 성장했어야 할 것이다. 아쉽게도 이러한 노력에도 불구하고 조직과 구성원 사이에는 채워지지 않는 무엇인가가 있다. 서로 말하지 못하는 무엇, 무엇을 원하는 것인지 인식하지 못한 무엇, 그 무엇이 바로 자유와 평등이다. 수평적 조직의 기저에는 자유와 평등이 있다. 권한을 위임하는 것도 자유와 평등이다. 소통하고 싶은 것도 자유롭고 평등하고 싶은 것이다. 공정성은 두말할 것도 없이 자유와 평등이다.

"오르페우스^{Orpheus*}는 사랑하는 에우리티케^{Eurydice}가 뱀에 불려 죽자 저승까지 찾아가 그녀를 살려내려 한다. 죽음의 신 하데스^{Hades}는 그런 오르페우스에게 저승을 벗어날 때까지 에우리디케의 얼굴을 봐서는 안 된다는 금기를 지키는 조건으로 이를 허락한다. 사랑하는 사람을 죽음에서 구해내기 위한 조건으로는 너무나 쉬운 조건이다. 하지만 어둠 속으로 빛이 스며들기 시작할 무렵 오르페우스는 그만 고개를 돌려 그녀를 돌아보고 말았다."

오르페우스는 죽음으로 인해 만날 수 없는 에우리티케가 보고 싶지만 보면 안 되는 금기를 지키는 조건을 지켜야 한다. 사람들은 본질적으로 자유롭고 평등하다. 하지만 조직에서는 금기이다. '수평적이고 권한이 위임되고 소통과 공정한 조직이라도 자유와 평등을 말하지 못하는 조건에서 조직의 제도와 문화가 무슨 의미일까?' 금기를 잘 지킨다면 조직은 성장할 것이고 업계 최고의 기업이 될 것이다. 그런데 '결과가 구성원들에게 무슨 의미일까? 뒤돌아보지 않고 가기면 하면 기대하는 결과가 정해져 있었지만 오르페우스는 뒤를 돌아보고 말았다. 누가 오르페우스의 인내심을 심판할 수 있을까? 그가 진정으로 원한 것은 저승에서 나오는 것 이전에 더 근본적인 다른 무엇이지 않았을까?' 오늘날 조직과 구성원들은 수많은 오르페우스들이다. 조직과 자신이 원하는 것을 얻기 위해서는 금기를 지켜야 한다. 하지만 사람들의 내면 깊숙이 자리한 금기는 자유와 평등이다. 구성원들이 진정으로 원하는 것은 자유와 평등인데 그것을 금기시하고

---

* 그리스 로마신화에 나오는 음유시인, 리라라는 현악기를 연주한다. 그의 연주와 노래는 너무 감미로워서 자연의 동식물들까지 감동시켰다고 한다.

수평적 조직과 권한위임, 소통과 공정성의 변화 행위를 한들 기대한 효과가 더딜 수밖에 없다.

매슬로우는 사람이 욕구를 충족시키기 위해서는 전제조건이 필요하다고 주장한다. 즉 사람이 열심히 노력하여 욕구를 충족시키고자 하는 시도 이전에 사회의 전제조건이 충족되지 않으면 사람은 노력을 거부한다는 것이다. 그에 대한 전제조건의 예로서 언론과 표현의 자유, 정보의 자유, 집단의 정의와 공정성을 수호할 자유 등을 제시한다.[*]

오늘날 한국사회의 담론은 공정성과 정의이다. 우리가 흙수저와 금수저, 계층 사다리에 주목하는 이유, 고위 공직자들의 재산 축적과 입시와 채용 비리에 주목하는 이유는 사회의 자유와 정의에 관한 이야기이기 때문이다. 만약 사람의 인생이 이미 정해진 것이라면, 태생이라는 자연적 운(運)에 의해 이미 출발부터 다르고 능력에 차이를 준다면, 그것에 의해 사회적 지위가 결정된다면 사람은 노력할 동기가 사라진다. 선행사건이 만족스럽지 않아서 욕구의 결핍에 의해 욕구가 사라져 버렸기 때문이다. 시민사회의 사람들에게서 욕구가 사라진다면 사람들은 성장하지 않을 것이다. 매슬로우는 '전제조건이 충족되지 않을 때 욕구는 사라지기도 한다'고까지 주장한다. 욕구가 사라진 사람들은 사회를 신뢰하지 않게 될 것이기에 마침내는 저항할 것이며 저항이 사회의 성장을 막는다. 그렇기에 우리가 공정성과 정의에 주목하는 것이다.

---

[*] 『매슬로의 동기이론』, 유엑스리뷰, 2018, 72쪽.

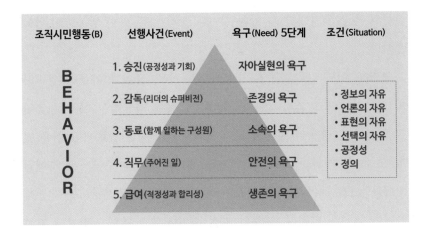

조직시민행동(B)	선행사건(Event)	욕구(Need) 5단계	조건(Situation)
B E H A V I O R	1. 승진 (공정성과 기회)	자아실현의 욕구	
	2. 감독 (리더의 슈퍼비전)	존경의 욕구	• 정보의 자유
	3. 동료 (함께 일하는 구성원)	소속의 욕구	• 언론의 자유 • 표현의 자유 • 선택의 자유
	4. 직무 (주어진 일)	안전의 욕구	• 공정성 • 정의
	5. 급여 (적정성과 합리성)	생존의 욕구	

조직시민행동과 조건

　　매슬로우가 주장한 동기이론과 욕구위계론을 충족시킬 수 있는 전제조건은 바로 자유와 평등이라는 정의이다. 즉 욕구충족을 위해서는 사회에 정보의 자유, 언론의 자유, 표현의 자유, 선택의 자유가 확보되어야 한다. 만약 이런 자유가 보장되지 않는 사회라면 부족한 정보에 의해, 편향된 언론에 의해, 표현할 수 없는 억압에 의해, 선택할 수 없는 강요에 의해 욕구는 충족될 수 없다. 또한 사회가 정의롭지 않고 공정하지 않다면 강한 힘을 가진 사람의 욕구가 약한 힘을 가진 사람의 욕구를 잡아먹는 사회, 오직 생존과 안전의 욕구에 지배받는 사회에 머무를 수밖에 없다. 자유와 평등이라는 전제조건이 충족되지 않은 사회에서는 사회 구성원들의 욕구는 사라지게 될 것이다. 열심히 욕구를 충족시키기 위한 동기가 촉진되지 않기 때문이다. 이러한 사회에서는 건강한 시민행동을 기대할 수 없다. 생존과 안전이라는 욕구를 충족시키기에도 버거운 사회에서 소속과 존중, 자아실현의 욕구도 기대할 수 없을 것이니 오직 나를 위한 행동만이 남을 뿐이다.

조직도 이와 같다. 승진, 감독, 동료, 직무, 급여가 아무리 완벽하게 만족스럽다고 할지라도, 욕구충족의 실현 가능성이 아무리 높다고 하더라도, 자유와 평등의 정의가 확보되지 않은 만족과 실현은 있을 수 없다. 정의는 오직 힘을 가진 지배자에게만 주어지는 특혜일 뿐이다. 예를 들어 정보의 확보가 자유롭지 않은 조건에서는 생존과 안전이 위협을 받는다. 동료와 자신 사이에서 느껴지는 정보의 편차는 자신이 조직 공동체에 소속되지 않았다는 이질감을 제공한다. 정보에 자유로이 접근할 수 없으니 리더의 슈퍼비전은 쌍방적이 아니라 항상 일방적이다. 존경받는 느낌을 가질 수 없는 조건이다.

이런 조건하에서는 자아의 실현은 기대할 수 없을 것이며 당연히 기대되는 행동은 일어날 수 없다. 이러한 조직은 다수보다는 소수가 만족하는 조직일 것이며, 자유의 허용치나 자원의 공급과 분배 역시 소수에게 집중될 것이다. 자유롭지도, 정의롭지도 않은 조직에서는 조직시민행동은 기대할 수 없다. 그러니 성과가 있더라도 단기적일 것이며 조직은 지속가능하지도 않다.

구성원들에게 기대하고자 하는 행동은 자유와 평등의 정의가 확보되었을 때만 가능하다. 이는 매슬로우의 주장처럼 목적과도 같은 전제조건이다. 자유와 평등의 정의가 충족되지 않는 것은 목적이 충족되지 않는 것이다. 이런 조건에서는 욕구 역시도 충족될 수 없기에 조직에서 일어나는 선행사건들은 무의미해진다. 아무리 구성원들의 욕구를 충족시키기 위해 조직에서 인사지표를 개선하고, 상담을 하고, 팀 미팅을 하고, 급여를 올리더라도 조직은 불공정하다. 어떤 노력과 비용을 투자하더라도 정의롭지 않기 때문에 불공정한 것이다. 불공정한 조직에서 이루어지는 구성원들의 동기부여를 위한 모든 조직행위는 한마디로 요식행위이다. 구성원들이 조직을 불공정하다고 인식한다면 오로지 남는 것은 생존과 안전의 욕구를 충족하기 위한 줄서기, 아첨, 소모적 경쟁만 남을 뿐이다. 살아남기 위한 합리적 선택이다. 진정으로 조직의 성과를 이루고자 한다면, 구성원들의 애사심과 헌신적 행동을 기대한다면, 자아를 실현하고 소속감으로 무장된 멋진 구성원들과 함께하고 싶다면 조직에 자유와 평등의 정의를 실현하는 것뿐이다. 구성원들은 공정한 조직을 원한다. 공정함 속에서 자신의 욕구를 충족하고 싶은 것이며 욕구의 충족은 조직의 성과에 기여하는 것과 연동된다. 공정함은 바로 정의로움이며 자유와 평등의 논의를 꺼내지 않고서는 결코 이룰 수 없다. 그러므로 공정한 조직, 정의로운 조직, 자유롭고 평등한 조직이라는 기본조건을 전제할 수 있는 조직이야말로 구성원들의 건강한 행동을 촉진시킬 수 있다. 즉 조직시민행동이라는 동기부여는 욕구와 관계되어 있으며 욕구는 바로 자유와 평등이라는 조직의 전제조건이다. 자유와 평등을 선의에 의해 계약하는 것, 그것이 조직민주주의의 출발이다.

제2부

조건을 충족하는 조직의 계약

사회가 계약으로 이루어지듯이 조직도 계약으로 이루어진다.

선의의 계약(C)은 건강한 행동(B)을 촉진한다.

계약의 힘은 조직의 결정권과 구조의 개선,

그리고 조직과 구성원들의 자아실현에 있다.

계약은 매우 불완전하다

　조직민주주의는 동기부여의 조건이 되는 자유와 평등을 계약한다. 사람의 동기부여는 자유와 평등이라는 계약 조건에서 가능한 것이고 자유와 평등은 곧 조직민주주의이다. 조직의 사명은 자유와 평등이라는 조건 속에서 사람의 동기가 부여되어 일의 의미와 자기를 실현하는 것이다. 그것이 조직의 사명이고 조직민주주의이다. 그리고 그런 조직이 성과가 높다. 자유와 평등이라는 조직의 계약을 설명하기 위하여 당신의 조직으로 들어가 보자.

　당신은 경쟁력도 꽤 높고 업계에서도 좋은 직장이라고 소문이 난 곳에 입사하였다. 조직은 당신에 대한 기대가 크고 당신 역시도 조직에 대한 기대가 크다. 서로에 대한 기대치가 입사 후 3개월 정도의 기간을 모두 행복하게 만들어 준다. 그러나 3개월이 지나면서 조직과 당신은 현실을 마주한다. 그간 알지 못했던 조직의 문화가 서서히 밝혀지고 당신이 가지고 있었던 부족함 등이 드러나기 시작한다. 당신의 입장에서는 그렇게 행복했던 조직이 이제는 행복하지 않다. 조직의 입장에서도 당신에게 기대했던 행동이 나오지 않는 것이 못내 아쉽다. 조직 역시 당신으로 인해 행복하지 않다. 그리고 1년도 안 되어서 당신과 조직은 1년 전의 선택을 고민하게 된다. '조직에서의 행복은 왜 이리 오래가지 못할까?' 그렇게 입사해보고 싶었던 꿈에 그리던 조직인데도 말이다.

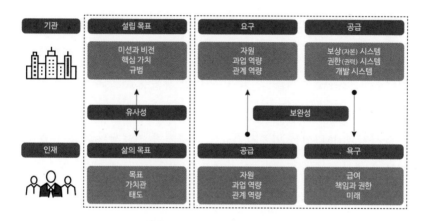

목표의 유사성과 자원의 보완성

조직은 고유의 사명과 비전, 핵심가치와 인재상, 독특한 조직문화를 가지고 있다. 그리고 조직에 속한 구성원은 인생의 목표와 가치관, 그리고 성격 및 성향을 지닌 인격적 존재이다. 이렇게 조직과 구성원 사이에는 '유사성'이 존재한다. 유사성이 많을수록 조직과 구성원의 갈등은 적다. 그러나 반대의 상황이라면 조직과 구성원은 갈등 상황에 놓인다. 이러한 유사성은 조직의 성과에도 영향을 준다. 이러한 유사성을 '조직적합성'이라 한다.

조직과 구성원 사이에는 '욕구와 요구' 그리고 자원들 사이에서의

'보완성'이라는 것도 존재한다. 조직은 부족한 자원을 채워 줄 인재가 필요하다. 그러므로 조직은 자원과 관계 역량, 과업 역량을 '요구'하게 되며 이러한 요구사항을 충족시킬 인재를 유입하고 육성시키기 위해서 권한, 보상, 육성이라는 세 가지 시스템을 인재들에게 공급한다. 구성원들의 '욕구'는 급여, 책임과 권한, 그리고 성장할 수 있는 미래이다. 욕구를 충족시키기 위해서 조직으로부터 권한 및 보상, 육성 시스템을 공급받고자 한다. 서로가 필요로 하는 욕구와 요구, 그리고 공급자원들이 서로 보완적으로 작용할 때 조직과 구성원들은 만족하고 성과를 기대할 수 있다. 이러한 보완성을 '직무적합성'이라 한다.

유사성과 보완성을 일치시키고 충족시키기 위해서는 서로에 대한 정보가 충분해야 한다. 자, 그럼 채용 시점을 보자. 조직은 구인공고를 통해 조직 소개와 지원 자격을 공개하는데 여기에 인재에게 필요한 필요자원과 조직이 공급할 수 있는 공급자원이 피력된다. 인재는 공고를 보고 자신이 가진 공급자원을 조직에게 이력서, 자기소개서, 경험기술서 등으로 공개한다. 서류로만 오고가는 정보로는 서로의 필요자원과 공급자원의 유사성과 보완성을 알기에는 부족하다. 결국 양자가 만나서 서로의 자원을 탐색하는데 이것이 면접이라는 채용 도구이다. 이렇게 해서 입직이 이루어지지만, 서로에 대해 알 수 있는 방법과 기회는 그리 많지 않다. 조직은 이런 이유로 근로계약서를 작성하고 직무기술서를 제시하여 구성원에게 기대하는 역할과 자원을 할당한다.

정리해 보면, 필요자원과 공급자원의 보완성과 목표의 유사성을 확보하고자 조직은 인재를, 인재는 조직을 선택했지만 서로에 대해 아는 정보는 그다지 많지 않다. 인재가 받은 정보라고는 면접관과 인사 담당자의 스타일, 급여, 휴게시간, 근로시간, 주어진 업무 분장 정도이다. 조직 역시 받은 것이라고는 학력 사항, 경험 사항, 의지와 용모, 그리고 기대감 정도뿐이다. 그리고 시간이 지날수록 서서히 자각하게 된다. 조직과 인재는 그렇게 유사하지 않았다는 것을, 공급과 필요자원 사이에 상당한 차이가 있었다는 것을, 부족한 자원을 서로 충족시킬 보완적 자원을 갖고 있지 않다는 사실을 말이다.

이러한 이유는 불완전한 계약에 원인이 있다. 소위 근로계약이라는 것의 내용을 보면 조직에서 공급할 수 있는 매우 적은 최소한의 정보들이 담겨 있다. 직무기술서 역시도 조직에서 기대하는 세세한 것까지 담아내지 못하고 핵심과업 정도만 기술될 뿐이다. 이러한 정보의 불완전성으로 인해 구성원들이 제공할 수 있는 공급자원의 효율성이 저하된다. 무엇을 원하는지, 무엇을 제공할 수 있는지 구체적이지 않기 때문에 직무기술서와 근로계약서에 나온 바대로만 노동을 제공할 수밖에 없다. 더 큰 문제는 조직이 구성원에게 근로계약 외에 더 많은 것을 '요구'한다는 것이다. 구성원 역시 급여와 처우 외에도 조직에게 바라는 더 많은 '욕구'들이 있다. '요구'와 '욕구'가 '충족'이나 '보완'이 아닌 '결핍'으로 드러나게 되고, 결핍된 만큼 갈등의 양으로 증폭되어 더 이상 서로는 행복하지 않게 된다. 조직계약은 근본적으로 매우 불완전한 계약이다. 정보의 결핍, 또는 정보 비대칭성이 작용하기 때문이다. 경제 주체들이 맺는 다양한 계약들에 관련된 의사결정을 분석하는 계약이론contract theory(정보 비대칭하에서 경제 주체들이 맺는 다양한 계약들에 관련된 의사결정을 분석하는 이론)은 문제에 대해 이야기하고 있다. 상기의 문제를 계약이론을 근거로 하여 풀어보면 다음과 같다.

여기 조직과 구성원이 있다. 조직은 구성원이 조직에 기여하는 만큼, 구성원의 욕구에 대한 보상을 해야 하는 의무가 있다. 하지만 조직의 입장에서는 구성원이 얼마나 노력을 하고 있는지 정확하게 파악할 수 없다. 구성원들의 입장에서 볼 때, 처음에는 자신의 노력을 조직이 알아주고 있다고 가정한다. 그러나 시간이 흐를수록 그렇지 않다는 것을 깨닫는다. 결국 조직이 자신의 노력을 완전히 다 알 수 없다고 판단하여 최선을 다하지 않으려는 유인이 작동하게 되는데 이것이 '도덕적 해이moral hazard in teams'이다. 도덕적 해이란 근로계약에 나와 있는 계약조건을 충족하는 것으로만 자신의 역할을 충분히 다하는 것으로 보는 것에서 시작된다. 주어진 근무시간을 지키고, 출퇴근만 열심히 하는 것이다. 그리고 주어진 직무기술서에 나와 있는 일들만 처리한다. 근로계약서와 직무기술서에 나와 있는 보이는 것들만 신경을 쓰는 것이다. 하지만 앞서 전언한 대로 조직은 그 이상의 것을 구성원에게 원한다. 이것이 바로 갈등이 생기는 이유이다.

이러한 구성원들이 하나둘씩 생겨나고 도덕적 해이는 증폭이다. 여기에 참여하는 개인의 수가 늘어날수록 성과에 대한 1인 공헌도가 감소하는 링겔만 법칙ringelmann effect이 적용된다. 100여 년 전, 독일 심리학자 링겔만Ringelmann, M.은 줄다리기 실험을 한다. 집단 속의 개인 공헌도 실험 결과, 1명일 때 100%, 2명일 때는 100%×2=200%가 될 것 같지만 1인당 93%의 힘만 발휘되었다. 3명일 때는 인당 85%,

4명일 때는 인당 49%의 힘만 발휘된다. 겉으로 보이는 일이 주어지게 되면, 무임승차가 발생함을 보여주는 결과를 도출한 실험이었다. 불완전한 계약에서 발생하는 도덕적 해이는 의도적인 것은 아니다. 주어진 계약에는 충실한 것임으로 개인의 내면에서는 합리적인 행동이다. 사람에게 도덕적 갈등이 일어나지 않는다. 그러나 그런 이유로 하나의 문제가 발생한다. 줄다리기에 참여한 4명 모두는 각자 일에 충실했다고 스스로를 믿는다. 그런데 기대했던 성과가 나오지 않았다면 누군가는 힘을 덜 쓴 것으로 추론이 된다. 당신은 아마도 이렇게 생각할 수 있다. '도대체 누가 무임승차하려고 했을까?' 자신은 합리적이고 헌신적이지만 다른 사람들은 비합리적이고 무능하고 나태하다는 비합리적 믿음이 움튼다. 조직의 신뢰가 무너지는 지점이 바로 여기이다. 개인에게는 도덕적 갈등이 일어나지 않겠지만 조직 내부에서는 서로에 대한 도덕적 갈등이 유발된다.

불완전 계약과 선의의 계약

"세상 안에서뿐만 아니라 세상 밖에서조차도 제한 없이 선하다고
여길 수 있는 것은 오직 선한 의지뿐이라고 생각할 수밖에 없다."

(임마누엘 칸트, 『도덕 형이상학을 위한 기초 놓기』)*

이러한 문제의 해결책은 불완전한 계약을 좀 더 완전한 계약으로 개선하는 것이다. 계약이론에서는 불완전성의 이유에 대해 정보의 비대칭을 주목한다. 정보가 비대칭하여 도덕적 해이 문제가 발생하는 문제에 대한 대안으로 제시되는 것이 유인설계이다. 2016년 노벨 경제학상은 계약이론을 연구한 하버드대 올리버 하트[Oliver Hart] 교수와 매사추세츠공과대학교 벵트 홀름스트룀[Bengt Holmström] 교수에게 주어졌다. 홀름스트룀 교수는 이 문제를 해결하기 위해 인센티브 제도를 심도 있게 연구했다. 만약 줄다리기에서 기대한 성과가 나온다면 최초에 약정한 보상을 주지만, 그렇지 않은 결과가 나온다면 약정한 보

---

* 칸트(Immanuel Kant)는 『도덕 형이상학을 위한 기초 놓기』에서 선한 의지는, 그것이 실현하거나 성취한 것 혹은 그것이 제시된 어떤 목적들을 제대로 달성할 수 있다는 것 때문에 선한 것이 아니라고 본다. 선한 의지는 오직 '하려고 한다'는 것 때문에 다시 말해 그 자체로 선하다고 본다. 그리고 선한 의지를 성취나 목적과 상관없이 그 자체로 볼 때, 어떤 한 경향성을 만족시키기 위해서, 더 나아가 모든 경향성을 합한 것을 만족시키기 위해서는 그 선한 의지가 실행하는 어떤 것보다도 비교할 수 없을 만큼 훨씬 존경받아야 한다. 그리고 그 의지에 영향을 주는 것은 이성이며 그것이 이성의 진정한 사명이라고 주장한다.

상을 공익기관에 기부하는 등 다른 곳으로 분배한다고 가정했다. 이렇게 가정한다면, 줄다리기 참여자는 기대했던 최선의 행동을 보일 것일고 예상했다. 한편, 하트 교수는 모든 계약은 불완전하다고 가정한 후, 계약에 기입되지 않은 상황이 발생하였을 경우 누가 최종결정권을 가지는지, 이러한 역할 분담이 조직의 지배구조에 어떠한 영향을 미치는지 연구했다.*

조직민주주의는 계약이론에 관한 두 교수의 주장 중 하트 교수와 가깝다. 홀름스트룀 교수의 경우에는 정보의 비대칭성을 극복하기 위한 방법으로 인사평가와 보상이 제시될 수 있다. 하지만 인사평가의 목적이 상벌의 개념으로 변질될 위험이 있다. 상벌, 보상의 개념으로 조직 요구에 상응하는 구성원의 건강한 행동을 유도했을 경우, 주어질 벌이 무서워 행동을 자극한다. 이것은 정보의 비대칭성을 극복하는 방법도 아니거니와 건강한 행동을 얻지도 못한다. 인사평가는 구성원에게 일방적으로 요구하는 것이 아니라 조직과 구성원의 기대와 차이에 대한 간극을 좁히는 도구이다. 조직은 인사평가를 통해 구성원이 성과를 달성하고, 성장하기 위한 필요자원을 확인해서 이를 공급한다. 구성원은 조직에서 자신에게 바라는 요구사항이 무엇인지를 확인하고 자원을 동원한다. 즉 양자 간의 필요자원과 공급

---

* 2016년 노벨경제학상은 이 이론을 연구한 올리버 하트 하버드대 교수와 벵트 홀름스트룀 메사추세츠공과대학교 교수가 받았다. 홀름스토룀 교수는 기업의 주인-대리인 문제를 해결하기 위해 기업의 주인인 주주와 대리인인 최고경영자의 유인을 일치시키는 인센티브 제도를 심도 있게 연구하였으며, 이 연구는 최근 많은 기업에서 실시하고 있는 성과연봉제의 이론적 바탕이 되었다. 하트 교수는 모든 계약은 불완전하다는 가정하에, 계약서에 기입되지 않은 상황 발생 시 누가 최종결정권을 가지는지, 이러한 기업 내 역할 분담이 기업 지배구조에 어떠한 영향을 미치는지 연구하여 공로를 인정받았다.

자원 간의 차이를 좁히면서 보완성을 높이는 것이 인사평가이다. 만약 인사평가가 상벌의 개념으로 주어진다면 형식 행위에 불과한 것으로 전락될 수 있다. 구성원에게 인사평가의 지표에만 반응하는 도덕적 해이나 자발성이 퇴보할 수도 있다. 또한 이러한 인사평가는 결과의 공정성을 확보하기 위해 조정비용을 발생시킨다. 구성원들이 인사평가의 결과에 대해 승복하지 않기 때문이다. '결과가 객관적이지 않습니다! 왜 저 사람이 나보다 낫습니까? 공정하지 않습니다!' 이러한 인사평가의 저항을 해소하기 위해 다면평가, 상향평가 등 여러 평가지표를 개발하는 데 비용이 소모된다. 인사평가가 상벌의 개념이라면 조정비용의 상승 위험은 언제나 상주한다.

하트 교수의 핵심적 방법은 결정권과 역할 분담, 그리고 지배구조이다. 계약은 두 가지의 종류가 있다. 하나는 근로계약서와 직무기술서 등의 명시적인 문서에 의한 계약이고, 다른 하나는 암묵적으로 기대되는 행동에 대한 계약이다. 조직에서 주로 이루어지는 것이 명시적 계약인데 암묵적 계약도 주목할 필요가 있다. 조직이 갈등하는 원인은 암묵적 계약사항을 구체적으로 꺼내지 않고 '그저 잘 하겠지, 알아서 하겠지, 해주겠지'라고 서로에게 기대만 하고 있기 때문이다. 기대하는 행동에 대한 암묵적 계약을 구체화할수록 보다 완전한 계약으로 개선될 수 있다. 계약이론은 일부 계약이 암묵적으로 정해진 상황을 연구한다. 사회나 조직에서나 완전한 계약이란 없다. 왜냐하면 명시적 계약은 보다 완전함으로 갈 수 있겠지만 명시적 계약 외에 그 이상을 기대하는 암묵적 행동을 기대하기 때문이다. 조직과 구성원 서로에게 기대되는 행동은 매우 암묵적이다. 구성원이 많아질수록 간극을 좁히는 것이 쉽지 않다. 우리가 할 수 있는 최적의 계약방법은 명시적 완전함보다는 암묵적 행동을 조금이라도 완전함에 가까워지게 '계약'을 하는 것이다. 이것이 선의의 계약이다.

'선의의 계약'은 조직 구성원들이 가지고 있는 선한 의지^{good will}에 있다. 칸트는 선한 의지에 대해서 사람들에게 인정받든, 그렇지 않든 그 자체로 선하다고 주장한다. 조직 구성원들은 조직에 기여하려는 선한 의지가 있다. 그 기여는 자신을 실현하고자 하는 동기이기도 하다. 구성원의 행동에 대한 판단은 행동으로 얻은 결과가 아니라, 행동을 촉진시킨 동기이다. 또한 선한 의지는 조직의 의지이기도 하다. 조직의 성장을 통해 사회의 발전에 기여하려는 조직이 가진 선한 경향성이다. 사람에게 동기가 있듯이 조직은 설립 이념이 있다. 사람과 조직의 선한 의지가 서로 동일한 방향일수록 선의의 계약 가능성은 높아진다. 그러므로 '선의의 계약'은 조직과 구성원 간의 유사성에서 찾아야 한다. 조직은 고유의 사명과 비전, 핵심가치와 인재상, 독특한 조직문화를 가지고 있다. 조직에 속한 구성원은 인생의 목표와 가치관, 그리고 성격 및 성향을 지닌 인격적 존재이다. 조직의 문화가 구성원들의 인격적 존재를 담아내는 것이 바로 '선의의 계약'의 출발이다. 우리가 중요하다고 믿으면서도 실질적으로는 매우 간과하고 있는 영역이 암묵적 계약들의 요소들이고 우리는 이것을 구체화하는 작업을 거쳐 유사성을 확보한다. 즉 불완전한 계약의 첫 번째 이유는, 필요자원과 공급자원 간의 요구와 욕구, 그리고 공급에서 오는 보완성 차이의 문제이다. 명시적 계약은 여러 대안을 통해 보완성을 극복하여 보다 완전한 계약으로 갈 수 있다. 그러나 불완전한 계약의 두 번째의 이유인 유사성은 너무나 암묵적이며 행동의 영역이다. 이러한 유사성의 차이는 조직과 구성원 사이에서 보다 구체적인 행동의 영역으로 풀어가면서 선의의 계약으로 진전되어야 한다.

사명과 비전이 조직에서 선언적 의미가 아니라 실질적 의미로 살아 움직여야 하는 이유이다. 비전이 필요한 이유는 조직의 존재 목적인 사명을 구체화하기 위함이다. 전략은 비전의 구체화이다. 그런데 이 세 가지의 것들은 지극히 개념적이고 관념화되어 있다. 구성원이 가지고 있는 인생의 목표와 성격 및 성향도 개념적이고 관념화된 영역이다. 조직과 구성원이 가지고 있는 개념과 관념이 만나면서 암묵적 계약이 이루어진다. 조직은 구성원을 위해, 구성원은 조직을 위해 유사성을 확보하기 위해 열심히 노력하지만 오해와 갈등이 해소되지 않는 이유가 여기에 있다. 이러한 유사성 문제의 극복은 행동의 영역에서 찾아야 한다는 것이다. 여기에 핵심가치와 행동규범이 등장한다. 가치와 규범value, norm은 실행에 있어서 행동의 영역에서 움직인다. 행동은 눈에 보인다. 보이기에 측정할 수 있고 요구할 수 있고, 개선될 여지가 있다. 가치와 규범은 암묵적인 유사성을 구체적인 계약으로 합의할 수 있는 행동의 영역으로 안내한다.

이제까지 사명과 비전보다는 상대적으로 간과해 왔던 '가치와 규범'의 중요도가 부각될 필요가 있다. 개념과 관념 사이에서 갈등하는 조직을 구체적인 행동을 통해 '선의의 계약'으로 이끄는 것이 가치와 규범이기 때문이다. 조직민주주의는 가치와 규범에 관한 이야기이기도 하다. 국가는 국민을 위해 존재한다. 그것이 사명이다. 사명을 다루기 위해 민주주의가 작동한다. 민주주의를 작동시키는 핵심가치는 자유, 평등, 정의이다. 그럼 '자유는 무엇인가? 평등은 무엇이고 정의는 무엇인가?' 매우 개념적인 단어이므로 이를 행동화된 규범으로 해석할 필요가 있다. 이것이 법이다. 법은 민주주의를 작동시키는 구체적인 행동을 규정한다.

윤리가 조직의 핵심가치라고 가정해보자. '윤리는 무엇인가? 윤리란 법을 지키는 것인가? 동등한 분배를 말하는 것인가? 이윤과 고객 사이에서 갈등할 때 고객에게 우선권을 두는 결정을 말하는 것인가?' 윤리는 사람마다 해석이 다를 수밖에 없는 매우 관념적이며 개념적인 암묵적 단어이다. 윤리라는 가치를 가지고 조직과 구성원이 계약을 할 때 이것이 구체적인 행동을 규정하지 않는다면 의사결정권을 가진 사람의 주관으로만 판단될 수밖에 없다. 지배구조는 권력에 의해 균형을 잃어버린다. 윤리경영 달성이라는 목적을 가지고 함께 회의를 하지만 의사결정에서 구성원은 배제되고 만다. 윤리의 구체적 행동이 무엇인지 알 수 없으니 권력자의 눈치를 보게 된다. 마침내 구성원은 보완성의 명시적 계약만을 선호하게 되고 줄다리기의 줄을 당기는 행동을 멈춘다.

조직에서의 가치와 규범은 사회에서의 법과 같다. 가치와 규범 그리고 법의 큰 차이는 법은 사회에서 주어진 것이지만 가치와 규범은 조직 스스로가 만들어낼 수 있다는 것이다. 그리고 과정에 구성원들이 참여할 수 있다. 그렇기에 조직민주주의는 사명에 관한 이야기이자 가치와 규범에 관한 이야기이다. 이에 관한 구체적인 이야기는 차후에 다루기로 하자. 우리가 동기와 관련된 주제에 대해서 좀 더 구체적으로 논의할 내용은 조직의 '계약'이다.

욕구와 정의, 그리고 계약

자기결정성 이론[self-determination theory]의 에드워드 데시[Edward L. Deci*]는 모티브 스펙트럼에서 이렇게 주장한다. 성과가 좋은 조직은 총동기가 높다.[**] 총동기란 직접동기와 간접동기의 합이다. 직접동기는 긍정적이고 자발적 동기로써 '즐거움, 의미, 성장'이라는 세 가지의 동기요인이 작용한다. 즉 일을 하는 이유는 일 자체가 즐겁고, 하는 일이 의미가 있고, 그 일이 자신을 성장시키기 때문이다. 직접동기의 세 가지 요인은 일 자체, 개인의 정체성과 가치, 신념과 관계되어 있다. 이와 반대로 부정적이며 비자발적 동기인 간접동기는 '정서적 두려움, 경제적 두려움, 타성'이라는 세 가지 요인으로 구성되어 있다.

* 라이언과 데시의 자기결정성 이론(Deci&Ryan, 1985)은 인간이 자율적이고자 하는 욕구가 있다고 보는 이론이다. 이 이론은 유능감, 자율성, 관계성이라는 세 가지 심리적 욕구가 충족될 때 사람의 역량을 잘 발휘할 수 있다고 본다. 그리고 이중 자율성이 핵심이 된다. 유능감은 과업을 효과적으로 통제하며 성공적으로 수행하는 능력에 대한 것이고, 자율성은 외부의 통제나 간섭이 없이 스스로의 자율적 선택으로 행동하는 것이며, 관계성은 타자와 의미가 있는 관계를 맺는 것이다.

** 닐 도쉬 외, 유준희 외역, 『무엇이 성과를 이끄는가』, 생각지도, 2016.

이 세 가지 요인은 일 자체와는 전혀 관계가 없으며 약간의 개인의 정체성과 가치, 신념과 관계되어 있을 뿐 외부적 요인에서 영향을 받는다. 만약 당신과 함께 하는 구성원이 성과가 높다면 그는 즐거움과 의미, 성장의 동기요인을 통해 일과 개인의 정체성과 가치, 신념 속에서 일하는 사람이다. 한마디로 조직에 자아실현과 소속과 존중의 욕구가 충족된 멋진 종마種馬이다. 반대로 성과가 낮다면 그는 두 가지의 두려움과 타성이라는 동기요인을 통해 외부적 요인에만 관심을 갖고 있는 사람이다. 이들은 안전과 생존의 욕구가 결핍된, 당근과 채찍에만 반응하는 당나귀이다.

사람은 잡아끈다고 해서 성장하지 않는다. 성장할 수 있는 환경을 조성해 주어야 한다. 그 토대가 바로 즐거움과 의미이다. 즉 구성원들은 자신의 일과 조직이 즐겁고 의미가 있으면 스스로 성장한다. 스스로 세미나를 찾아다니고 주말에도 학습하고 자기계발을 끊임없이 경주하는 이유는 자신이 하고 있는 일이 즐겁고 의미가 있기 때문이다. 하지만 이것은 매우 고된 일이다. 그러나 즐겁고 의미가 있으면 힘든 것을 즐길 줄도 아는 것이 바로 사람이라는 존재이다. 왜냐하면 일이 힘든 것만이 아니라 일을 통해서 자신을 발견하기 때문이다. 아마도 이런 경험들이 있을 것이다. '그때 정말 힘들게 일했지. 그래도 그때가 가장 좋았어!' 비록 일은 힘들어도 조직에게 부여된 사회적 책임을 다하고 조직의 과업을 하나둘 해결해 나가는 것은 정말이지 즐겁고 매력적인 일들이다! 그렇다. 더 많은 즐거움과 의미를 발견하려고 몰입을 하다 보니 사람은 자연스럽게 성장한다. 그리고 조직은 더욱 즐겁고 의미가 있는 곳이 된다. 그가 바로 종마이다.

사람이 당나귀가 되는 이유, 타성에 젖는 이유는 무능하고 나태하거나 조직에 열의가 없어서가 아니다. 정서적 두려움과 경제적 두려움이 일과 조직을 두려운 곳으로 만들기 때문이다. 내가 비난받지 않을지, 누군가 나의 언행을 평가하고 있는 것은 아닌지, 자신만 인센티브가 없는 것은 아닌지, 승진에서 누락되는 것은 아닌지 등에 대한 두려움은 사람을 두렵게 만들고 당근과 채찍에 반응하는 당나귀로 만들어 버린다. 해결책은 간단하다. 조직을 즐거움과 의미가 있는 곳으로, 두려움이 없는 곳으로 만들어내는 것이다. 즐거움과 의미는 더욱 촉진시키고 두려움은 해소시킴으로써 조직을 뛰어다니고 싶은 초원으로 만드는 것이다. 조직 자체가 초원이 아니라 마구간이면서도 종마를 원하는 것은 욕심이다. 주말이면 즐겁고 의미가 있는 초원이 열리니 종마가 되는 것이고 주중은 두려우니 당나귀가 되는 것이다. 당신과 함께 하는 사람들이 당나귀라면 당신의 조직이 마구간일지 모를 일이다.

적어도 종마와 일하고 싶은 조직이라면 두려움으로 작용하는 생존과 안전의 욕구를 충족시켜 주어야 한다. 그것이 조직의 존재 의미이고 사회적 책임이다. 의미와 책임을 다하지 않는 집단을 조직이라 정의^{definition}할 수 있겠는가? 조직의 구성원들이 두렵다면 CSR(기업의 사회적 책임), CSV(조직의 공유가치), ESG(지배구조, 그리고 사회와 환경)는 의미가 없다. 구성원들이 압박감과 두려움 속에서 생존과 안전의 욕구가 결핍된 채로 일해야 하는 조직은 전쟁터일 뿐이다. 전쟁터에서는 사회적 책임, 사회적 가치, 사회와 환경이 사람의 생존과 안전보다 중하지 않다. 사람이 일을 하는 이유는 욕구를 충족하기 위함이다. 욕구를 결핍시키는 상황에서의 조직 성과는 사회를 위한 것도 지역이나 조직을 위한 것도 아니다. 조직의 목표는 사라지고 오직 권력을 가진 소수만을 위한 것이니 조직이라 할 수 없다. 그러므로 압박감과 두려움이 가득한 집단이 자아실현과 존경의 욕구를 가진 헌신적인 구성원을 바라는 것은 욕심이다. 욕구가 충족되지 않으니 기대하는 조직시민행동도 내려놓아야 할 것이다. 조직이 기대하는 그러한 건강한 행동은 기본적으로 안전과 생존의 욕구가 충족되어야 가능하다.

'동기부여란 무엇인가?' 먼저 동기를 주는 사람과 받는 사람이 전제된다. 주는 사람이 없으면 동기는 부여되지 않는다. 또한 받는 사람이 그것을 받을 만하지 않으면 이 역시도 동기는 부여되지 않는다. 그러니 동기를 주는 사람에게는 리더십을 요구하는 것이고 받는 사람에게는 팔로우십을 요구한다. 결국 이것은 사람에게 변화를 요구하는 것이다. 타고난 성향이든, 능력이든 아니면 노력이든 간에 사람이 바뀌어야 동기가 부여되고 조직이 성과가 높아진다는 매우 단순한 논리이다. 하지만 사람에게는 잘못이 없다. 변화될 필요도 없다. '왜 사람이 변화되고 바뀌어야 하는가?' 사람은 고쳐 쓰는 것이 아니다. 변화시키거나 변화되어야 할 도구나 기계가 아닌, 이미 훌륭한 인격적인 존재로, 변화되는 객체가 아닌 오직 진전進展하는 주체이다. 진전의 시작은 사람에게 작용하는 환경 내지는 조건(S)이 먼저 변화되어야 한다. 변화의 대상은 사람이 아니라 환경과 조건들이다. 모든 동기부여 이론과 리더십 이론이 간과했던 실수, 또는 애써 건들려고 하지 않았던 것이 바로 이것이다. 즐거움과 두려움을 일으키는 기본

조건! 바로 조직의 자유와 평등, '정의justice'이다.

'조직에서의 자유와 평등이란 무엇인가? 또한 정의란 무엇인가?' 명확하게 답을 내릴 수 없는 질문으로 조직민주주의가 시작된다. 한 번도 꺼내보지 못했던, 조직에서는 금기시되었던 조직의 정의에 대한 이야기이다. 사회는 민주주의인데 조직은 민주주의가 아닌 것은 모순이다. 조직의 구성원들은 엄연한 민주주의 시민들인데 사무실에 들어가면 '왜 근로자라고 불릴까? 주말과 저녁이면 광장에서 민주주의를 외치던 시민들은 왜 월요일과 아침이면 조직에서 침묵할까?' 조직과 사회는 다르지 않다. 사회 속에 조직이 있는 것이고 조직이 모여 사회가 되는 것이다. 조직이 건강하면 사회가 건강한 것이고 사회가 자유롭고 정의로우면 조직 역시 자유롭고 정의로워야 한다. 사회가 자유롭고 정의롭고자 한다면 조직부터 자유롭고 정의로워야 할 것이다. 이것이 조직민주주의를 주장하는 이유기도 하다. 조직의 민주주의는 사회의 민주주의 척도이다. '조직이 정의로울수록 사회는 정의롭다는 것은 가정일까? 논리일까?' 조직과 사회의 일체성에도 불구하고 왜 현실은 이토록 모순적인가? 이 질문은 이 글을 쓰게 된 목적이자 조직민주주의를 풀어가는 열쇠이다.

난제의 해결이 혁신이다. 난제는 좋은 것이다. 풀면 혁신을 이룰 수 있다. 여기에 조직의 자유와 평등의 정의라는 난제를 풀 수 있는 중요한 열쇠가 있다. 바로 '계약'이다. 계약이 불완전하면 선택과 결정, 그리고 행동이 두려워진다. 아쉽게도 조직의 계약이라는 것은 정보의 비대칭성을 동반한다. 이해관계가 다르기 때문이다. 그러나 계약이 명확하고 완전함에 가까워질수록 선택과 결정의 행동은 자유롭고 평등해진다. 사회가 '법과 제도'를 약속함으로써 사회가 지탱되듯이 조직 역시 '규범과 제도'를 통해 유지된다. 사회의 법과 제도는 사회의 계약이듯이 조직의 규범과 제도는 조직의 계약이다. 사회의 법과 제도가 명확할수록 갈등이 줄어드는 것처럼 조직의 계약도 명확해질 때 갈등을 잘 다룰 수 있다. 그리고 건강한 행동을 기대할 수 있게 된다. 계약이 명확할수록 구성원의 두려움은 사라질 것이며 즐거움과 의미 속에서 일할 수 있을 것이다.

그러나 조직의 제도를 들여다보면 외부에서 주어진 것들, 즉 사회의 법과 제도들뿐이다. 이것을 준수하는 것은 사회가 요구하는 것이지 조직 스스로가 결정한 것이 아니다. 물론 조직 안에는 자체적으로 만들어낸 각종 규정들이 있다. 그러나 그 역시 외부의 법들을 근간으로 한다. 예를 들어 조직의 대표적인 계약이라 할 수 있는 것이 근로계약이다. 이것은 외부의 법에 의해서 규정된 것임으로 조직의 계약이 아닌 사회의 계약이다. 법에 근거한 단순 노무관계, 노동과 보상이라는 교환관계의 약정, 사회계약의 하나일 뿐이다. 이를 보완하기 위해 내부의 취업규칙이 있으나 이것은 외부의 법인 근로기준법에 의한다. 취업규칙 역시도 조직의 계약이 아닌 사회의 계약이다. 이러한 외부의 법들은 조직과 구성원들의 가치와 규범, 행동 양식을 담지 못할 뿐만 아니라 충돌하기도 하며 때론 통제와 억압으로 작용하기도 한다. 조직이 아닌 사회에서 강제하는 불완전한 외부의 법들에 의해 조직은 즐겁지 아니하고 두려움만이 있을 뿐이다.

반면, 조직에는 가치와 규범, 행동양식 등의 비공식적인 제도들이 있다. 이것을 조직과 구성원들 스스로 공식화하는 것이 '조직의 계약

(이하 조직계약)'이다. 이제는 조직계약을 논할 시기이다. 사람은 조직에서 급여 이상의 생존과 안전 이상을 원한다. '무엇을 주고받을 것인가? 그것을 계약하는 것이 '조직계약'이다. 구성원과 조직은 무엇을 계약한 것일까? 계약의 주체는 누구이고 계약의 궁극적 목표는 무엇인가?' 자본주의에서는 오직 노동과 자본에 대한 교환적 관계에서만 계약을 이해할 뿐이다. 이는 자본주의 시각이다. 노동에 대한 유일한 가치 척도가 생산성이 되었고 조직의 가치 척도는 부채비율과 자금회전율뿐이다. 조직의 정의로움이라는 것이 고작, '노동의 대가로 정당한 보수가 책정되어 있는가?'의 여부이며 보수만큼 노동력을 제공하는지에 대한 인사평가 결과의 수용성로 갈음된다. 조직의 정의로움이 이러니 사회 역시 '교환의 관계가 어떻게 성립되고 유지되느냐?'에 따라 정의로움이 매겨진다. 그뿐 아니라 사람에 대한 가치마저도 사람의 노동력이 얼마나 생산성을 만들어내느냐에 따라 가치가 매겨진다. 사람의 욕구는 안전과 생존밖에는 없지는 않을 것이다. 조직도 사람에게 원하는 것이 노동력만은 아닐 것이다. 단지 그것을 계약했을 뿐이다. '근로계약'으로 말이다. 이제 우리는 그 너머에 억눌려 있는 사람의 진정한 욕구를 존중할 필요가 있다. 결국 조직계약이 난제인 이유는 여기에 있다. 자본주의에서는 결코 꺼낼 볼 수 없었던 조직에서의 기본적 '조건인 정의에 대한 계약'이기 때문이다.

사회 구성원들이 원하는 것은 자유와 평등이다. 조직 구성원들이 원하는 것 역시도 자유와 평등이다. 사회 구성원과 조직 구성원은 다른 사람이 아니다. 자유와 평등이라는 정의의 조건이 사회와 조직에서 충족될 때 비로소 사람은 욕구를 충족시키고자 한다. '사람들은

왜 자유와 평등을 원할까? 욕구를 충족시켜서 무엇을 얻고자 할까?'
사람이 가지고 있는 선의를 실현하기 위함이다. 그렇기 때문에 욕구
의 충족은 선행사건들과 관계될 것이며 이는 곧 건강한 조직시민행
동이자 사회시민행동으로 발현될 것이다. 결국, 동기부여는 현란한
도구와 이론이 아니다. 사람의 본질적 존재 이유인 자유와 평등이라
는 정의의 조건과 사람이 가진 선의에서 동기는 부여된다. 그러한 조
건이 충족된 조직을 정의로운 조직, 그러한 계약을 선의의 계약, 그
러한 과정 안에 있는 조직을 조직민주주의라 한다. 자, 이제 자원의
교환 관계만을 다루는 명목상의 근로계약이 아닌 자유롭고 평등한
조직계약을 좀 더 깊숙이 탐색해 보자.

조직의 계약을 이루는 조건

"선한 의지도 마찬가지로 객관적인 선의의 법칙을 따르지만,
법칙에 맞는 행위를 하도록 강제되고 있다고 할 수 없다.
왜냐하면 그 의지는 자신의 주관적인 소질에 따라,
선을 마음에 떠올려 스스로 결정하기 때문이다."*

조직민주주의는 정의로운 계약으로 이루어지며, 세 가지의 원칙을 조건으로 한다. 각 원칙마다 공통적으로 중요한 의제는 '자유와 평등'을 어떻게 보장하고 다루고 있느냐의 여부이다. 조직계약의 첫 번째 정의로운 조건은 외부로부터 강제가 없는 것이다. 마치 개인이 자유와 평등을 보장받기 위해 자발적으로 사회와 계약을 하듯이 조직의 계약 역시도 자발적인 참여이어야 한다. 사회에서의 법이 정의로운 것은 개인과 국가 사이에서 이루어진 계약이 자발적으로 선행되었기 때문이다. 그리고 계약의 동의에 있어서 어떠한 억압이나 강제가 있어서는 안 된다. 만약 동의에 있어서 강요가 있는 법에 대해 준수할 것을 요구하는 것은 정당하지 않다. 근로기준법이 정의롭다고 믿는 것은, 목적과 내용이 정의롭다기보다는 법의 제·개정에 있어

---

* 임마누엘 칸트, 『도덕 형이상학을 위한 기초놓기』.

서 노동자들과 이해관계자들이 자발적으로 참여하였기 때문이다. 조직에 있어서 근로기준법이 정의롭지 않을 수도 있는 이유는 노동자들과 이해관계자들이 자발적으로 참여해서 만든 것이 아니라 외부에서 주어졌기 때문이다. 주어진 것은 자유롭지도 평등하지 않다. 또한 전체 사회의 근로 기준을 정한 것이기에 하나의 조직에 일괄적으로 적용되기에는 범위가 너무나 광범위하다. 이런 이유로 조직 하나하나에 내용을 적용하자면 평등의 문제가 발생한다. 대기업에 적용 가능할 수 있는 법조항이 중소기업과 영세기업에는 적용될 수 없는 불평등이 존재한다. 그렇다고 법의 적용을 대기업과 그 외의 기업 규모로 분류한다고 불평등이 해소되지 않는다. (예를 들어 5인 이하 사업장이 영세하다는 이유로 법의 적용을 제외하는 것) 조직 안으로 들어가 보면 마케팅부서에 적용 가능한 법조항이 있는 반면, 판매부서에는 적용 불가한 조항이 있을 수 있으니 서로의 상황과 입장에 따라 불평등이 발생한다. 자유와 평등이 보장되지 않는 계약이라면 그것은 정의롭지 않다. 현재 법 구조인 법, 시행령, 시행규칙에 따라 각각의 조직에서 자발적인 입법legislation으로 자체 규정을 만들 수도 있다. 그것이 현행 취업규칙이다. 이 규칙은 근로기준법을 모태로 하고 있는데, 근로기준법에서 정한 조항들이 때로는 너무나 구체적이다. 그러다보니 조직의 자체 입법의 수준은 높을 수 없다. 자체적인 조직의 입법으로 관할 노동관서에 규칙을 승인받으러 가면 법조항과 안 맞는다는 이유로 반려받기 일쑤이다. 법이 너무나 구체적으로 강제되다 보니 해석을 조직에서 하기는 쉽지 않다. 이것이 법을 다루는 전문가들의 권력이 높아지는 반면, 일선의 조직은 힘을 잃게 만드는 이유이다. 이렇게 해서 조직은 점점 더 자발성을 잃어가게 된다.

이에 대해 외부에서 주어졌다고 하더라도, 어떤 식으로든 노동자로서 참여한 법이고 사회에서 제정되고 도입되어 정의롭기에 받아들여야 한다고 주장할 수도 있다. 이런 이유로, 두 번째 정의로운 조건이 세워진다. 당사자와 이해관계자 간의 협의에 의해 자유롭게 계약을 수정할 수 있어야 한다는 조건이다. 손댈 수 없는 것은 자유로운 것이 아니다. 외부로부터 주어진 법은 조직 스스로 자유로이 계약을 변경할 수 없는 강제조항이다. 근로기준법상, 출산 후 1년이 지나지 않은 여성의 경우 단체협약이 있는 경우라도 1일 2시간 이상의 연장근로를 할 수 없다. 이 조항은 생산직 노동자들이 2시간 이상의 연장근로를 허용하지 않음으로써 여성을 보호하기 위한 목적이다. 그러나 이 조항으로 인해 가임기 여성들의 고용 기피를 조장하고 있는 것 또한 사실이다. 출산 후 1년 내에 있는 여성 노동자가 조직의 사정이 급박하여 당일 2시간을 연장근로하고 다음 날 2시간을 늦게 출근하겠다고 제안할 수도 있다. 생산라인이 아니라 일반 사무직에서 충분히 일어날 수 있는 일이다. 그러나 이러한 선의는 위험하다. 법에서 인정하지 않기 때문이다.

조직과 구성원들의 자발적 협의와 공정한 절차에 의하더라도 시간을 연장하는 것은 절대 불가하다. 노동자의 선의이든, 조직의 선의이든, 그 어떤 식으로든 법의 해석에서 보자면 그것은 위법이다. 예외사항이 있기는 하다. 주무부처 장관에게 승인을 받으면 그것이 허용된다. '왜 조직과 노동자의 선의를 사전에 장관에게 승인을 받아야할까?' 이로써 외부로부터의 주어진 법은 강제적인 성격을 띠고 있음이 증명된다. 그리고 강제는 자유와 평등에 반하는 것이므로 정의로운 것이 아니다. 물론 조직의 상황에 따라 변경하지 못하게 한 것은 혹시나 발생할 수 있는 노동권의 위축으로 노동자가 차별받을 수 있는 내용들을 사전에 차단하기 위함이다. 그러나 자유로이 계약을 수정할 수 없다는 의미는 사용주와 노동자의 자유를 침해한다. 그러한 자유의 침해는 불평등과 갈등을 조장한다.

조직계약의 세 번째 정의로운 조건은 내용이 있어서 자유와 평등을 다루고 있어야 한다는 것이다. 그 사회의 목적이 개인의 자유와 평등을 보장하듯이, 조직계약의 목적도 임금과 휴가의 보장뿐만 아니라 구성원들의 자유와 평등을 보장하는 내용을 담아야 한다. 그러나 조직이 가지고 있는 계약 사항에는 자유와 평등에 관한 내용이 없다. '조직의 존재의미는 무엇인가? 국가란 무엇이고 국가권력은 무엇인가?' 모두 자유와 평등이라는 인간 존엄을 지키기 위해 존재하고 그것을 지키기 위해 힘을 행사한다. 헌법의 기본적 가치는 '주권은 국민에게 있고 모든 권력은 국민으로부터 나온다'이다. 이를 보장하기 위하여 헌법 12조부터 22조까지 국민들의 자유를 보장하고 있으며 23조부터 36조까지 국민들은 권리를 가진다고 천명한다. 헌법은 자유와 평등이라는 정의로운 사회를 만들기 위해 국가가 존재한다고 정의한다. 정의로운 사회에는 조직도 포함되므로 국가가 보장하는 자유와 평등은 조직에서도 실현되어야 한다. 조직의 존재 이유도 이와 다르지 않기 때문이다. 조직계약이 참되기 위해서는 강제되지 않아야 하며, 스스로 바꿀 수 있어야 하고, 내용 안에 자유와 평등을 담고 있어야 할 것이다.

조직이란, 소유所有의 물품product이 아닌 사유思惟의 선물present이다. 조직이 특정 소수에 의해 소유하게 되면 구성원들의 노동은 시장에 상품화된다. 시장에 의존할 수밖에 없는 구성원들의 삶은 자본에 지배당한다. 조직은 다수의 구성원이 사유하는 선물이어야 한다. 교환의 물품이나 상품이 아니라 서로 기꺼이 주고받는 선물이 될 때 지배당하지 않고 삶을 사유할 수 있다. 에스핑 엔더슨G. Esping-Anderson이 제시한 탈상품화decommodification*는 사회에만 국한되지 아니한다. 사회 속에서 속한 조직에 사람과 자본이 있기 때문이다. 조직의 존재 이유는 더 이상 이윤추구가 아니다. 이윤이 목적이 될 수 있는 이유가 있다면, 이윤추구의 과정에서 자유와 평등이 보장되어야 하며 이윤의 결과 역시도 자유와 평등을 보장하기 위함이어야 한다.

조직계약은 근로계약으로만 한정되어서는 안 된다. 근로계약은 노동의 공급과 보상에 관한 협소한 계약만을 다룬다. 그러나 진정한 조직계약은 노동의 공급과 보상에 있어서 자유와 평등을 어떻게 실현할 것인지, 성과물과 결과물을 어떻게 분배할 것인지에 대해 논의한다. 조직의 의미는 더 이상 노동에 의한 생존과 안전의 욕구만을 다루는 곳이 아니다. 인간 본연에서 자유와 평등을 추구하는 것을 국가가 실현해야 하듯이, 국가와 사회에 속한 조직은 이를 실현할 수 있

---

* G. 에스핑 엔더스(Esping Anderson, 정치학·사회학 교수)이 제시한 복지국가를 구별하는 개념이다. 노동력이 자본에 종속되지 않고 자유로이 삶을 영위할 수 있는 정도이다. 노동의 상품화는 노동자가 임금을 대가로 하여 자신의 노동을 자본에 귀속시키는 것이다. 상품화된 노동은 경쟁할 수밖에 없으며 경쟁이 심화될수록 노동의 가격은 하락하게 된다. 이로써 노동의 상품화는 소외를 유발하고 사회계급을 형성한다. 탈상품화가 적을수록 사회민주주의 복지국가이며 클수록 자유주의 복지국가로 정의된다.

도록 소속되고 존경받으며 자아실현의 욕구를 충족시킬 수 있는 의미 있는 장소여야 한다. 그 의미의 조건(S)은 정의에서부터 출발하는 것이며 정의에 의해 욕구(N)와 사건(E)들이 영향을 받고, 긍정적 영향에 의해 조직에서 원하는 건강한 행동(B)을 촉진할 수 있다. 그러한 동기부여(M)에 의해 조직의 성과(P)를 창출하고 이윤을 만들어내는 건강한 조직이 될 수 있는 것이다.

강제되지 않고 자발적이며, 완전히 결정된 것이 아니라 자유로이 수정하고 있고, 내용에 자유와 평등을 담고 있어야 하는 것이 정의로운 조직에서의 계약조건이다. 결국 이 계약은 동기를 부여하기 위함이다. 조직이 정의롭지 않을 때 가장 결핍률이 높은 욕구는 생존과 안전이다. 자유롭지도 평등하지 않으니 생존과 안전이 결핍되는 것은 당연하다. 이러니 그 이상의 욕구도 기대할 수 없다. 이런 조직에서의 공통점은 계약의 조건들을 찾아볼 수 없다는 것이다. 취업규칙, 근로계약서, 각종 매뉴얼들은 조직의 외부나, 상부에서 주어지는 것들 뿐이다. 자발적으로 만든 것이라곤 여성이 손님 커피 타기, 막내가 점심 장소 정하기, 청소 당번, 당직 당번 정하기 등의 관행들 뿐이다. 구성원들은 어린아이가 아니다. 학교에서도 아이들이 학칙을 정하는 시대에 조직의 구성원들이 주어지는 대로 일한다면 기계를 쓸것이지 사람을 쓸 필요가 없다. 근무지와 근무시간, 근무기간을 제시해 놓고, 그렇게 일을 한다면 1년에 얼마를 주고 며칠 정도를 쉽게 해주겠다는 내용만으로 계약이 성립되고 구성원들이 열심히 일할 것이라 믿는 것은 너무 순진하다. 그것은 노동과 임금의 교환만을 다루는 단순한 약정일 뿐이다. 리더십 교육과 세미나에 다녀오고, 관련

서적을 아무리 열심히 읽더라도 그것으로는 구성원들의 건강한 행동을 촉진할 수 없다. 진정한 조직의 변화를 원한다면, 이제는 선의의 계약 그리고 보다 정의로운 계약을 맺을 시기이다. 앞서 제시한 계약의 조건인 자발성(외부가 아닌 내부의 힘), 자율성(스스로 개정), 그리고 자유와 평등은 동기부여의 핵심요인이자 조직에서 내부 에너지를 이끌어내는 계약의 힘을 발휘할 것이다.

계약의 힘 1 : 자기결정권

조직이 자발적이고 스스로 변경 가능하고 자유와 평등을 내용으로 하는 계약을 이루어야 하는 이유는 힘의 중심이 외부가 아니라 내부에 있어야 건강하기 때문이다. 계약의 당사자는 조직과 구성원이어야 하나, 외부에 의해 좌지우지된다면 당사자는 주체가 될 수 없다. 조직은 자유롭지도 평등하지도 않다. 자유와 평등을 누리지 못하는 정의롭지 않은 조직은 전문가주의professionalism에 의해 휘둘릴 수밖에 없다. 전문가주의에는 전문가에 대한 권위를 인정하는 순기능도 있는 반면, 부당하게 권력화된 독점 권위라는 역기능도 있다. 전문가들이란 인간의 욕구를 정의하고 그것을 충족시키는 사람들이다. 그들은 자신들이 소유하고 있는 지식과 정보 등의 자원을 배분하면서 전문성을 인정받는다. 그것이 욕구를 필요로 하는 사람을 위한 것이라면 마땅히 인정받아야겠지만, 전문가 집단의 생존을 위한 것만으로 사용된다면 이는 변질된 권력이다. 그리고 권력은 욕구를 필요로 하는 사람들에게서 순종을 요구한다.

이제 아이들은 집에서 낳을 수 없다. 싫든 좋든 산부인과에 가서 의사에 의한 출산이 이루어져야 한다. 죽음도 이제 병원에서 의사의 사망선고를 받아야 죽음이 인정된다. 원하지 않는 과목이라도 학교라는 집단에서 주어지는 과목을 배워야 하고 교사가 주는 지식을 받아야 한다. 사회에서의 법이란 무엇인가? 개인과 국가권력의 계약 안에서 국가의 역할과 개인의 자유와 권리를 규정한 것이다. 법에서 규정된 서로의 약속이 지켜질 때 개인은 사회의 위험과 국가권력으로부터 자유롭고 평등하다. 그러나 법이, 사회의 계약(이하 사회계약)을 위한 것이 아니라 전문가 집단의 생존과 권력을 유지하는 것으로 변질되는 것이 바로 전문가주의이다. 오늘날 한국사회가 관료화되는 이유도 이와 다르지 않다. 사람들이 필요한 것이 무엇인지 결정해 주고, 그것을 채울 수 있도록 승인해 주거나 조건을 요구하는 전문가들은 그렇게 사람들을 자신에게 귀속시키면서 전문성을 발휘한다.

관료들은 수많은 법과 지침의 해석과 적용, 그리고 재량권이라는 권력을 사용한다. 시민들이 자신의 필요를 채우기 위해서는 관료들의 진단에 따라야 하고 요구조건을 채워야 한다. 만약 그렇지 않다면 위법한 행위가 될 수도 있으며 자신이 원하는 것을 얻지 못한다. 일례로 자신의 집에 작은 비닐하우스 정원을 짓거나 창고나 원두막을 마련하는 것도 법에 의해 관청의 허가를 받아야 한다. 그렇게 사회는 관료화되어 간다. 관료화란 해결이 늦어지거나 관행적이거나 하는 것이 아니라, 권력이 비대하게 커져 가는 것을 의미한다. 권력이 커지는 이유는 법을 집행하기 때문이며 집행의 결정은 공권력의 해석에 따른다. 시민들이 사회의 법 아래서 자유롭고 평등하기 위해서는 관료의 결정만을 기다려야 한다. 그것이 관료화가 만들어내는 자유와 평등의 억압이며 전문가주의이다. 그렇게 사람들의 자유와 평등은 해석권력을 지닌 전문가들에게 양도되고 만다.

자유와 평등의 억압도 풍족한 자본이 있는 사람에게는 그렇지 않다. 자본의 소유 정도에 따라 의사와 교사가 집에 갈 수도 있고 욕구에 따라 자신이 그들을 선택할 수도 있다. 우리는 병원이나 학교를 필요에 의해 선택했다고 믿고 있지만 사실 우리가 선택한 것은 없다. 우리의 소유 정도에 따라 자본에게 선택을 당했을 뿐이다. 전문가들은 사람들이 소유하고 있는 자본의 차이에 의해, 필요로 하는 욕구를 채워주면서 전문성을 인정받는다. 조직은 노무사 없이는 노무 문제를 해결하지 못하는 상황에 처해 있다. 변호사 없이는 조직 스스로를 변론하지 못한다. 우리 스스로를 변호하거나 문제를 해결하려 한다면 그것은 무면허 행위이다. 그러한 우리들의 자기변론 행위가 받아들여지지도 않는다. 최소한 그들의 도장이라도 받아가야 한다. 이 모든 것들이 전문화된 세상에서 벌어지고 있는 현실이다.

전문가에 부당한 권력화인 전문가주의에서는 그들의 권력을 공고히 하고자 기술권력을 사용한다. 의사, 교사, 변호사 등의 전문가 집단은 어려운 단어와 한자, 전문용어 등으로 기술을 포장한다. 그리고 관련 법령 속에 사람들의 필요에 대한 기준을 규정하고 해석과 적용의 방법을 기술하여 개인이나 다른 전문가들이 자신의 영역을 침범할 수 없도록 한다. 그리고 그들의 기술과 법에 적용을 받아야 할 사람들을 환자 또는 문맹자, 피의자로 규정함으로써 전문가 집단과의 관계를 종속적 관계로 설정해 버린다. 정치인들은 또 다른 전문가주의이다. 그들은 입법이라는 힘이 있는 집단이다. 그들은 다수의 논리 안에 민의를 수렴하여 법을 다룬다고 주장한다. 그러나 다수의 뜻이라고 해서 그 힘은 정당한 것일까? 혹은 다수가 아니어도 그들을 움직이는 소수 이해관계자들에 의해 법을 움직이는 것이 정당할까?

그들의 입법은 공공의 이익을 위한 일반 이익이 아니다. 단지, 소수의 영향력이 있는 집단이나 다수의 힘에 의한 특수이익에 따라 움직인다. 권력의 연장이 중요한 그들의 선택은 표를 얻기 위함이지 결코 민의에 의해 선택하지 않는다. 그들이 결정한 특수이익은 오직 그들 집단만을 위한 것이며 그렇게 공고히 다져진 권력에 의해 전문성을 발휘한다. 그리고 마침내는 정치가 민의를 따르는 것이 아니라 대중이 그들의 권력에 복종한다. 사람들은 필요를 채우기 위해서는 그들의 지시와 명령, 그리고 요구조건을 이행할 수밖에 없다. 그것이 바로 법이다. 법의 해석과 적용은 오로지 전문가에 의해 이루어지기 때문에 사람들은 피지배계급으로 전락한다. 아무것도 결정할 수 없기 때문이다. 아무런 결정권이 없는 개인은 자유와 평등이 보장받지 못하는 상황에 처한다. 점점 더 전문가주의에 의한 관료화는 조직의 힘을 내부가 아닌 외부에 의지하게 만들어 버린다. 외부의 힘과 조직을 연결하는 지점이 조직의 사용주와 상층부의 소수 권력이다. 그가 내외부의 가교 역할을 한다. 조직의 사용주는 법에 의해 서서히 지배 권력을 확보한다. 그만의 자유와 평등이 보장되며, 새로운 신분제가 형성된다. 조직의 힘은 자발성에서 나온다. 구성원의 자발적 참여에 의해 최선의 선택을 한 것이라면, 그것은 합리적 결정이므로 제도의 수정은 가능해야 한다. 그렇게 자유와 평등의 문화가 조직에 흐른다. 그것이 조직의 힘이다. 여론조사기관 한국리서치 2018년 정기조사 자료에 따르면 우리나라 사람들의 다수는 분배에 있어서 산술적 평등보다는 개인의 능력과 노력에 따라 차등적으로 분배하는 것이 더 공정하다고 인식한다고 한다. 일례로 개인의 '태도와 능력'에 따라 급여의 차이가 클수록 좋다는 입장이 66%인 반면, 적을수록 좋다는 의견이 27%에 불과했다. 좀 더 구체적으로는 근무 태도 43%, 능력 23%, 성과 22%, 근속연수 16% 순으로 보상 기준이 적합하며 이것이 정의롭다는 입장이다. 그렇다면 우리나라 사람들이 정의의 기준으로 선호하는 '태도'와 '능력'이란 과연 무엇을 의미하는 것인지 궁금해진다. 그리고 태도와 능력이 어떤 이유로 인해 분배의 기준이 된 것인지도 말이다.

대한민국 사람들이 인식하는 급여 차이의 기준에서 '태도와 능력'을 중요시한다는 의미는 사회 이전에 조직 구성원들이 가진 반응들이다. 사람에 대한 공정한 평가는 학력, 근속연수가 아니라 태도와 능력이라는 것이다. 그런데 '태도와 능력이란 무엇을 의미하는 것인가? 이것을 전체 사회에서 정의^{definition}할 수 있을까?' 어떤 것이 좋고 바람직한 태도이고 또 어떤 것이 우수한 능력이라는 것은 전체 사회에서 규정할 수 없는 것들이다. 그것은 오직 개별 조직에서만 정의될 수 있다. 그리고 정의화의 방법은 자발적인 구성원들의 참여에 의해 조직 스스로가 결정하는 것이다. 그것이 정의로운 이유는 구성원들의 자유와 평등을 전제하기 때문이다. 자발적이고 스스로 결정하기에 자유로운 것이며 개별 조직의 구성원들만 대상으로 하여 논의함으로 평등에 가깝다. 건강한 조직은 외부의 힘이 아닌 내부의 힘에 따른다. 그러니 누구보다도 조직의 구성원들이 의사가 중요하며, 의사를 수렴하기 위해 기회를 만들고 구성원들은 자발적으로 참여한다. 다양한 구성원들의 의견들이 반영될 것이고 최종적으로 결정이 합리적이라 동의하니 자유롭고 평등하다. 또한 조직의 구성원들이 스스로 정했으니 개선 사유에 대해 외부에 묻지 않고 조직 스스로 변경이 가능하다. 때문에 전문가에 의지하지 않고 조직의 구성원들이 결정할 수 있게 된다. 이것이 가능한 이유는 조직에서 조직의 모든 구성원들이 참여하여 선의에 의해 결정한 계약이기 때문이다. 바로 그런 조직을 조직민주주의라고 한다.

자발적인 참여의 첫 번째 조건과 협의에 의해 변경이 가능한 두 번째 조건, 그리고 자유와 평등을 보장받는 세 번째 조건이 충족된 계약이 정의로운 것이다. 그러한 계약만이 전문가주의에서 벗어나 조직 스스로의 자기결정인 자유와 평등이라는 정의 조건(S)을 확보할 수 있게 한다. 그 정의로움이 욕구(N)를 충족시키고 긍정적 사건(E)들로 하여금 조직이 기대하는 행동(B)으로 이끈다. 이로써 조직은 자유롭고 평등한 조직으로 거듭나고, 조직이 기대하는 건강한 행동을 얻어낼 수 있다. 그러므로 태도와 능력이 구체적으로 무엇인지에 대해, 조직과 구성원 스스로가 자유로이 결정하는 자유롭고 평등한 새로운 계약이 필요한 것이다. 전통적으로 조직을 노동과 보상이라는 이념으로 바라보는 것이 아니라 자유와 평등의 이념으로 바라보는 새로운 계약이다. 새 시대에는 그에 맞는 새로운 법이 필요하듯 뉴 노멀New normal 시대의 새로운 조직은 새로운 계약이 필요하다. 억압과 강제에 의해 어쩔 수 없이 출근하고 동의하고 시간을 보내는 근

로가 아니라 자발적으로 참여하는 계약, 협의와 합의를 통해 자유와
평등으로의 선의의 의해 동기부여(M)된, 새롭고 공정한 정의로운 계
약이다.

계약의 힘 2 : 자본의 획득

사회에 '신뢰'라는 사회적 자본이 있듯이 조직 역시 조직 자본이 있다. 사회적 자본은 사람들 사이의 협력을 가능하게 한다. 그리고 공동의 이익을 위해 집중함으로 거래비용이 적고 생산성이 올라간다. 조직 자본 역시도 구성원들의 협력을 가능하게 한다. 조직의 목표를 위해 헌신함으로 갈등을 잘 다루고 적응력이 뛰어나다. 이제 리더의 시대는 끝나간다. 더 이상 1인 지배계급의 조직은 구멍가게나 가능한 일이다. 소위 조직이라고 할 수 있는 체계를 갖춘 곳이라면 명령과 통제의 힘으로 사람을 움직이게 하지 못한다. 급변하는 환경 속에서 언제까지고 사람에게 일을 시킬 수는 없다. 모두가 리더가 되어야 하며 모두가 주인이어야 한다. 노동계급의 시대도 끝나간다. 1인 지배의 힘을 발휘하지 못하니 투쟁할 대상이 사라진다. 노동계급에서도 1인 지배의 리더가 있다. 조직의 리더만 사라지는 것이 아니라 계급의 리더도 사라진다. 1인 권력에 대응하고자 새로운 1인 권력이 만들어지고 그 사이에서 복종과 저항의 선택이 일어나는 것이 아니라 모두가 동등한 구성원이다. 복종 내지는 저항의 투쟁은 가고 물질의 성취가 아니라 사람이라는 자기 존재를 실현하는 것으로 진보한다. 이러한 이들이 만나 계약을 맺는다. 계약의 방향은 명령도 아니요 투쟁도 아니다. 미래의 조직을 이끌어가는 조직 자본은 선의에 의한 결과이다.

사회적 자본의 대표적인 것이 신뢰라면, 조직 자본은 '자유와 평등, 연대'이다. 바로 조직민주주의이다. 이 단어들이 조직에서는 매우 낯설 것이다. 그러나 전혀 낯설지 않다. 이미 말했지만 우리는 세 가지의 조직 자본을 에둘러 다르게 표현해 왔을 뿐이다. 조직과 구성원들이 간절하게 원하던 수평적 권력, 자율성, 네트워크가 바로 그것이다. 수평적 권력은 평등이요, 자율성은 자유요, 네트워크는 연대(협업)의 다른 말이다. 그러니 사회의 민주주의가 추구했던 자유와 평등, 연대는 이미 조직 안에 들어와 있다. 이렇게 본다면 조직과 구성원들의 가슴 속에 숨겨 놓았던 가슴 설레는 욕구는 조직의 민주주의임이 자명하다. 욕구는 사랑스러운 것이다. 그러나 들어내지 않으면 창피스러운 것이다. 자신의 욕구를 들어내지 않는다면 누구도 사랑스럽게 대하지 않는다. 이제 진실을 고백하자. 인간 존재로서 조직에게 진정 원하는 것은 자유와 평등이라고 말이다. 조직은 구성원들이 원하는 것이 자유와 평등이라는 것을 인정하자. 근로기준법을 지킨다고, 물질적 보상을 좋게 해준다고 윤리경영이 아니다. 조직 구성원들이 조직에게 바라는 윤리라는 것은 자유와 평등이다. 그리고 자유와 평등은 수평적 권력과 자율성이다. 자유와 평등이 보장될 때 네트워크, 즉 연대(협업)라는 것이 싹튼다.

수평적 권력과 자율성, 연대(협업)라는 조직의 자본에 의해 억압적 리더라는 지배계급과 투쟁적인 노동계급이 사라진다. 수평적이니 더이상 갈등할 필요가 없이 협업하게 되고, 자율적이니 헌신하게 되고, 연대하니 갈등을 잘 다루게 된다. 이러한 조직 자본은 조직을 투쟁과 갈등의 장이 아닌 공존의 장으로 변화시킨다. 공존 속에서 조직과 구성원들은 공공의 목표 아래 원초적으로 마주하게 되고 오직 목표를 달성하기 위해 협의하고 합의하게 된다. 사회가 갈등하는 이유는 사회적 자본인 신뢰가 이루어지지 않았기 때문이다. 마찬가지로 조직이 갈등하는 이유는 조직 자본인 자유와 평등, 연대의 결핍과 궁핍에 있다. 구성원 자신들조차 자유와 평등, 연대를 요구하고 있다는 것을 인식하지 못한다. 조직 역시 구성원들이 진정으로 원하는 있는 것이 그것인지 모른다. 말하지 않으니 모르는 것이 당연하다. 가장 큰 문제는 조직의 입장에서 볼 때, 구성원에게 절대 양보할 수 없는 것이 자유와 평등, 연대라는 것이다. 그리고 이 저항 역시도 조직 스스로는 인식하지 못하고 있다.

'노동계급은 조직의 목적을 이루기 위해 존재하는가, 아니면 계급운동의 목적을 이루기 위해 존재하는가? 계급운동의 목적을 통해 달성하고자 하는 바는 자유와 평등인가? 자유와 평등이 노동운동에게 무엇을 주는가?' 계급운동은 조직에게 물질적 보상, 노동 조건의 개선을 요구한다. 이것이 우리나라의 노동계급 운동의 주된 목적이다. 그들은 이 목적을 쟁취하기 위한 조건이 구성원들의 자율성과 수평적 조직으로 변화하는 것이라 믿는다. 그리고 조건을 쟁취하기 위한 방법으로 연대를 주장한다. 계급운동은 노동자의 인권을 주장하면서 자유와 평등을 내세운다. 그러나 노동계급이 주장하는 자유와 평등, 연대라는 것은 결코 조직의 목적달성을 위한 것이 아니다. 이것은 결코 조직 자본이 아니다. 단지 운동의 목적인 물질적 보상과 노동 조건의 개선을 위한 구호로 사용될 뿐이다.

조직의 지배계급은 노동계급의 요구조건을 두려워한다. 그러나 외적으로 요구하는 물질적 보상과 노동 조건 개선으로 인해 잉여수익이 감소하는 것이 두려운 것이 아니다. 요구 속에 들어나는 수평적 조직과 자율성의 요구가 더 두렵다. 두려움의 이유는 지배계급의 자유와 평등을 조정할 것을 요구하고 있기 때문이다. 자율성의 요구는 지배계급에게 보장된 자유를 낮추거나 양보해야 함으로써 행동에 제약이 있을 것 같은 불편함이다. 평등으로 인해 모든 것을 구성원들과 협의하게 됨으로써 나약한 모습을 보일 것 같은 취약함이다. 불편함과 취약함은 곧 두려움이다. 이것을 지켜내지 못하고 허용하면 계속해서 요구할 것이고, 그렇게 되면 더욱 불편해지고 취약해질 것 같은 두려움이다. 그러하니 지배계급에서 인식하는 자유와 평등은 조직의 목적 달성을 위한 것이 아니다. 단지 불편함과 취약함을 들어내지 않거나 지켜냄으로써 자신을 보호하는 도구일 뿐이다. 자유와 평등을 어느 정도의 선에서 구성원에게 허용하기도 한다. 다만 자신의 불편함과 취약함에 손상되지 않는 지점까지만이다.

노동계급과 지배계급의 갈등은 물질적 보상과 노동 조건의 개선에 있지 않다. 그것은 표면적 이유일 뿐이다. 진정한 갈등의 지점은 결핍된 자유와 평등, 연대라는 조직 자본이다. 조직 자본에 대한 서로 다른 이해관계, 조직 자본에 대한 잘못된 의식화, 자유와 평등이 진정한 욕구와 요구사항이라는 것을 인식하지 못함으로써 조직을 더 어렵게 만든다. 그러므로 노동계급의 수평적 권력과 자율성, 연대의 요구는 조직의 목적을 달성하기 위함이어야 할 것이다. 그런 의미를 바탕으로 자유와 평등, 연대를 요구해야 한다. 조직 자본에 의해 조직의 목적을 달성함으로써 물질적 보상과 노동 조건의 개선이 이루어진다. 조직의 지배계급도 조직의 목적을 달성하기 위해 구성원들의 자유와 평등을 보장해야 한다. 연대, 네트워크, 협업은 그렇게 촉진된다. 조직은 지배계급의 자유와 평등을 위해 존재하는 곳이 아니라 조직의 목적달성을 위해 자유롭고 평등하며 연대하는 사람들 위해 존재하는 곳이다. 조직 자본은 자유롭고 평등한 구성원들이 조직의 목적 달성을 위해 협력하는 것을 의미한다. 이제 서로가 원하는 것이 무엇이고 조직에서 필요한 것이 자유와 평등, 연대라는 것을 동의한다면 그것을 계약하면 된다. 그것을 서로 합의하고 협의하는 것이 조직 계약의 힘이다.

평등의 수평적 권력은 권한을 분산시키는 것이다. 조직에는 TFT라는 실행문화가 있다. 여기서 T는 과업task이다. 그리고 F는 권한force이다. 과업은 책임이며 권한은 결정권이다. 즉 TFT의 의미는 '과업'이라는 '책임'을 달성하기 위해 '결정권'이라는 '권한'이 부여된 '팀'을 말하는 것이다. 그런데 대부분의 TFT는 과업(책임)만 주어질 뿐 권한(결정권)은 부여되지 않는다. 권한이 부여되지 않으면 과업이 해결될 수 없다. 결정권이 없기 때문에 속도가 나지도 않고 일의 의미도 부여되지 않는다. 결정적으로 리더가 과업의 방향에 대해 명확하게 제시해 주지 않거나, 의사결정을 회피 또는 뒤집어버리는 일이 횡횡

하면 TFT는 그저 부가적인 고된 과업일 뿐이다. 결국, 책임이라는 것은 약자의 것이 되어버린다. 힘이 없거나 순종적인 구성원의 것이 되어버린다. 업무분장, 직무기술서도 마찬가지이다. 근로계약에 의해 주어지는 서류 문장에는 일에 대한 책임만 있을 뿐이지 권한이 명시되지 않는다. 권한이 어느 정도 주어졌는지는 알 수 있는 길은 일을 하면서 눈치를 보는 것이다. 또는 결재를 올리면서 도장이 찍히는 소요시간과 횟수에 따라 가늠된다. 책임의 소재는 무엇이든 구성원에게 있기에 구성원들이 결정한 것은 없는 반면, 책임은 오로지 구성원의 몫이다. 권한이 없는 직무는 고된 노고일 뿐이다. 자발적으로 일을 하는 구성원들이 서서히 줄어든다. 가장 큰 폐단은 구성원들의 창의성을 저해한다는 것이다. 수평적 권력은 일을 분장하는 것이 아니라 역할을 맡기면서 의도적으로 권한을 부여하는 것이다. 즉 권한을 주기 위해 일을 맡기는 것으로 전환되어야 권력은 자연스럽게 분산된다.

자유는 자율성이다. 자율성의 조건은, 조직에서 일방적으로 정해주는 과업이 없이 구성원이 스스로 정하는 것이다. 조직의 목표를 달성하기 위한 과업과 방법을 구성원이 정한다. 성공과 실패의 척도보다는 공유와 과정이 중요하다. 얼핏 보면, 방종이나 무책임과도 같은 이 자율성이란 것이 구성원들의 창의성을 살아 움직이게 한다. 유수의 기업들 중에는 구성원에게 업무시간 안의 자유시간을 제도화한다. 업무 중에 주어지는 이 자유시간은 조직의 통제에서 벗어나게 해준다. 자유시간은 조직이 아닌, 자신 스스로를 통제하는 시간이다. 자율성은 명령받거나 지시당하는 것이 아니다. 구성원 스스로가 독립된 주체로서 합리적 대안을 찾아 나선다. 자율성의 조직은 매뉴얼보다 구성원의 판단을 지지한다. 그러나 사람의 자율성은 때로는 조직을 힘들게 하기도 한다. 그로 인해 조직이 커질수록 구성원들이 가진 복잡한 문제와 욕구를 해결하기 위해 지침을 만든다. 결과적으로 지침을 만드는 전문가의 권한은 강화되지만 구성원의 능력은 약화되고 만다. 그것으로 통제가 일어나기 때문이다. 스스로 결정할 수 있는 구성원의 권한이 전혀 다른 타자에게 이양되는 것은 자율성을 훼손시킨다. 훼손당하는 것은 자율성만이 아니다. 조직에서 그토록 원하는 창의성과 자발성이 훼손된다.

사람은 본디 자율적 존재이다. 그렇게 태어나고 길러지다가 제도권 안으로 들어오는 무렵부터 통제가 일상화된다. 통제된 일상에서의 성공이라는 것은 제도권에서 부여하는 고정화된 과업을 달성했다는 증명서이다. 그러나 증명 속에서 언제나 갈망하는 것은 사람의 자율성이다. 쉬고 싶다거나 여행을 가고 싶다거나 하는 등의 욕구는 자율성 욕구의 다른 표현이다. 그러한 자유시간과 허용된 자율성 속에서 새로운 상상력과 도전이 꿈틀거린다. 사회는 급속하게 변화해가고 조직에는 해결해야 할 내외부의 다양한 문제들이 산적하다. 이제는 특정한 능력자의 지식과 열정만으로는 해결할 수 없는 한계 상황이다. 모든 구성원들이 문제해결에 달려들어야 한다. 문제해결을 위해 달려들게 하는 원동력이 바로 자율성이다. 이 자율성은 칸트의 정언명령kategorischer Imperativ*과도 같다. 어떤 행동의 선택이 선하다면 조건 없이 지켜야 할, 마땅히 이행해야 할 도덕적 명령이며 명령과 선택, 그리고 행동은 자율적이다. 조직의 자율성에 대한 계약은 취업규칙이나 직무기술서에 기술되지 않는다. 오로지 구성원의 합리적 선택에 의한 자율적 행동이다. 그러한 자율성을 허용하고 권장하는 것이 조직계약이다.

연대는 공동의 이익을 위해 공동의 규범을 갖고 다른 사람과 사유 cogitation, thought, 思惟하는 것을 말한다. 사유란 의심하고 이해하며 긍정하고 부정하며 상상하고 감각하는 것이다. 끊임 없이 스스로 자문하고 질문하면서 참다운 공동선을 찾아간다. 공동의 이익과 규범을 통해 사유로서 협력하는 연대는 공정한 조건이어야 가능하다. 조건은 협업하는 사람과 집단이 모두 자유롭고 평등하다는 것이다. 그러므로 협업인 연대는 자유와 평등, 즉 수평적 권력과 자율성이 허용되고 보장될 때 발현된다. 구성원에게 결정의 권한이 분산되어 있지 않고 자율적이지 않다면 질문과 행동을 멈추기 때문이다. 권력의 입술만을 바라보는 상황에서는 질문할 필요가 없는 것이니, 연대라는 행동은 일어나지 않는다. 연대는 다양성을 촉진한다. 20세기 초만 해도 한 가지만 잘 해도 먹고 살던 시절이었다. 그러나 미래의 조직에게 요구되는 자본은 단 하나의 특출함이 아니라 다양성이다. 다양성은 상호배타적일 수 있다. 그럼에도 이러한 가치들을 조직에서 수용하는 이유는 다양성을 확보하여 사유하기 위함이다. 가치들이 자유

---

* 칸트는 가언명령과 정언명령을 주장한다. 가언명령은 할 수 있는 어떤 행위를 반드시 해야만 하는 이유가 달성하려고 하는 다른 어떤 행위를 이루어지기 때문에 행하는 것이다. 정언명령은 행위를 그 자체로서 다른 목적에 상관없이 객관적이고 필연적이라고 생각하는 명령법. 어떤 한 행동을 함으로써 다른 의도를 달성할 수 없는지 있는지에 대해 고려하지 않고 직접적으로 행동을 명령하는 것이며 이것이 참다운 이성의 선택이라고 보았다. 그리고 이성에 의한 사람은 본질적으로 자유롭다고 보는 것이다.(임마누엘 칸트, 『도덕 형이상학을 위한 기초 놓기』)

롭고 평등하여 다양해질수록 균형을 찾아간다. 그것이 연대이다.

민주주의는 다양한 사고와 인식들, 그리고 개별적 경험을 인정함으로써 균형을 찾아가는 것, 균형은 누구든지 합리적 의사결정을 할 수 있다는 것, 누구든지 사회와 조직에 기여할 수 있는 기회가 주어진다는 것이다. 상호배타적인 가치를 존중하는 조직의 구성원들은 차별받지 아니하고 참여의 기회를 보장받으며 서로를 사유한다. 서로를 사유하기에 연대할 수 있다. 조직의 구성원들만 사유하는 것이 아니다. 끊임없이 질문을 던지기 위해 조직의 외부와도 사유하기를 시도한다. 이러한 시도가 네트워크가 되는 것이며 그것이 바로 연대이다. 연대는 상대방을 자유롭고 평등한 존재로 인식하기에 가능하다. 지위고하地位高下의 구분이 없으며, 경력과 신입, 정규직과 비정규직의 차이도 없다. 오직 조직의 목표를 달성하기 위해 협업하는 자유롭고 평등한 존재만이 남는다. 대기업과 중소기업의 구분도 없다. 동종기업 안에서의 경쟁도 없다. 상대 조직의 구성원들도 자유롭고 평등하기에 조직 사이에서도 자유와 평등이 흐른다. 그것은 오로지 하나의 목적, 조직의 목표를 달성하기 위한 사유의 연대이기 때문이다.

계약의 힘 3 : 자기실현

IISC(Interaction Institute for Social Change). **Angus Maguire***

공평과 평등을 이야기할 때 자주 등장하는 그림이다. 키 차이가 꽤
있어 보이는 세 명의 아이들이 야구를 구경하고 싶어 한다[Motivation]. 그
런데 주어진 상자는 같은 높이와 크기를 가졌다. 키와 상자에 의해

공평하지 않다. '키가 공평한 것이 아닐까? 상자가 공평한 것이 아닐까?' 모두 똑같이 야구구경을 하고 싶지만^{Need} 신체적 조건^{Situation}으로 인해 못 보는 친구가 있다^{Event}.

IISC(Interaction Institute for Social Change). **Angus Maguire**

이 그림은 앞선 그림의, 불평등한 상황을 평등하게 정리한 것이다. 세 명의 친구들이 이제는 똑같이 야구를 구경하고 있다. 이제 보기 좋아 보이는가? 평등은 이루어졌겠지만 공평에 대한 의문이 든다. 그림을 다시 보자. 우선 가장 키가 작은 친구는 가장 키 큰 친구의 상자를 얻어 야구를 볼 수 있게 되었다. 두 팔을 하늘로 뻗어 가장 만족스

---

* 사회정의와 인종평등을 위해 전 세계의 조직 및 네트워크와 협력하는 비영리단체로 1993년에 설립되었다. 상자와 야구 경기장을 묘사한 이 그림은 공평과 평등의 영감을 얻기 위해 제작되었으며 원작자는 아티스트인 엥거스 맥과이어(Angus Maguire)이다. 이 그림은 자유로이 활용 및 각색이 허용되며 어떻게 활용되는지에 대한 다양한 의견을 수렴하고 공유하고 있다.(https://interactioninstitute.org/illustrating-equality-vs-equity)

러운 행동을 하고 있다^{Behavior}. 가운데 친구는 그러한 친구를 바라보며 흐뭇해하는 웃음을 짓고 있다(B). 그도 그럴 것이, 자신의 상자는 그대로 인 채 상황적 조건^{Situation}이 변한 것이니까 말이다. 이제 키 큰 친구를 보자. 불끈 쥔 손을 하늘로 뻗어서 응원하는 것 같아 보인다(B).

사람의 관점에 따라 달리 판단할 수 있지만, 이 그림은 전혀 공평하지 않은 상황을 보여준다. 우선, 키가 큰 친구는 자신의 상자를 내어 줌으로써 조망권이 위축되었다. 멀리 볼 수 없고 얼굴만 간신히 내밀었다. 가장 큰 친구가 주먹을 하늘로 올린 그림은 왠지 화가 난 것처럼 느껴진다. 어쩌면 우둔해서 가장 작은 친구에게 상자를 빼앗긴 것 같기도 하다. '자신의 몫을 빼앗긴 것에 대한 분노의 표현이라고나 할까?' 그렇게 본다면 가장 작은 친구는 왠지 약삭빠르게 보인다. 이제는 가운데 친구까지 그리 좋게 보이지 않는다. 이렇게 된 상황을 방관한 채, 자신의 몫이 그대로 인 것에 대해서만 만족해하는, 지극히 개인주의적 친구로 보이기도 한다. 이 그림이 공평해지기 위해서는 상황적 조건에 대해 이야기를 해야 한다. 상자의 크기나 분배가 아니라 조건(S)의 문제이다.

대부분의 사람들은 공평과 평등을 이야기하면서 '저 상자 세 개를 어떻게 분배할 것인가?'에 대해 논의한다. 그리고 자신이 가진 공평과 평등에 대한 가치를 기준으로 분배의 정의를 피력한다. 하지만 이제는 그림을 좀 더 넓게 보기로 하자. 상자의 세계에서 벗어나야 한다. 주어진 현상에 대해, 주어진 현상과 결과들을 고민하기보다는 현상과 조건들을 모아도 보고, 분해도 해보는 것이 필요하다. 다시 시작해 보자. 이 그림에서 나타나는 공평과 평등 그리고 분배에 관한 이야기는 상자에 있지 않다. 그럼 어디에서 '문제의 원인과 대안을 찾을 수 있을까?' 첫째로 우리가 주목해야 할 지점은 대다수의 야구를 구경하는 사람들이 앉아 있는 관중석이다. 그에 반해, 세 명의 친구들은 관중석에 앉지 못하고 울타리 밖에 서 있다. 이 그림은 사회적 배제와 차별의 문제인 것이다. 즉 공평과 평등, 자원의 분배문제가 아니라 조건(S)의 문제인 것이다. 편하게 관중석에 앉아 야구를 구경하는 사람과 울타리 밖에서 야구를 보기 위해 상자를 가지고 싸워야 하는 사회적 모순에 관한 이야기이다. '누가 이런 조건을 계약했을까?' 적어도 이 아이들은 계약에 동의하지 않았다.

둘째, 이러한 모순적 상황을 지속시키는 울타리에 주목해야 한다. 문제의 원인은 상자에 있지 않고 울타리이다. 관중석과 구별하기 위하여 둘러 처진 바로 울타리. 야구 구경을 못하게 하는 울타리가 두 번째 문제의 원인이다. 상자가 주어졌기에 '상자를 어떻게 분배할 것인가?'에 대한 관점에서 벗어나야 한다. 상자는 자원을 의미한다. 권력자들은 반복해서 상자(자원)를 이야기하며 조건(S)을 보지 못하게 한다. 그러나 자원은 언제나 풍족하지 않다. 자원의 분배가 한계에 놓이면 사람에게 문제를 돌린다. '니가 너무 커!', '너는 크니 자원을 포기해!' 요구를 거부하면 욕심이 많은 사람이 되고, 요구를 승인하면 하나밖에 없는 자신의 자원을 내놓아야 한다. 그리고 그것을 아름다운 희생이라 미화한다. 그러나 그들은 여전히 서 있어야 하며, 반면 관중석에 있는 사람들은 여전히 앉아서 편하게 야구를 구경한다. 그들은 논의의 중심에 울타리를 절대 올려놓지 않는다. 울타리를 설치하는 계약에 이 아이들은 동의하지 않았는데도 말이다.

IISC(Interaction Institute for Social Change). Angus Maguire

　진정한 분배를 위해서는 자원(상자)과 사람(약자)이 아니라 조건(울타리)을 논의의 중심에 올려놓아야 한다. 이제 울타리를 논의의 중심으로 올려놓아 보자. 그림처럼 '울타리를 톱으로 잘라 버릴 수 있다면 어떤 일이 벌어질까?' 세 친구는 똑같이 가지고 있는 상자 위에 걸터앉아 야구를 구경할 수 있게 된다. 얼마 되지 않는 개수의 상자, 튼튼하지도 않은 상자를 어떻게 나눌 것인가를 고민하기보다는, '어떻게 나누었냐?'에 따라 '너는 착하다, 너는 약삭빠르다, 너는 우둔하다'라고 사람을 평가하기보다는, 울타리라는 조건을 걷어내야 한다. 그러면 세 친구들에게는 다툼이 없을 것이다. 차별을 만들어낸 조건(S)을 개선하지 않고, 많지도 않은 자원과 사람에게서 문제의 원인을 찾는 것은 지양되어야 한다. 이제 우리가 이야기해야 할 대상은 울타리이다. 아이들이 야구 관람을 할 수 있는 자유는, 자신의 키나 주어진 상자의 크기가 아니라 울타리에 의해 억압된 것이다. 아이들이 평등하지 않은 이유도 서로 다른 키와 동일한 상자에서 기인하는 것이 아니라 야구장 관람석에 의한 것이다. 그것을 가르는 것은 개인이나 자원이 아니라 울타리라는 조건(S)의 격차이다.

정의로운 조직계약은 울타리에 주목한다. 이와 함께 공평과 평등의 이슈를 촉발한 자연적 운(運)과 사회적 운을 다룬다. '키'라는 인적 조건은 자연적인 운이며 상자라는 자원조건은 사회적인 운이다. 이 두 가지의 조건들이 조직에서 얽히게 되면 갈등이 발생한다. 아이들의 목적은 야구를 관람하는 욕구(N)를 충족시키는 것이다. 그러나 자원의 부족으로 인해 욕구를 충족시키기 위한 욕구의 결핍이 발생한다. 조망권이 위축되거나 각자가 영위하고 있는 자원을 내놓아야 한다. 이유는 인적조건에 부여된 분배의 몫이 다르기 때문이다. 이것을 조정하기 위하여 자원에 손을 대면서 갈등이 발생한다. 조직계약은 이러한 조건들을 조정하기 이전에 상황적 조건에 주목한다. 정의의 여부는 선택의 자유와 자원의 분배에 대한 평등 이전에 상황 속에서 자유와 평등을 억압하는 상황적 조건인 '격차'에서 해답을 찾는다.

조직의 목적은 무엇인가? 조직 안에서 발생하는 갈등의 이유는 조직의 목적을 달성하는 과정에서 오는 것이다. 마치 아이들이 야구경기를 보려고 하다 보니 갈등이 생기는 이유와 같다. 그리고 갈등은 울타리를 제거하면서 개선된다. 조직 역시 조직의 목적을 달성하는 과정에서 오는 갈등의 원인을 울타리를 제거하면서 개선한다. 그러므로 조직계약은 조직의 목적을 명확하게 하는 것, 그것을 달성하면서 발생할 수 있는 갈등들을 계약에 의해 합의하고 결정하는 것으로 정의된다. 계약의 내용은 언제나 수정 가능하며 계약에 의해 일하는 구성원들은 인적조건과 자원조건에 영향을 받지 아니한다. 그리고 자유롭고 평등한 조직이기에 조직의 구성원들은 조직에서 자신을 발견한다. 결국 조직계약은 구성원들의 자유와 평등을 보장하는 정의에 관한 것이다.

'조직의 존재 의미는 무엇인가?' 조직은 일을 하는 곳이다. 우리가 노동을 하는 이유는 더 이상 먹고사는 생계가 아니라 자아를 실현하는 것이어야 하며 노동은 현대사회에서 조직에서 이루어진다. 조직은 그런 의미에서 이윤창출이 목적이 아니라 사람을 사람답게 하는 것, 사람이 자신의 인간다운 본성을 찾을 수 있는 장場이 되어야 한다. 사람은 본질적으로 자유롭고 평등하다. 이 본질은 사회에서 찾기 이전에 조직에서부터 발견되어야 한다. 사회계약이란 것이 본질적인 인간성을 발견하기 위한 국가권력과 사람 간의 계약이듯이 조직계약은 조직과 구성원 간의 계약이다. 조직은 사회에 속한 것이기에 조직계약도 본질적인 인간성을 발견하는 계약이어야 한다. 그러므로 조직은 생존과 안전의 욕구를 충족시키는 것이 기본적 의무이며 소속과 존경, 그리고 자아를 실현할 수 있는 욕구를 충족시킴으로써 자유롭고 평등한 민주주의 시민으로 길러내야 하는 사회적 책임이 주어지는 곳이다.

조직은 자원을 쟁취하는 곳이 아니다. 어떤 조직이든 내부의 자원은 한정되어 있기에 외부의 자원에 대한 의존성을 갖는다. 결국 조직에서 갈등하게 되는 자원에 대한 이슈는 의존성이 있는 자원을 확보하는 과정에서 오는 사람들 간의 충돌이다. 넉넉한 자원이란 없다.

영리조직은 소비자의 구매력이라는 외부자원에 의존하며 비영리조직은 조세와 후원금이라는 외부자원에 의존한다. 그러니 조직은 자원을 쟁취하는 곳이 아니라 의존된 자원에서 독립하고 내부의 자원을 활용하고 확장하는 것에 더 조직의 의미를 찾아야 한다. 그런데 현대사회의 조직은 자원 쟁취에 의해 갈등한다. 조직이 반목하는 이유는 키가 큰 사업주와 키가 작은 노동자 간의 상자의 쟁취로 바라보기 때문이다. 우리가 야구장에 온 이유는 야구를 보려 함이지 상자에 있지 않다. 상자에 시선이 고정되면 사업주와 노동자라는 신분이라는 구분이 발생한다. 신분의 구분에 의해 권한의 정도를 구별하고 자원의 소유를 차별한다. 그러하니 구분이 일어나지 않게 하기 위해서는 야구를 못 보게 하는 울타리를 걷어내는 계약이 이루어져야 한다. 그리고 함께 앉아서 야구를 보자.

자원의 쟁취가 조직의 의미가 되어버리면 강대강의 힘 싸움이 시작된다. 힘을 가진 자만이 자원을 쟁취할 수 있다고 믿는 사람은 권력을 신봉하게 하고 패거리나 집단 따돌림 문화가 발생한다. 조직이 권력 투쟁의 장이 되면서 생존의 욕구가 결핍된다. 구성원이 조직에서 자신을 발견한다는 의미는 퇴색되고 오로지 안전과 생존에만 반응한다. 결국 자신의 생존을 보장하는 길은 조직 내에 가장 약한 자를 만들어 그를 공격하는 것뿐이다. 권력싸움의 슬로건은 언제나 자유와 평등이다. 그러나 여기에서의 자유와 평등은 자신의 의미를 발견하기 위한 것이 아니라 생존을 위해서이다. 인적조건이 취약한 사람을 희생시키는 거짓된 자유인 것이며 자원조건을 확보하기 위한 권력투쟁으로 변질된 나만의 평등과 자유일 뿐이다.

또 하나 안전과 생존을 위한 수단으로 조직 내에 새로운 집단권력을 만들어내기도 한다. 조직의 힘은 조직 내에 새로운 집단이 생긴다거나 새로운 직위가 만들어진다고 해서 커지는 것이 아니다. 조직의 힘은 언제나 일정량을 유지하며 항상성을 갖는다. 그런데 새로운 권력집단이 생겼다는 것은 조직이 자발적으로 위임한 권력이 아니기에 조직의 힘을 그만큼 가져갔다는 의미이다. 조직 내에 이렇게 만들어진 집단권력의 목적은 조직의 목적과 뜻을 같이 하지 않으며 집단권력의 유지와 확장을 통해 생존하는 것뿐이다. 결국, 조직은 힘을 잃게 된다. 목적도 의미도 잃게 되고 오로지 생존과 안전의 권력투쟁만이 남을 뿐이다. '왜 일하는가? 조직의 존재 의미는 무엇인가?'와 같은 본질적 목적은 사라지고 생존과 안전만이 남게 되어 자유와 평등은 권력집단의 선전구호로 전락하고 정의는 사라져 버린다. 이 모든 것이 울타리를 보지 못하고 자원의 쟁취에 빠져버린 자기모순적 상황에 의해서이다.

조직계약은 본래의 조직의 목적을 직시하게 하고 확인하게 하고 상황에 따라 쇄신하기 위한 것이다. 이렇게 조직의 구성원들이 일의 의미를 발견하고 자아를 실현함으로써 본래의 사람다움을 찾아가는 역할을 하는 것이다. 계약은 조직과 구성원을 자유롭게 하고, 자원의 갈등으로 인한 반목이 아닌 모든 구성원이 조직의 목적 앞에서 평등함을 이루기 위함이다. 구성원들은 조직의 목적에 동의한 사람들이다. 목적을 달성하기 위해 건강한 행동을 하고 이를 통해 자신의 욕구를 충족시킨다. 욕구의 정점은 자아실현이며 이는 자유와 평등이라는 정의가 실현된 계약을 통해 가능해진다.

이렇듯 계약의 힘은 자기결정권과 자본의 획득, 그리고 자아실현에 있다. 그것은 자발성(외부가 아닌 내부의 힘)과 자율성(스스로 개정), 그리고 자유와 평등이라는 계약의 조건을 충족하는 과정이자 결과이기도 하다. 이러한 조건과 힘에 의해 조직의 계약은 정의롭고 그것이 조직민주주의이다.

조직계약과 조직민주주의

사람은 원래 자유로운 존재였다. 자유로움으로 사람의 내면에는 힘과 이성이 있었다. 그러나 죄에 의해 불완전해지는 벌을 받는다. 벌은 고통이다. 죽을 때까지 일해야 하는 고통과 출산 시 산고의 고통을 받아야 한다. 그러나 신은, 벌이라는 고통의 이면에 행복이라는 기회를 준다. 이로써 사람에게 있어서의 출산은 단지 종족보존이라는 생존적 본능이 아닌 생명과 연대하는 인격적 관계라는 행복을 갖게 되었다. 그리고 노동은 단지 자기보존이라는 생존적 본능을 넘어서는 사람으로서의 행복을 선사한다. 그것은 바로 일을 통해 자기를 실현하는 것이다. 죄로 인해 잃어버린 자유로운 사람 본연의 존재 의미를 일을 통해 발견한다. 그러므로 출산이든 노동이든 고통의 이면에는 자아실현의 욕구와 자기를 발견하는 축복이 함께 한다.

그러나 노동에 대한 축복은 왜곡되어 왔다. 노동이 갖는 의미는 자기보존이라는 것, 그리고 그 보존의 척도는 소유의 정도라는 것으로 말이다. 노동에 대한 이러한 왜곡은 조직의 정당성을 확보하는 데 사용되었다. 조직의 존재 이유가 노동자의 생존을 보장하는 것이라는 착각, 노동자들은 자기보존을 위해서 남보다 더 많이 소유하는 것이 정의justice라는 착각이다. 생존과 소유라는 것은 자유와 평등을 의미하는 것이 아니다. 생존과 소유만을 위한 노동의 왜곡은 사람에게는 행복이 아니라 벌일 뿐이다. 조직은 생존을 위한 끊임없는 권력투쟁의 장으로 전락하였으며 사람과 사람은 인격적 관계가 아닌 경쟁적, 적대적 관계가 되어버렸다. 사람은 본질적으로 자유로운 존재이다. 예나 지금이나 인간에게는 힘과 이성이 있다. 처음 아담의 정체성 역시도 생존과 소유에 있지 않고 자유와 평등에 있었다. 그렇기에 오늘날 노동의 의미는 재고되어야 한다.

노동은 생존과 소유가 아닌 완전한 자유를 실현하는 것이다. 그것이 자본의 속박에서 자유로울 수 있는 노동의 탈상품화이다. 신은 우리에게 자유의지를 주었다. 사람이라면 누구나 무엇에서든지 자유로울 수 있다. 왜냐하면, 신이 우리를 창조할 때 자유의지를 허락하였기 때문이다. 조직은 사람에게 주어진 자유의지를 통해 자아를 실현하는 곳이다. 그리고 실현을 통해 구원을 마주한다. 자아는 곧 신을 닮았다. 사람이 일을 하는 이유는 자아를 실현하기 위함이다. 곧 자신을 발견하기 위함이다. 그리고 사람들의 자아는 자유의지에 의해 실현된다. 조직 안에서 구성원에게 자유의지의 기회를 주지 않는다면 자아의 실현을 막는 것이다. 신이 사람에게 선사한 축복과 거룩해질 기회를 막는 것이다. 이에 사람들의 노동이 이루어지는 조직은 자아를 실현할 수 있도록 자유롭고 평등해야 한다. 그 정의로움에 의해 사람은 사익이 아닌 공공의 이익에 기여한다.

'신은 우리에게 자유의지를 주었는데 조직은 왜 자유를 허용하지 않는가?' 이에 대한 답이 계약이다. 조직이 자유를 허용하지 않는 이유는 계약을 그렇게 하지 않았기 때문이다. 근로계약서에 사람의 자유의지 및 자아실현에 대한 계약 조항은 없다. 단지 노동에 대한 대가로 생존과 소유의 계약만 했을 뿐 자아실현에 대한 계약을 하지 않는다. 사람이 요구하는 것이 생존과 소유일 것이라 가정한 조직에서는 그런 내용을 계약할 필요가 없다. 그러나 자아실현의 계약은 사람과 조직에게 필요하다. 그 계약이야 말로 사람이 자신을 발견할 수 있는 가장 강력한 길이기 때문이고 그것이 조직의 성과와 맞물려 있다. 그 길을 막는다면 사람이 자기를 발견할 수 있는 기회가 삶 속에서 아예 차단된다. 자기결정권이 없기에 자아실현이 원천적으로 차단된다는 의미는 단지 사람에게 있어서만 불행이 아니다. 자아실현은 곧 자유와 평등, 그리고 연대라는 조직의 경쟁력이다. 경쟁력이 없으면 조직에게도 불행이다.

오늘날 조직은 너무나 갈등적이다. '왜 조직은 만인의 전쟁상태일까?', '주중에는 당나귀, 퇴근 후에는 종마가 되는 이유는 무엇일까?' 답은 분명하다. 서로 다른 것을 요구하기 때문이다. 그러나 요구는 입 밖으로 발설되지 않는다. 이미 계약은 끝났기 때문이다. 새로운 계약을 하고 싶어도 그것을 구체적으로 합의하기가 쉽지 않다. 그런 이유로 조직에서는 힘과 힘의 대결이 있거나, 아니면 힘에 눈치를 보게 된다. 이제는 의지와 의지가 합의된 새로운 계약이 필요하다.

여기서 우리는 벤스의 법칙을 다시 한번 꺼내어 볼 필요가 있다. 벤스의 법칙은 조직에서 성과Performance를 높이고 싶다면 구성원들이

조직시민행동(B)	선행사건(Event)	욕구(Need) 5단계	조건(Situation)	계약(Contract)
B E H A V I O R	1. 승진(공정성과 기회)	자아실현의 욕구		**J U S T I C E**
	2. 감독(리더의 슈퍼비전)	존경의 욕구	• 정보의 자유 • 언론의 자유 • 표현의 자유 • 선택의 자유 • 공정성 • 정의	
	3. 동료(함께 일하는 구성원)	소속의 욕구		
	4. 직무(주어진 일)	안전의 욕구		
	5. 급여(적정성과 합리성)	생존의 욕구		

정의로운 계약이 기대되는 행동을 이끈다

조직시민행동과 정의

동기^{Motivation}가 부여된 기대되는 행동^{Behavior}을 해야 한다고 설명한다. 그런데 이 기대되는 행동은 선행사건^{Event}에 의해 촉진된다. 그리고 이 선행사건은 인간의 욕구^{Need}와 맞닿아 있다. 구성원에게 있어서 욕구는 충족되어야 하는 것인데 그 조건^{Situation}이 바로 정의^{Justice}이다. 조직계약은 그 '정의'를 계약^{contract}하는 것이다. 조직계약에서의 정의란 구성원들의 자유와 평등이다. 자유롭고 평등한 조직계약이 바로 벤스의 법칙에서 선행조건이다. 계약조건이 합의되고 이행될 때 욕구가 충족될 것이며 욕구의 충족이 선행사건을 촉진시켜 기대되는 행동을 이끈다. 정의로운 계약이 기대되는 행동을 이끌고 조직의 목표가 달성된다. 정의로운 계약을 조직에서 이루는 것이야말로 구성원들의 욕구를 충족시키는 동기를 충족하고 건강한 행동을 촉진할 수 있는 전제조건인 것이다. 조직이 자유롭고 평등한 계약을 하였으니 조직민주주의이다.

조직민주주의에서의 계약은 외부로부터 강제되지 않고(외부가 아닌 내부의 힘) 자유롭게 수정 가능(자율성)하며 자유와 평등을 다루어야 한다. 이 세 가지의 조건을 충족하는 계약은 조직민주주의에서 세 가지의 힘을 발휘한다. 첫 번째는 자기결정권이며 두 번째는 조직자본의 축적이고 세 번째는 조직과 구성원의 자아실현이다. 구성원들은 자발적 참여를 통해 협의화 합의의 의견을 조직에 반영함으로써 자기결정권을 이룬다. 자기결정권은 조직의 자본을 축적시킴으로서 자유와 평등의 조건을 충족한다. 이로써 구성원들뿐만 아니라 조직 역시 자기 존재를 실현한다. 조직이라는 집단의 생존을 위해서 조직은 자신의 목적을 실현해야 한다. 그리고 그 목적은 이윤추구에 의한 소유가 아니라 공동선에 기여하는 것이다. 공동선이라는 사회의 이익에 기여하는 대가로 획득하는 것이 이윤이며 이를 통해 조직을 성장시킨다. 이렇듯 소유와 생존의 주고받음이라는 원시적인 계약, 자본주의적 계약에서 탈피한 지가결정과 조직자본 획득, 그리고 자기실현이라는 선의의 계약으로 이행된다. 이 계약이 자유롭고 평등한 조직민주주의로 안내하는 시작인 것이다.

이로써 조직은 사회로부터 존재의 의미를 부여받을 것이며 사람의 노동은 가치로워질 수 있다. 드디어 신에게서 갈라져 나온 자신의 본연의 모습을 찾게 될 것이다. 만약 당신이 신을 믿지 않는다고 할지라도, 자신 깊숙한 곳에 숨겨진 당신의 자아를 만나게 될 것이다. 조직과 사람 사이의 조직계약은 그런 의미에서 가치가 있는 것이다. 그것이 조직민주주의이다. 구성원의 동기부여에 주목했던 이유는 건강한 행동과 촉진시키는 사건을 규명하기 위함이었다. 행동과 사건을 규명하다 보니 동기부여이론을 관통하는 자유와 평등이라는 조건을 발견하였다. 하지만 자유와 평등은 조직의 문 앞에서 멈추어 있다. 조직에서는 근로계약을 할 뿐 자유와 평등을 계약하지 않기 때문이다. 조직의 자유와 평등은 자기결정권, 자본축적, 자아실현의 힘을 선사한다. 그것이 조직의 경쟁력이다. 그러므로 조직의 성과와 목표를 달성하고자 한다면 자유와 평등을 계약해야 할 것이고 그것이 선의의 계약이라는 것이다. 이로써 자유롭고 평등한 조직민주주의가 실현된다. 결국 동기부여로 시작된 우리의 여정은 조직민주주의에까지 와 있다.

① 구성원의 동기부여[M=B(행동)E(사건)N(욕구)S(조건)]→

② 내부의 힘, 자율성, 자유와 평등이라는 조건의 계약

　(선의의 계약) →

③ 조직민주주의(자유롭고 평등한 조직)→

④

⑤

⑥

동기부여, 조건과 계약, 그리고 조직민주주의

　이제 정의로운 계약을 통해 작동하는 조직민주주의를 좀 더 구체적이고 탐색할 시간이다. 벤스의 법칙을 충족하는 조직을 ④, ⑤, ⑥ 단계로 그려보고자 한다. 이를 위해서는 선결될 과제가 하나 있다.

조직계약이라는 것을 흔히들 근로계약으로 한정되고 있는 인식의 한계를 해결해야 한다. 그런 이유로 인지적으로 고착화된 계약이라는 개념을 파기하기 위하여 사회계약론Theory of Social Contract을 차용하기로 한다. 사회계약론은 오늘날의 민주주의의 토대가 되었다. 사회계약론은 근대국가의 혁명가들에게 사상의 기초였으며 시민사회에 있어 민주주의 혁명의 동력이다. 조직의 혁신을 이루기 위해 조직민주주의가 필요하다고 주장하고자 하는 이 글의 논리적 보완이 바로 사회계약이다. 또한 사회와 조직의 민주주의가 상호 밀접하게 관계되어 서로의 정의를 보완한다는 주장으로써 사회계약론보다 적절한 이론은 없다. 전통적인 사회계약론자들의 관심사를 보자면, 그들 역시 이제까지 이 글에서 주장해 왔던 인간의 욕구, 그리고 자유와 평등을 통해 사회계약을 설명하였다.

사회계약론자들이 사회가 계약으로 이루어져 있다고 보듯이 조직 역시 계약으로 이루어진다. 조직계약은 우리가 그동안 알고 있던 근로와 임금의 계약 말고 자유와 평등이라는 정의로운 계약, 선의의 계약으로 이행된다고 가정한다. 그리고 정의에 의해 사람이 동기부여되고 조직의 성과와 경쟁력을 갖춘다는 것을 가정한다. 하지만 사회계약과 조직계약을 연결시켜 보려는 시도에 무엇보다 중요한 또 하나의 가정이 승인되어야 한다. '사회계약이라는 개념이 조직에서 통용될 수 있다는 것과 계약이 자유와 평등, 정의에 관한 것이다'라는 가정이다. 사회계약을 조직으로 가져오는 시도에 있어 가정하는 것은 한 번도 시도된 바가 없기 때문이다. 조직이 만들어진 이유, 조직에서 사람들이 노동을 하는 이유, 그리고 조직이 권력을 갖게 된 이유에 대해 계약론적 접근이 이루어진 적이 없다. 밝힌 바대로 사회와 조직이 같은 맥락이라면, 진즉에 자유와 평등의 사회계약이라는 담론이 조직에서도 한 번쯤은 있을 법도 한데 말이다.

만약 홉스, 로크, 루소 등 고전 사회계약론자가 사유하는 시대에도 다양한 조직들이 존재하는 환경이었다면, 분명 그들도 조직의 계약에 관심을 가졌으리라 본다. 비록 그들의 주장에 조직을 거론하지 않은 아쉬움이 있지만 사회계약은 조직계약에 있어서 매우 유의미할 정도로 관계성을 가지고 있다. 오늘날 사회가 반복하는 원인 중 하나는 사회와 조직을 다르게 인식하기 있기 때문이다. 하지만 사회와 조직은 미래사회로 갈수록 서로 분절성에서 일치성으로 가까워지고 있다. 영리와 비영리의 경계가 사라지고 있으며 기술의 발달로 다양한 조직 형태가 발생되고 있을 뿐만 아니라, 사회정의와 조직정의의 고민이 서로 만나고 있다. 아쉽게도 어떠한 사회계약론자들도 조직과 사회를 연결시켰던 주장이 없었으므로 이제 가상의 조직을 그려보고자 한다. 그리고 고전 사회계약론자들의 시대적·역사적 상황과 지금을 비교하기에는 무리가 있으므로 가장 최근의 사회계약론자의 이론을 차용하여 가정을 풀어내고자 한다.

이제부터 독자들에게 양해를 구해야 할 것 같다. 조금은 쉽지 않은 이론에 관한 이야기이다. 다행인 것은 그리 길지 않다. 장담하건대, 인내로써 넘겨 준다면 벤스의 법칙$M=BENS$이 적용되는 조직을 좀 더 쉽게 이해할 수 있을 것이다. 이제 존 롤즈$John Rawls$의 정의론을 꺼내어 보고자 한다. 나름 쉽게 풀어내려고 노력했으나 그러다 보면 정의론의 의미가 퇴색되거나 오류가 있을 것 같아 어느 정도의 난이도를 감수해야 했음에 다시금 양해를 구한다.

제3부

계약을 반영하는 조직민주주의

사회의 제1덕목이 정의이듯이 조직의 제1덕목도 정의이다.

조직의 존재 이유는 이윤추구가 아니라 천직과 사명에 있다.

조직과 구성원들은 자아실현을 통해 사회에 기여함으로써

자신을 발견한다.

가상의 조직으로 초대

가상의 조직을 그리기 위하여 롤즈의 정의론을 선택한 것은 정의 justice가 그 사회의 바탕이기 때문이다. 롤즈의 정의란, 사회 제도에 의해 권리와 의무가 할당되고 사회로부터 생긴 이익의 분배를 정하는 계약방식을 의미한다. 롤즈의 정의론은 공리주의적 윤리*를 비판적으로 비교하면서 계약론적 전통을 발전시킨다. 공리주의적 윤리가 최대다수의 최대행복인 것에 반해, 롤즈의 윤리는 차등적 평등이다. 전통적인 계약론자들의 주장은 정치 영역에서 혁신적인 공헌을 하였으나 사회, 경제적인 차원에서는 대체로 보수주의적 입장이었다. 롤

---

* 공리주의에 있어 도덕의 기준이란 행복을 극대화하는 것이다. 결과론적이며 목적론적 윤리주의인 공리주의는 과정론적이며 의무론적 윤리주의인 롤즈의 정의론과 비교된다. 한 편 공리주의는 행복의 총량을 주장하는 밴덤의 양적공리주의와 행복의 질을 주장하는 밀(John Stuart Mill)의 질적 공리주의로 구분될 수 있다. 밀의 공리주의 원칙은 모든 개인의 행복 또는 이익은 전체의 이익과 가능하면 최대한 조화를 이루도록 법과 제도를 만들어야 한다는 것이다. 이런 면에서 롤즈의 주장은 질적 공리주의와 가깝고 총량으로 최대다수의 최대행복을 주장하는 양적 공리주의와 대립된다고 할 수 있다. 이 책에서의 공리주의 윤리란 양적 공리주의이며 효율을 강조하는 최대다수의 최대행복을 말한다.

즈는 이러한 전통적 공리주의와 계약론의 주장을 평등의 이념을 바탕으로 하여 사회와 경제적 차원으로 확대한다. 그도 그럴 것이 전통적 자유주의자들의 계약론은 사회의 권력 형성을 설명해야 하는 시대인 17~18세기였고, 롤즈는 한 세기가 지난 사회계약을 설명해야 했기 때문이다.

　롤즈의 주장에서 계약이 바탕이 되는 정의의 기준은 공정한 절차에 의한 당사 간의 합의이다. 롤즈는 계약이 합의의 산물이 되기 위해서는 계약 조건이 공정해야 하며, 계약 조건에 따라 합의된 결과 공정하고 정의로운 것이라 주장한다. 사회 구성원에게는 사회적 운luck과 자연적 운*이 있다. 사회적 운은 동일한 재능을 타고난다 하더라도 어떤 계층에 속하는가에 따라 자기 개발의 정도가 상이하다. 자연적 운은 개인이 타고난 것이며 천부적 재능과 성향에 따라 역시 개발의 정도가 상이하다. 이러한 두 가지의 운은 개인의 노력 이전에 운명적으로 주어진 것이기 때문에 매우 우연적인 것이다. 우연적 운에 의해 사회 구성원들 간의 격차가 발생하는 것이 바로 불평등이다. 이러한 우연적인 운에 의해 불평등이 고착된다면 사회는 성장할 수 없다. 정의롭지 않기 때문이다. 인생의 성공 여부가 운에 의해 이미 결정된 것이라면 개인과 사회의 성장을 위한 기회에서 회피할 것

---

* 롤즈는 후에 공정으로서의 정의 재서술에서 세 가지 운에 대하여 이렇게 서술한다. '출신 사회계급으로 사람이 태어나 성인이 될 때까지 성장하는 계급', '사람의 천부적 재능으로 출신 사회계급에 의해 영향을 받아 재능을 발전시킬 수 있는 기회', '삶의 행운과 불운으로 예를 들어 질병과 사고, 비자발적 실업이나 경기 침체' 등이다. 이러한 세 가지의 우연성에 의해 사람들이 갖는 인생의 목적, 그리고 인생의 열정이나 확신, 그 반대로 인생의 전망에 대한 실망이나 낙망, 포기 등 사람의 인생 전반에 관계된다고 보았다.(존 롤즈, 에린 켈리 엮음, 김주휘 역 , 『공정으로서의 정의 재서술』, 이학사, 2016, 105~106쪽)

이고 이는 사회가 성립될 수 없는 조건이 된다. 사회 구성원이 사회를 정의롭다고 인식하기 위해서는 우연적 운을 완화시켜야 한다. 롤즈의 계약은 우연적 운을 중립화하고자 한다. 여기서의 중립화는 강요에 의한 평준화를 의미하는 것은 아니다. 가지고 있는 것을 억압에 의해 평균으로 맞추는 것은 정의롭지 않다.

사람은 정의에 도달할 수 있는 '제도'를 선호한다는 믿음이 롤즈의 입장이다. 그것이 롤즈가 주장한 공정으로서의 정의관의 핵심이며 어쩌면 그는 인본주의와 제도경제학의 맥락과 연결되어 있을지도 모른다. 사회 구성원들은 정의로운 사회를 선호하는데, 정의로운 사회에서의 구성원들은 자연적 운과 사회적 운을 공동의 자산으로 인식한다. 그러므로 자신만의 이익이 아니라 공공의 이익을 위해 자연적 운과 사회적 운을 활용한다. 이는 강압이 아닌 자유로운 선택이기에 결코 개인의 능력과 재능을 갈취하는 것이 아니며 사람과 사람의 차이가, 사람을 구분하는 차별이 아닌 상호이익을 위한 자산資産이 되는 것이다. 이로써 사람은 자유롭게 차등을 선택하고 기회의 균등을 보장하는 것에 합의한다. 기존의 계약론자들의 주장에서 사람은, 개인의 생존과 소유 등의 보존을 위해 계약을 함으로써 사회를 유지하는 것에 목적을 두지만 롤즈는 사람에 의해 사회를 변화시킬 수 있는 '제도'를 만드는 데 합의한다는 것이다. 이는 사회를 이해하는 차원에서 머무는 것이 아니라 사람의 선의에 의한 사회의 변화를 추구한다는 점에서 큰 차이를 가지고 있다.

또 하나, 배분의 대상 역시도 롤즈의 계약은 기존 계약론자와 결을 달리한다. 롤즈의 입장에서, 사람들에게는 행복을 추구하는 다양한 인생관들이 있으며 이를 실현하기 위해 사회적 기본 가치^{social} primary goods를 배분한다고 본다. 사회적 기본 가치들에는 자유, 권리, 기회, 소득, 부, 권력 등의 목록들이 있으며 목록은 사람의 행복을 나누는 수단적 가치들로 작용한다. 사람은 수단적 가치들을 가능한 많이 확보하고자 하는 합리적 존재이다. 또한 사람은 도덕성과 정의감에 의해 합리성을 가지고 있으며 사회의 이익은 사람의 행복에 있다고 본다. 그리고 행복은 사회의 공동체에 있다는 것이 롤즈의 주장이다. 자기 생존이나 안전 또는 욕망을 채우기 위함이 아니라 공공의 이익, 행복을 이루는 사회체제를 원하는 사람은 정의를 추구한다. 그렇기에 사람은 정의로운 사회와 계약을 한다.

마지막 문제가 남는다. 이를 실현하기 위한 관건은 모두가 동의할 수 있는 공정한 절차를 구성하는 것이다. 그것을 설명하는 것이 롤즈의 정의론이다. 정의에는 결과적 정의관과 절차적 정의관이 있다. 결과적 정의관은 공리주의적 전통에 의해 최대다수의 최대행복을 의미한다. 절차는 정해져 있지 않으나 결과가 정해져 있는 정의이다. 이에 반해 절차적 정의관은 결과는 정해져 있지 않으나 공정한 절차가 정해져 있으며 그런 절차에 따를 경우 정의롭다고 본다. 롤즈는 공정한 절차에 의해 합의하는 순수 절차적 정의^{pure procedural justice*}관에 주

---

* 롤즈는 불완전한 절차적 정의와 순수 절차적 정의를 통해 공정성을 설명한다. 불완전한 절차적 정의의 예를 형사 재판을 제시한다. 바람직한 결과는 범죄를 저지를 경우에만 유죄가 내려지는 것이지만 법의 불완전성으로 인해 언제나 올바른 결과를 얻을 수 없다고 본다. 죄 없는 사람이 유죄가 되고 그 반대의 경우도 있을 뿐더러 권력과 재력, 관계에 의해서도 변질될 위험이 있기 때문이다. 순수 절차적 정의의 예로는 카드게임과 케익의 공정한 분할을 제시한다. 공정한 내기에 가담한 사람들이 아무도 속이지 않은 공정한 상태에서 게임의 규칙을 지킬 경우, 최종 이익이 다르지만 공정한 절차에 의해 자유롭게 가담하였음으

목한다. 순수 절차적 정의는 그 결과에 대한 독립적인 기준이 없기 때문이다. 결과는 정해진 것이 없이 다양한 결과가 나올 수 있다. 다만, 어떤 결과이든 그것이 정의로운 것은 절차적으로 공정하기 때문이다. 주석의 예시에 있어서 카드게임이든 케익의 분할이든, 결과는 정해져 있지 않다. 오로지 합리적인 절차에 의해 부정함이 없이 동의된 절차와 과정이 보증된다면 그것이 어떤 결과이든 정의롭다는 것이다. 롤즈는 순수 절차적 정의를 구성하기 위해 원초적 입장을 제시한다. 정의로운 사회를 위하여 자연적 운과 사회적 운을 중립화하기 위한 차등이 필요하다. 그러나 다수의 사람들은 차등을 원하지 않는다. 운이 결핍된 사람은 자연적·사회적 차등을 원하지 않는다. 운이 많은 사람도 운이 결핍된 사람에게 자신의 것을 나눠야 하는 차등을 원하지 않는다. 어떤 사회에서도 사람의 처지가 동일할 수 없고 기회가 다르며 분배의 몫에 차이가 있다. 문제의 해결방법은 공정한 절차를 마련하고 절차를 통해 구성원들과 계약하는 것이다. 그리고 절차에 하자가 없다면 차등도 정당화될 수 있다고 주장한다. 롤즈는 절차적 정의를 설명하기 위해 '계약'이라는 개념을 가져오지만, 계약이 계약 당사자의 특수한 여건에 의해 영향을 받지 않도록 일정한 상황을 제시하는데 이것이 '원초적 입장original position'이라는 가상적인 자연상태이다.

원초적 입장은 공정한 계약을 위한 조건이며 계약에 참여하는 구

로 그 결과는 공정하다고 보았다. 케익의 분할은 케익을 여러 사람들에게 나누어 주는 데 있어서 가장 공정한 방법은 케익을 나누는 사람이 제일 마지막에 케익을 갖는 것이다. 이렇게 되면 케익을 나누는 사람에게서 동등한 분할을 기대할 수 있다.

성원에게 두 가지의 자격조건을 제시한다. 하나는 인지적 조건으로서 무지의 베일^{veil of ignorance}*이며, 또 하나는 동기적 조건으로서 상호 무관심한 합리성^{mutually disinterested rationality}이다. 특수한 우연성의 결과를 무효화하기 위하여 계약 당사자들은 특정 사실을 알지 못하는 장막^{veil} 속에 있다고 가정한다. 이것이 무지의 베일이다. 자기의 지위나 계층, 자산과 능력, 지능과 체력 등이 어떠한지에 대해 알지 못한다. 또한 선에 대한 자신의 생각, 합리적 인생계획, 가치관,** 자신의 기호 및 성향도 모른다. 만약 사람이 이러한 특정 사실을 알게 된다면 자기에게 유리한 결정을 하게 될 것이고 그렇게 되면 절차적 정의보다는 결과적 정의를 선택할 수 있기 때문이다. 무지의 베일 속이라는 조건에 의해 자신을 위한 이익을 선택 할 수 없게 하여 우연성의 결과를 무효화한다. 상호 무관심한 합리성이란 사람들은 기본적으로 선의를 가지고 있어서 사람들과의 이해관계에 있어서 사심 없이 목적을 증진시킬 수 있는 원칙들을 받아들이고자 한다는 것이다. 이러한 상호 무관심한 합리성에 의해 가장 높은 지수의 기본 가치를 스스

---

* 원초적 입장에서 갖게 되는 본질적인 특성이 바로 무지의 베일이다. 정의의 원칙들은 무지의 베일 속에서 선택된다. 그 결과 타고난 태생적 결과나 사회적 우연성으로 인해 유리하거나 불리하지 않음이 보장된다. 모든 사람들이 유사한 상황에서 특정 조건에 유리한 원칙을 선택할 수 없기에 정의의 원칙들이 공정한 합의의 결과가 된다.

** 롤즈는 공정으로서의 정의에서 무지의 베일에서 계층, 자산과 능력, 지능과 체력, 자신의 생각, 합리적 인생계획 등이 제거하는 것에 반대하거나 비타당성을 주장하지 않을 것이라 보았다. 다만, 가치관을 제거하는 경우에 있어서는 지면을 들여 설명한다. 그는 가치관의 경우 옳고 그름에 관계된 것임으로 이것이 무지의 베일 속에서 알고 있다고 가정한다면 정의의 원칙을 훼손할 수 있다고 보았다. 무지의 베일에서 제거하고 싶은 우연성에 대한 위험이 가치관에 내포되어 있는 바, 이것으로 인해 옳고 그름을 판단하게 된다면 공정성을 잃게 되어 원초적 입장에서 벗어날 수 있다고 보았다.(롤즈, 황경식 외역, 『공정으로서의 정의』, 서광사, 1977, 292쪽)

로 얻을 수 있게 된다. 이러한 두 가지의 자격조건에 의해 모든 사람들이 공정하게 대우받을 수 있는 원초적 입장을 갖게 될 때 계약 당사자들이 합리적 절차에 의해 모두가 합의할 수 있는 정의의 원칙을 선택한다. 그럼으로 정의란 사람들의 합의 이전에는 있을 수 없는 것이며 공정한 절차에 의해 합의를 할 때 비로소 그 결과가 정의로운 것이다.

원초적 입장에서는 상이한 두 원칙이 채택된다.[*] 첫째, 평등한 자유의 원칙으로써 기본적인 자유를 평등하게 요구하는 원리와 둘째, 차등의 원칙으로써 사회의 직위와 직책은 모든 사람에게 개방되고 사회적, 경제적 불평등은 최소 수혜자[**]의 불평등을 보상할 만한 이득을 가져오는 경우에만 정당하다. 제1원칙인 평등한 자유의 원칙은 자유의 평등한 권리를 갖는 것이며, 제2원칙인 차등의 원칙은 공정한 기회의 보장과 함께, 만약 불평등한 제도가 사회에 있다면 그것은 최소 수혜자에게 최대의 이익을 보장되어야 한다는 것이다. 제1원칙인 평등한 자유의 원칙은 제2원칙인 차등의 원칙에 우선하고 제2원

---

* **제1원칙**: 각자는 다른 사람들의 유사한 자유의 체계와 양립할 수 있는 평등한 기본적 자유의 가장 광범위한 체계에 대하여 평등한 권리를 가져야 한다.
제2원칙: 사회적, 경제적 불평등은 다음과 같은 두 조건을 만족시키도록, 즉 (a)모든 사람들의 이익이 되리라는 것이 합당하게 기대되고, (b)모든 사람들에게 평등하게 개방된 직위와 직책이 결부되게끔 편성되어야 한다.(존 롤즈, 황경식, 정의론, 이학사, 2014, 105쪽)
** 최소 수혜자의 원칙은 차등의 원칙이 적용됨으로써 불평등하다. 그러므로 최소 수혜자의 개념을 정의해야 하는데 롤즈는 공정으로서의 재서술에서 기본재에 대한 기대치의 차이를 설명한다. 여기에서 기본재란 사람들에게 보장된 제도적 권리들과 자율들, 공정한 기회들, 합당한 소득과 부 등이 기본재에 해당된다. 최소 수혜자는 가장 낮은 기대치를 갖는 소득 계층에 속한 사람들이라 보았다.(존 롤즈, 에린 켈리 엮음, 김주휘 역, 『공정으로서의 정의 재서술』, 이학사, 2016, 114쪽)

칙은 효율성이나 공리의 원칙보다 우선적으로 적용되어야 한다고 본다. 롤즈는 이 같은 정의의 두 원칙에 의한 사회를 정의로운 사회로 규정하면서 이런 사회에서는 여러 신념 체계를 지닌 집단들이 공존할 수 있다고 보았다.

이제 롤즈의 정의론을 바탕으로 하여 롤즈의 조직을 그려보겠다. 롤즈 조직의 가상 시대는 21세기 현재이다. 왕권과 귀족은 사라지고 종교는 그 힘을 잃었으며 자본가와 노동자의 시기이다. 또한 인종, 여성, 빈민, 전쟁 등 너무나 다양한 이해관계와 사회적 이슈들이 존재한다. 롤즈가 기존의 계약론자들과는 달리 자유와 평등이 아닌 정의를 앞선에 내세운 것은 이러한 시대적 상황을 반영한 것이라 볼 수 있다. 롤즈의 조직도 그러한 사회 상황의 한가운데 자리한다. 무섭게 진화하는 사회의 문제들은 조직과 무관하지 않다. 결국 조직은 문제들과 사람의 욕구를 다루는 곳이며 그 문제와 욕구를 다루는 정도에 따라 조직의 존재의미가 바로 세워진다. 롤즈의 조직이 가장 정의로움에 근접한 조직이라 볼 수 있는 것은 조직의 목적이 공공의 이익이라는 것이며 그 과정에서 이루어지는 절차와 합의에 의해서이다. 그러므로 롤즈의 조직은 조직 내의 입법legislation을 중시하게 되는데 이는 외부의 법으로는 사회 변화를 따랄 갈 수 없다는 이유와 외부에서 강제된 법은 조직 내에서 합의되지 않은 것이기 때문이다. 그리고 수정할 수 없기 때문이다. 롤즈 조직의 핵심은 입법권이며 입법의 절차와 방식을 제시한다. 또한 입법에 의한 원칙에 차등과 균등, 그리고 자유를 담는다. 그러므로 롤즈의 조직이 추구하는 바는 정의로움에 의한 구성원들의 자아실현이다. 자유롭고 평등한 조직이야 말로 변화에 능동적이며 구성원들의 자발성을 이끌어낸다.

　이제부터 롤즈의 사회계약론을 바탕으로 하여 가상의 롤즈의 조직을 그려볼 것이다. 유념할 것은 롤즈의 정의론을 근간으로 하여 조직의 정의를 서술하겠지만 완전하게 정의론을 차용하지 않았다는 사실이다. 롤즈의 정의론을 조직에 풀어내기 위해서는 저자의 주관적 주장이 포함되어야 하는 지점이 있다. 또한 롤즈의 정의론이 비판받는 내용에 대해 보완도 필요했기 때문이다.

　'롤즈의 조직은 어떤 모습일까?' 가상이지만 가장 정의롭다고 볼 수 있는 조직, 사람의 선의에 의해 움직이는 조직, 정의로운 계약의 조직, 일을 하는 우리 모두가 꿈꾸는 조직, 그 조직을 이제부터 그려보자.

조직의 제1덕목은 무엇인가

　사상 체계의 제1덕목을 진리하고 한다면 정의는 사회 제도의 제1
덕목이다(롤즈 정의론 1절 정의의 역할 중). 정의가 사회 제도의 제1덕목이
라면 롤즈 조직의 제1덕목도 조직의 정의이다. 사회와 조직은 범위
가 상이할 할 뿐 본질적으로 다른 것이 아니기 때문이다. 사회가 사
회 구성원들과의 암묵적인 계약에 의해 유지해 오듯 조직 역시 암묵
적인 계약에 의해 유지·발전되어 왔다. 그렇다면 '롤즈의 조직에서
는 조직과 구성원들 간에는 무엇을 교환하기 위해 계약한 것일까?'
계약은 목적을 달성하기 위해 조직 구성원들과 합의한 것임으로 그
계약은 정의로워야 할 것이다. 정의로움은 조직과 조직 구성원들 간
의 교환가치에 있다. 고전 사회계약론자인 홉스는 생존을, 로크는 소
유를, 루소는 공공이익을 가치 있게 보았다. 롤즈의 조직은 정의에
가치를 두고 이를 교환하고자 한다.

　조직은 본연의 목적이 있다. 사람들은 목적을 달성하는 것에 동의
함으로써 조직에 참여한다. 조직은 목적 창출을 위해 구성원에게 공

급자원을 요구한다. 구성원들은 자신들이 가진 재능과 능력을 더해 필요한 자원을 공급하고 조직으로부터 무언가의 보상을 받는다. 정의를 보상하는 것이 롤즈의 조직이다. 정의란 자유와 평등이다. '과연 조직의 구성원들이 실질적으로 손에 쥐어지지 않는 자유와 평등을 공급받기를 기대할까? 만약 그렇다면 그 이유는 무엇인가?' 사람은 자연적 운^{luck}이나 사회적 운에 의하여 사회가 불평등할 때 삶의 목적을 상실한다. 조직 구성원 역시도 조직에서 이루어지는 목적달성에 대한 분배의 결정이 불평등하다면 조직에 의미를 둘 수 없다.

　조직 내에서도 자연적 운과 사회적 운이라는 우연적 운이 존재한다. 우연히 성과가 높을 수밖에 없는 팀에 속할 수도 있으며, 우연히 자신이 잘 할 수 있는, 자신의 능력과 연관되는 일을 맡을 수도 있고, 우연히 친족이나 학연에 의해 직장을 얻을 수도 있다. 기억을 꺼내보자. 조직시민행동(B)에 영향을 미치는 다섯 가지(급여, 일, 동료, 존중, 자아실현)의 선행사건(E)들이 운(L)에 결정된다면 사람은 건강한 행동을 선택하지 않는다. 만약 이러한 운에 의해 성공이 이미 결정된다면 그것은 불편한 차등이요, 결코 정의로운 조직이라 할 수 없다. 사람은 동기를 잃고 불평등에 의해 일하기를 거부할 것이다. 그러므로 조직시민행동의 동기부여를 위해 정의로운 조직의 조건을 충족하기 위해서는 구성원 모두가 운으로부터의 결과를 중립화하여 자유롭고 평등한 조건이 보증되어야 할 것이다.

　롤즈의 조직은 두 가지 운에 대한 평준화가 아닌 중립화를 끌어내는 것을 목적으로 한다. 롤즈의 정의로운 조직은 중립화된 운을 실현시킬 수 있도록 조직의 전반적인 제도 속에 공정한 원칙을 선택한다.

즉 제도에 의해 일의 과정과 결과의 분배 속에서 나올 수 있는 모든 비판과 개혁을 규제할 원칙들이 성립되는 것이다. 그리고 그 제도와 원칙들에 기반하여 규범이 선택되고 구성원들에 의한 평의회^{council}가 결성되고 참여에 의해 결정하는 절차적 공정을 이룬다. 물론 제도와 원칙의 근간은 조직의 자유와 평등임은 두 번 말할 필요가 없을 것이다. 조직의 제도가 원칙들을 실현하고 있을 때 거기에 참여한 사람들은 언제나 서로의 관계가 공정하다. 공정함은 자유롭고 평등한 사람들이 합의하게 될 선행조건이 되기에 서로 협업할 수 있는 동력이 된다. 이렇게 공정으로서의 정의를 실현하는 조직은 자발적이다. 왜냐하면 조직은 공정한 조건 속에서 자유롭고 평등한 사람들이 합의하는 반영의 장^{場}이기 때문이다.

조직의 공정이란

조직이 자유롭고 평등하다는 것은 조직이 공정하다는 것이다. 조직이 공정한 이유는 첫째, 구성원들이 갈등을 규율할 정의의 원칙들을 서로 합의하였기 때문이다. 둘째, 그 원칙을 최초로 합의하는 상황이 공정했기 때문이다. 셋째, 그 합의된 원리가 제도 속에서 지속적으로 개선되며 실현되기 때문이다. 즉 조직의 자유와 평등, 그리고 공정성은 합의와 참여에 있다고 볼 수 있다. 그런 의미에서 롤즈의 조직에 참여한 구성원들은 원초적 입장으로 들어가야 한다. 원초적 입장은 조직에서 정의의 원칙을 이끌어내기 위한 필수적 개념이다. 그리고 그 핵심은 '무지의 베일veil of ignorance' 속으로 들어가는 것뿐, 다른 길은 없다. 만약 조직의 구성원들이 타고난 능력과 재능, 가치관, 성향, 사회경제적 지위에 의해 결정한다면 자신의 이익을 위한 결정을 선택할 것이다. 이럴 경우, 두 가지의 운에 의해 조직은 불평등해질 것이며 자유와 평등은 손실되고 정의롭지 않게 된다. 이러한 운들을 배제하여 무지의 베일 속으로 들어갈 때 공정성을 찾을 수 있는 합의가 시작될 수 있다.

그런데 과연 '조직의 구성원들이 무지의 베일 속으로 들어가면서까지 차등적 평등을 감당할 것인가?'라는 의문이 남는다. 조직을 경쟁으로만 이해하는 현대사회에서 기꺼이 차등적 평등이 예측된 것을 수용할 것이라고 보는 것은 쉽게 이해할 수 없는 대목이다. 하지만 이해할 수 없는 대목이야 말로 조직의 구성원들이 무지의 베일로 기꺼이 들어갈 것이라 가정하는 이유이다. 무지의 베일로 들어가 차등의 원칙을 선택하는 이유는 조직의 목표를 위해서 필요하다고 동의하기 때문이다. 조직의 목표를 실현할 때야 비로소 개인의 이익과 조직의 이익을 달성할 수 있는 것이기에 기꺼이 차등적 평등을 수용한다. 차등적 평등은 어떤 직위에 있는 자의 보다 큰 이익이 다른 직위에 있는 자의 손실보다 더 중요하다는 믿는 불평등의 정당화를 배제한다.

무지의 베일 속에서의 불평등의 선택은 모두의 이익을 위한 합리적 행동이기 때문이다. 공정한 기회균등의 조건 아래 모든 구성원에게 개방된 직책과 직위가 결부시키는 것에 동의하는 것도 조직의 목표를 실현시키기 위함이다.[*] 달성하기 어려운 조직의 과업일수록 조직 구성원들의 참여가 절실히 요구된다. 전 구성원에게 조직경영에 참여할 기회를 보장하고 누구에게나 개방된 직책과 직위가 보장될 때 선의의 경쟁이 일어날 수 있다. 만약 이것이 운에 의해 원천적으

* 롤즈는 정의론에서 사회적, 경제적 불평등은 최소 수혜자에게 최대의 이익이 되고, 공정한 기회 균등의 조건 아래 모든 사람들에게 개방된 직책과 직위가 결부되게끔 편성되어야 한다고 보았다.(존 롤즈, 황경식 역, 『정의론』, 이학사, 2014, 132쪽)

로 차단(인종과 성별, 출신과 인적 관계, 장애 여부로 배제와 차별)되어 있다면, 소수의 능력에 의해 조직의 목표를 달성할 수밖에 없다. 또한 롤즈의 조직은 이익과 책무와 관련된 여러 가지 직책들이 모든 구성원에게 개방된다. 개방된 직책은 구성원들의 재능을 발휘할 수 있도록 유도되며 동기부여 된다. 이익과 책무를 갖게 되는 개방된 직책을 가질 수 있는 기회는 공정한 경쟁과 공적에 따른다. 그래서 모든 직위와 직책은 공정한 기회균등 원칙에 의해 보장된다. 만약 그러지 않을 경우 조직 구성원들은 직책으로부터 얻을 수 있는 이익과 책무의 기회를 박탈당하게 된다. 뿐만 아니라 자기실현 기회마저도 제한되었으므로 이에 대해 불평하는 것은 정당할 것이다.

처지가 나은 구성원들의 높은 기대치가 정당한 것으로 인정될 수 있는 유일한 조건인, 최소 수혜자들의 기대치를 향상시키는 차등의 조건을 감당하는 이유 역시도 조직의 목표를 위해서이다. 롤즈의 조직에서 최소 수혜자들이란 '경제적' 최소 수혜자라기보다는 '사회적' 최소 수혜자들이다. 그러므로 무지의 베일 속에서 다루어지는 최소 수혜자에 대한 차등은 소속과 존중과 자아실현의 욕구에 대한 차등을 다룬다. 이미 무지의 베일 속으로 들어온 조직 구성원에게 있어서 생존과 안전의 욕구는 해결되었다고 가정한다. 생존과 안전이 결핍된 조직 구성원들은 무지의 베일 속으로 들어오는 것을 거부할 것이기 때문이다. 만약 욕구가 해결되지 않았다면 그 자체가 불평등한 것임으로 기회의 균등 역시도 만족시킬 수 없다. 때문에 무지의 베일 속으로 들어올 수 있는 필수요건은 조직이 이미 생존과 안전의 욕구를 충족시켰을 때 가능하다. 조직이 만약 두 가지의 욕구를 충족시킬 수 없다면 그것은 결코 정의로운 조직이 될 수 없다고 단언한다. 이미 밝혔지만 생존과 안전이 결핍된 곳은 조직이라 볼 수 없기 때문이다.

롤즈의 공정으로서의 정의 재서술에서는 최소 수혜자에 대한 예를 프로 스포츠의 드래프트draft 제도를 예로 든다. 드래프트 제도는 시즌이 끝난 후, 새로운 선수를 영입할 때 후순위 팀이 먼저 선수를 선택할 수 있도록 한다. 그리고 우승팀은 새로운 선수를 맨 마지막에 지명할 수 있다. 이렇게 함으로써 팀 간의 전력을 평준화하여 리그에 소속된 팀의 실력 차이를 줄임으로써 대등한 경기를 할 수 있도록 한다. 경기는 흥미로워짐으로써 리그의 경쟁력이 강화한다. 다소 불평등해 보일 수 있지만 최약팀이라는 최소 수혜자에게 유리한 분배의 규칙을 제도화함으로써 공정한 게임을 유도하는 것이다.

그러므로 차등의 원칙에서 다루는 조직의 최소 수혜자란, 조직에서 기회가 주어지지 않았던 구성원, 참여가 보장되지 않았던 구성원, 새로 입사한 구성원 등을 의미한다. 즉 소속과 존중, 자아실현과 관련된 최소 수혜자를 위한 '사회적' 차등이다. 이들에게 최소 수혜자의 기대치를 보장한다는 의미는 그들에게 조직의 목적을 달성하는 기회를 보장하는 것을 의미한다. 기존에 성과가 높았던 구성원들이, 기꺼이 이들의 기회 보장을 위해 기회의 차등을 인정하는 것, 자신의 자원을 양보하는 것이다. 롤즈는 이외에도 충분한 생산수단을 보장할 것을 주문한다. 지식과 제도들에 대한 이해, 교육된 능력, 훈련된 기술 들을 보장하는 것이 바로 차등의 원칙이다. 원칙을 조직에서 수용하는 것은 오로지 조직의 목표를 실현하는 것에 동의한 합리적인 구성원들이기 때문에 가능하다. 차등의 원칙에 의해 기회를 획득한 구성원들은 조직을 정의롭다고 인식한다.

물론, 차등에 의해 자신의 능력을 유보하거나 양보해야 하는 그 이면에 있는 구성원에게는 불평등일 수 있다. 그리고 조직 차원이나 개인 차원에 있어서 비효율적이며 손실이라 볼 수도 있다. 당장에는 자연적, 사회적 운이 좋은 구성원에게 양보와 유보를 강제하여 권리를 침해하는 것 같다. 롤즈는 이에 대해, 이러한 균등과 차등이 충족될 경우 사람들 사이의 유대가 보존되며 불평등은 모든 이들의 이익이 되고 그것을 기대한다고 보았다. 단선론적, 단기적 시각으로 보자면 손실이며 박탈일 수 있는 원칙은 순환론적, 장기적 시각으로 보자면 서로의 유익으로 작용한다. 조직의 성과는 단기적 성과와 장기적 성과라는 두 가지 측면에서 고려되어야 한다. 단기적 성과의 측면에서 보자면 이러한 차등은 손실이다. 그러나 장기적 성과에서 보자면 그렇지 않다. 어쩌면 사회나 조직이나 정의론의 입장에서 보자면 정의는 단기보다는 장기적 입장을 취해야 할 것이다. 결국 세대와 세대를 넘어서 무엇이 더 정의로울 수 있는가에 대한 관점이 정의론이기 때문이다(물론 롤즈는 무지의 베일 개념을 통해 이러한 세대에 대한 이해관계도 배제한다).

만약 한 세대에서만의 정의를 논한다면 정의론보다는 결과론이 더 정의로울 것이다. 조직이 만약 단기 프로젝트의 목적을 위한 조직이라면 단기적 성과에 초점을 두는 것이 유익하다. 그러나 대개의 많은 조직들은 장기적 목표를 두고 있다. 조직에서의 차등이 가능하고 그것이 유익한 이유는 장기적 관점에서 천부적 재능과 자연적 운을 공동의 자산으로 인정될 수 있는 가능성이 커지기 때문이다. 모든 운들과 재능들은 자격이 있어서 얻어지는 것이 아니다. 자격이 있기에 넉넉한 집안에서 태어나고 신체가 건강하고 머리가 똑똑한 것이 아니다. 그것은 무상으로 주어진 것이다. 자신의 노력에 의한 재능 역시도 무상으로 주어진 운들과 사회에서 주어진 기회, 사회의 인프라가 잘 어우러진 덕이다. 때문에 이러한 운과 재능에 의해 얻어진 자산은 자신의 것만이 아니라 공동의 것이다. 그런데 사람들이 얻게 된 재능과 운들은 사람마다 차이가 있다. 그 차이에 의해 자유와 평등의 격차가 만들어지며 결국 그것이 분배의 문제를 촉발한다. 그리고 우리는 문제에 대한 담론을 '정의'라고 부른다. 사회는 차이와 격차를 해소할 수 있는 방법을 강구해야 하는데 그것이 바로 롤즈가 정의론에서 거론한 정의의 원칙이다.

롤즈의 조직에서 주장하는 차등도 이러한 맥락에서 고려된다. 조직은 다양한 운들과 재능들을 가진 구성원들이 모여 조직의 목적을 달성하고자 한다. 구성원들이 소유한 재능들은 개인의 것이 아니라 조직의 것이며 공동의 자산이다. 그런데 소유한 재능들에는 차이가 있고 그 차이에 의해 조직에서의 자유와 평등의 정도가 상이하다. 상이함의 정도에 의해 기회와 역할, 권한과 보상이라는 분배의 문제를 촉발한다. 차등의 원칙은 이때 작용한다. 소유한 모든 재능과 운들은 조직의 공동자산이다. 그것을 조직에 반영할 수 있는 것은 다양성을 확보하는 것을 의미한다. 차등은 어느 한 구성원에게만 기회가 주어지는 것이 아니라 장시간 안에서 모두에게 고루 기회가 분배되는 것이다. 그리고 역할과 권한이 부여된다. 그리고 이러한 다양성과 기회의 존중은 조직의 경쟁력을 강화한다.

차등은 최소 수혜자뿐만 아니라 조직에서 일어날 수 있는 다양한 과업 속에서 기회를 분배하고 자원을 양보하는 것임으로 모두에게 유익하다. 그리고 유익함의 원천은 차등의 원칙으로서 모두에게 유익이 올 것이라는 자유롭고 평등한 조직 구성원들의 자발적 선택이다. 최소 수혜자의 기대치는 장시간에 걸쳐 확대되는 장기적인 기대치인 것이다. 그럼으로 일방적인 평등한 분배는 비합리적이지만 차등과 균등, 그리고 최소 수혜자의 처지를 개선하는 불평등은 합리적으로 허용된다. 그리고 이것이 진정한 효율이다. 그런 이유로 롤즈는 차등의 원칙이 완전히 만족되는 경우의 기본 구조는 효율성의 원칙에 있어서도 최적이라고 보았다. 완전히 정의로운 조직은 동시에 효율적이다.* 궁극적으로 '선한 사회란, 보다 나은 재능을 타고 난 사람이 (그렇지 않은) 타인들을 돕는다는 조건 아래서만 그들의 처지를 개선할 수 있다'**는 것에 동의하는 사회이다. 시장자본주의를 보라. 단기적 성과론에 매몰되고 최소 수혜자의 차별을 묵인하여 벌어진 장기간에 누적된 격차와 빈곤을 말이다. 이로써 롤즈의 조직은 정의의 2가지 원칙인 기회균등과 차등의 원칙을 수용함으로써 자발적인 협력을 기대할 수 있다.

* 롤즈, 황경식 외역, 『공정으로서의 정의』, 서광사, 1977, 162쪽.
**롤즈, 황경식 외역, 『공정으로서의 정의』, 서광사, 1977, 104쪽.

무지의 베일로 들어감

　　조직의 갈등은 욕구의 충돌이다. 생존의 욕구와 안전의 욕구는 자기보전을 위함이며, 소속의 욕구와 존중의 욕구는 소유하기 위함이다. 조직의 구성원들의 목적이 자기보전과 소유에 머문다면 한정된 조직의 자원 쟁취를 위한 갈등상황에 놓일 수밖에 없다. 구성원들을 갈등상황에서 이완시킬 수 있는 방법은 욕구의 최정점에 있는 자아실현으로 이끄는 것이다. 자아실현은 조직의 목적을 달성하는 것에 기여할 수 있는 기회의 보장에서 찾을 수 있다. 매슬로우의 욕구위계론에서 사람이 일을 하는 최종 목적을 자아실현에서 찾았듯이 롤즈 역시도 자아실현의 중요성을 주장한다. 그렇다면 자아실현은 궁극적으로 조직 구성원에게 무엇을 선물할까? 그것은 행복이다.[*] 자아실현의 동기(M)는 행복에 있다. 조직은 행복을 추구하는 다양한 인생관들이 모인 집단이다. 이를 실현하기 위해 자유, 권리, 기회, 소득, 부, 권력 등의 사회적 기본 가치social primary goods를 무지의 베일 속에서 배분(B)한다.[**] 만약 기본적 가치가 빈곤하다면 조직도 빈곤해진다. 욕구의 결핍이기 때문이다. 기본적 가치는 욕구와 맞닿아 있다. 기본적 가치인 자유는 자아실현, 권리는 존중, 기회는 소속, 부와 권력은 생존과 안전의 욕구이다. 또한 자아실현이라는 욕구는 승진에 의해, 존중은 감독, 소속은 동료, 생존과 안전은 일과 급여라는 선행사건에 의해 촉진된다. 그러므로 롤즈의 기본적 가치는 욕구(N)의 충족이며 결국 '조직에서 일어나는 사건(E)을 어떻게 공정(S)하게 할 것인가?' 즉 벤스의 법칙인 공정과 정의의 문제로 귀결된다.

공정과 정의에 의해 기본적 가치와 욕구를 충족시키는 것은 만족과 행복이며, 조직의 목표는 이윤의 추구 이전에 사람의 행복에 있다. 그것이 조직의 의로운 법이다. 영리조직이 이윤을 추구하는 이유와 비영리조직이 사회문제를 해결하려고 이유는 이해관계자들에게 행복을 공급하기 위해서이다. 사람이 조직에서 필요로 하는 자원은 행복이며 조직이 구성원에게 공급할 수 있는 자원도 행복이다. 노동과 물질의 교환이 아닌, 행복의 주고받음이 바로 조직과 사람 간의 적합성이다. 행복을 공급하는 조직의 구성원들은 사회 구성원들의 행복감이 달성되었을 때 자아를 실현하는 것이고 그것에서부터 행복

---

* 롤즈의 정의론이 빚지고 있는, 롤즈의 정의론에서 가장 많이 인용되는 철학자 칸트는 자기 자신의 행복을 확보하는 일은 의무라고 정의한다. 그는 모든 인간은 이미 자기 안에 행복에 대한 아주 강하고 깊은 경향성을 갖고 있다고 보았다.(『도덕 형이상학 기초놓기』, 책세상 37쪽)
** 단, 조직에서의 무지의 베일에서 배분하는 사회적 기본가치는 자유, 권리, 기회, 권력 등이다. 이외 제시한 소득은 제외되는데 이것은 전언한대로 무지의 베일에서는 생존과 안전의 욕구는 이미 충족되었다고 보기 때문이다. 그렇게 볼 때 무지의 베일에서 배분하는 사회적 기본가치는 소속, 존중, 자아실현에 관련된 것들이다. 실제적으로 무지의 베일 속에서 기회의 공정성, 동료애, 리더와의 인격적 교감이 이루어짐으로써 욕구가 충족된다.

을 얻는다. 행복이라는 자원이 가치가 있을 때 사회는 구매력이라는 권력으로 이양한다. 구매의 권력을 이양받은 조직은 지속가능해진다. 그러므로 '행복이 사회협동체제에 있다'는 롤즈의 주장에서 사회협동체란 사회 안에 조직, 조직이 모인 사회를 설명한다고 볼 수 있다. 그리고 그것은 곧 사회적 운과 자연적 운이 중립화된 사회의 공동자산이다. 결국 조직은 사회의 공동자산을 실현시키는 중요한 현장인 것이다. 모든 건강한 조직의 목적은 조직과 관계된 이해관계자들에게 행복을 공급하는 것이다. 행복의 공급을 통해 조직의 구성원들도 행복을 마주한다. 그 행복함이란 조직의 목표를 달성하는 것에 참여한 사회적 기여로부터 오는 것이며 이로써 자아를 실현시키고 일의 의미를 발견한다. 이렇듯, 행복을 이루는 사회체제에 맞들인 합리적인 사람들은 사회의 정의와 조직의 정의를 추구하게 된다.

이제 중요한 문제가 하나 남았다. 정의를 이루기 위한 절차와 원칙을 마련하는 것이다. 정의는 순수 절차적 정의pure procedural justice로써 올바른 결과에 대한 독립적인 기준이 없는 것이다. 그 대신 공정한 절차가 있어서 그 절차에 의한 결과는 과정에 의해 정의롭다. 그러므로 정의를 실현하기 위한 관건은 모두가 동의할 수 있는 공정한 절차를 구성하는 것이고 그것이 롤즈 조직의 조직계약이며 선의의 계약이다. 이제 공정한 근거가 마련될 수 있는 무지의 베일로 들어가야 할 시간이다. 진정한 계약으로 이행되기 위해 조직의 구성원들이 무지의 베일로 기꺼이 들어가는 것은 조직의 본연에 목표와 마주하기 위함이다. 목표는 조직에 있어서 매우 가치 있고 거룩한 것이다. 가치와 거룩함에 동의함으로써 조직의 구성원들은 공통성을 확보한다. 이러한 공통적인 목표에 조직과 구성원들이 마주하게 될 때 생존과 안전, 소유의 전쟁터에서 해방된다. 비로소 자유와 평등에 입각한 새로운 시대의 건강한 민주적 관계가 형성된다.

본연의 공통적 목표는 바로 사명mission*으로 설명된다. 어느 조직이든 사명을 갖고 있다. 조직의 구성원들은 가치 있고 거룩한 사명과 마주할 때 무지의 베일로 들어갈 수 있는 선한 의지가 주어진다. 사명이야말로 구성원들이 서로 정의롭게 공생할 수 있는 제도와 원칙을 고안하는 조직계약의 시작이다. 그리고 가장 중요한 조직 내의 첫 입법legislation이 된다. 구성원들이 조직에서 절차적으로 선택할 수 있는 기회는 많지 않다. 조직에 입사 지원을 통해 절차적으로 스스로 선택했지만 최종 선택은 조직에서 한 것이다. 그리고 이후부터는 소위 근로계약과 직무기술서를 명분으로 과업이 할당된다. 조직은 구성원에게 임금과 복지, 그리고 경력개발을 제공하고 구성원들은 조직에게 자신의 노동과 자원을 제공한다. 모든 과정은 대개 상호적이지 않고 일방적이다. 조직이 가지고 있는, 이미 세워놓은 절차와 규칙에 의해 주어질 뿐 구성원에게 참여의 기회는 주어지지 않는다. 조직은 이것을 정의라고 판단하지만 구성원들 입장에서는 결코 정의롭지 않다. 절차적으로 참여하지 않은 결정을 일방적으로 수용하는 것이기 때문이다. 이때 사명은 조직의 구성원에게 조직의 존재 이유,

---

* 조직의 사명은 구성원들의 사명과도 같은 것이다. 사명은 조직과 구성원들 간의 유사성과 관계된다. 1부의 '계약은 불완전하다'에서 조직 적합성으로 밝힌 바 있다. 이 사명은 또한 후에 밝힐 리더의 천직과도 연관된다. 그러므로 무지의 베일로 들어가 사명을 밝혀내는 것은 조직과 구성원에게 있어 모두 의미가 있는 일이라 할 수 있다.

일을 하는 이유를 제시한다. 사명을 통해 본연의 목표를 되새김으로써 주어진 과업과 조직계약을 이해한다. 안타까운 것은 이러한 사명에 대해 조직의 구성원들이 동의하지 않을 때가 많다는 것이다. 그 이유는 사명의 합의에 있어서 참여한 기억이 없기 때문이다. 조직에 입사로 참여하였을 때 아무도 존재 이유인 사명을 설명해 주지 않는 우愚를 종종 범한다.

조직 구성원들이 참여하여 사명을 합의가 필요한 이유이다. 사명의 설정에 참여함으로써 무지의 베일로 들어갈 첫 기회가 시작된다. 사명은 조직 본연의 목표, 존재 이유를 꿈꾸어 보는 것이다. 이때에는 사업주와 구성원, 경력자와 신입, 관리자와 사원 등의 지위나 계층 요건들이 배제된다. 또한 자신의 능력이나 재능 또한 필요하지 않다. 조직의 목표를 위한 사명을 마주할 때 이러한 사회적, 인적요건들과 우연적 운들은 더 이상 필요하지 않다. 오로지 조직의 사명이 무엇인가에 대한 해답을 얻는 기회이기 때문에 그런 조건들은 불필요하다. 만약 사명 설정에 있어서 그러한 조건들을 내세운다면 자기 이익을 고려할 것이고 결국 합리적인 의사결정을 방해할 것이다. 또한 사명의 설정은 상호 무관심한 합리성을 제공한다. 구성원들은 기본적으로 조직의 목표를 실현하기 위한 합리적이고 선한 심성을 가지고 있다. 그렇기에 사명 설정에 참여하는 것이고 동정이나 시기심 등의 감정의 사익을 배제한 채 오로지 사명을 합의할 수 있는 원칙들을 받아들이게 된다. 이로써 사명 설정은 무지의 베일이라는 인지적 조건과 상호 무관심한 합리성이라는 동기적 조건을 충족한다. 두 가지 조건을 사명 설정의 과정을 통해 경험으로써 모든 구성원들이 평등하다는 원초적 입장을 경험한다. 또한 이렇게 얻어진 사명은 조직의 구성원들이 합리적 절차에 의해 합의한 것임으로 공정으로서의 정의를 충족시킨다.

여기에 한 가지 고려되어야 할 점이 있다. 비록 무지의 베일에서 여러 우연적 운에 의한 사회적, 인적요건들이 통제되기는 하지만 구성원들이 가진 도덕, 사상 등의 관념들은 배제될 수 없다는 것이다. 그것이 만약 배제된다면 이제까지 거론한 행복이나 욕구 등의 충족이 무의미해질 것이다. 그러므로 롤즈 조직에서는 무지의 베일에 참여한 구성원들의 다양한 관념들은 존중되어야 할 것으로 인정된다. 이러한 다양한 관념을 승인함으로써 공정한 절차에 의해 얻어진 합의의 중요성이 강화된다.* 이렇게 절차적 공정성에 의해 구성원들이 참여하고 합의하여 사명을 얻어내는 것이 조직계약의 첫 시작이 되고, 비로소 정의로운 조직으로 한 걸음 내딛을 수 있는 조건이 충족된다.

조직의 구성원들은 조직에서 행복을 얻기를 원한다. 행복의 동기는 일로 실현된다. 가끔 구성원들이 다른 것들은 배제한 채 일에 집

---

* 롤즈는 정의론에서 그의 정의론이 하나의 포괄적 신념체계로써의 자유주의적 정치적 정의관이라고 보았다. 그러나 공정으로서의 재서술에서는 '질서정연한 사회에서는 모든 시민이 동일한 정치적 정의관을 승인하지만, 그들이 동일한 이유에서 모든 면에서 속속들이 그렇게 한다고 가정되지는 않는다'라고 하며 이를 수정한다. 그러면서 공정으로서의 정의는 중첩적 합의 대상이 될 수 있는 정치적 정의관이라 설명하다. 사람들이 가진 다양한 신념체계에서의 갈등을 중첩적 합의에 의해 도출함으로써 정의로운 사회를 존속시킨다고 정의한 것이다.(롤즈, 에린 켈리 엮음, 김주휘 역, 『공정으로서의 정의 재서술』, 이학사, 2016, 78 · 70쪽) 따라서 조직에서의 입법과정 중 합의는 롤즈가 고려한 다원주의 조건에 따라 수정한 중첩적 합의라고 볼 수 있다.

중하는 경우가 있다. 그때가 바로 개별 구성원이 무지의 베일로 들어간 시간이다. 이때 구성원은 자신의 지위나 계층을 모르며 자신의 여건과 특수한 우연성의 결과들을 기대하지 않는다. 그것은 오직 일과 만나는 시간이다. 이것을 흔히 몰입이라고도 한다. 그 시간이야 말로 사람이 조직에서 행복을 경험하는 시간이다. 이런 몰입은 자신에게 언제 일어나는지도 모르며 다른 구성원들이 몰입되어 있는지도 모른다. 과업을 달성하는 시간 속에 언제는 잠깐, 또 언제는 아주 긴 시간을 몰입되는 경험을 갖지만 스스로 인식하지 못하고 서로에게 공유하지 못한다. 만약, 이것이 인식되고 공유될 수 있다면 조직의 구성원들은 서로를 신뢰하게 될 것이다. 서로를 조직의 목표를 달성하기 위해 헌신하는 사람, 자신이 아닌 우리에게 주어진 사람들의 행복을 위해 일하는 사람으로 받아들일 것이다. 인식과 공유의 시간이 이루어지는 때가 바로 조직 본연의 목표의 사명을 설정하는 시간이다. 그리고 이후 밝히겠지만 조직의 가치와 규범을 세우는 시간이다. 그때 사람들은 몰입되고 무지의 베일 속으로 들어간다.

조직개발 워크숍을 하다 보면 이런 아름다운 시간이 주어진다. 조직 구성원들은 직위를 내려 놓고 참여자가 된다. 참여자들은 조직의 발전을 위하여 자신의 이익 또한 내려 놓는다. 하나라도 놓치지 않기 위하여 촉진자Facilitator의 이끎에 귀를 기울이고 다른 사람들의 이야기를 경청하고 자신의 의견을 기꺼이 내놓는다. 기대하는 바는 오직 하나, 조직이 조금이라도 나아져서 자신이 행복하고 자신과 만나는 사람들이 행복하기를 바라는 것뿐이다. 다른 사람의 이야기를 들으면서 그 사람의 건강함을 확인하는 시간이며 모두가 하나의 목표

앞에서 자유롭고 평등한 구성원임을 인식하는 시간이다. 각자의 주어진 일 속에서 인식되고 공유되지 않았던 그 몰입이, 본연의 목표와 가치와 규범을 다루는 시간 속에서 만나고 드러난다. 심각한 얼굴이지만 입가에는 미소가 머물고 있다. 그것이 무지의 베일이다. 하지만 참여한 구성원들은 자신들이 무지의 베일에 빠져 있는지 모른다. 그정도로 집중하고 몰입한다. 그것을 인식하는 사람은 촉진자뿐이다. 때문에 무지의 베일인 것이며 조직에서 제일 아름다운 시간이다.

'과연 무지의 베일 속으로 사람들이 기꺼이 들어가는 건강한 행동(B)을 선택할까? 그렇게 동기(M)가 부여될 수 있을까?' 대답은 '그렇다'이다. 다만 그것이 사회 구성원이라면 각자 몸담은 집단의 이해관계, 서로 다른 목표에 의해 쉽지 않을 뿐이다. 하지만 조직은 가능하다. 조직은 본연의 목표가 있고 그것을 달성하여 행복을 공급하고자 하는 훌륭한 사람들의 공동체이기 때문이다. 물론 기억할 것이 있다. 무지의 베일에 들어가기 그 이전에 조직의 자유롭고 평등한 조건(S)이 충족되어 있어야 할 것이고 그것이 욕구(N)와 선행사건(E)을 통해 무지의 베일로 이끌어야 할 것이다.

조직 스스로의 입법legislation

정의를 이루려면 계약과 법이 필요하다. 법은 전체적이며 개별적인 것이 아니다. 그러므로 법은 조직의 사업주에게도 적용되어야 한다. 그러나 대개의 조직이 법에 의해 정의를 이루지 못하는 것은 그것이 구성원에게만 요구되기 때문이다. 그러므로 모든 구성원들이 참여하여 반영된, 모든 구성원에게 해당되는 전사적 입법이 필요하다. 무지의 베일 두 번째 단계는 사명을 바탕으로 조직의 가치와 규범을 합의하는 것이다. 이것도 하나의 입법행위이며 무지의 베일 속에서 입법권이 획득된다. 아쉽게도 많은 조직들은 구성원들이 참여하여 사명을 정하지도 않거니와 가치와 규범 역시도 존재하지 않거나 유명무실한 곳이 많다. 사명은 마치 헌법과도 같아 매우 개념적이며 이상적인 것이다. 그 자체만으로도 무지의 베일이기에 실제 현업에서 이를 구체화하기에는 쉽지 않다. 사명을 행동으로 구체화하는 것이 가치이고 규범이다. 가치와 규범의 설정 역시도 무지의 베일 속에서 이루어진다. 조직 구성원들이 가진 인지적 조건과 동기적 조건에 의해 사명을 달성할 수 있는 가치와 규범을 합의하여 계약하는 것이다. 가치는 조직 구성원들의 행동이나 사고를 특정 방향으로 이끌어 가는 아주 특별한 원칙이나 기준을 말한다. 가치는 또한 조직과 조직 구성원들의 판단 기준, 행동 기준, 실행 기준, 평가 기준이 된다. 그러므로 가치의 원천은 조직의 사명에 있다. 가치는 사명을 달성함에 있어서 조직의 원칙과 기준이 되어 준다.

이렇게 중요한 가치이지만 문제가 있다. 첫 번째, 가치의 실현성이 필요한데 가치라는 것이 너무나 개념적인 단어들을 선호한다는 것이다. 두 번째는 구성원들이 인식하는 가치들끼리 상충되고 모순될 가능성이 있다는 것이다. 예를 들어 조직의 가치를 '윤리', '공헌'이라고 합의했다고 가정했을 때, 조직과 조직의 구성원들이 이해하는 윤리와 공헌은 모두 다르다. 또한 집권과 분권, 개인과 집단 등 모순되고 상충된 가치와 단어들을 선택할 수 있는 위험이 있다. 다름과 차이는 조직 구성원의 수만큼이나 비례할 정도이다. 그러니 윤리경영을 한다고 했을 때에도 각자가 이해하는 윤리적 차원이 다르니 오해가 생겨 갈등이 촉발된다. 공헌과 성과 역시도 무엇을 어떻게 공헌하고 성과를 낼 것인가에 대해 모두 다르게 이해한다. 모든 구성원들이 자신은 '공헌'하였다고 스스로 평가하지만 조직에 공헌한 것인지, 사회에 공헌한 것인지, 열심히 일한 것인지, 생각을 많이 한 것인지 알 수 없으니 공헌도에 대한 객관적인 평가를 내릴 수 없다. 자신은 성과를 냈다고 인식하지만 조직이 원하는 성과가 아닐 수도 있는 그 차이에 의해 조직은 갈등한다. 공공이익이라는 목표를 가진 조직에서 갈등이 촉발하는 이유이기도 하다. 집권을 선호하는 집단과 분권을 선호하는 집단의 선택이 팽팽할 수도 있다. 집권이 공공이익이라 볼 수도 있고 반대로 분권이 공공이익이라 볼 수도 있다. 그러므로 가치는 행동으로 기술되어야 한다. 윤리적인 행동이 무엇인지, 공헌과 성과라 하면 어떠한 행동을 말하는 것인지를 구체적 행동으로 표현하는 것이 필요한 것이다.

또한 가치는 상충되고 모순되는 것이 아니라 역설로 인정되어야 한다. 하나의 가치만을 선호하는 시대는 지났다. 비록 상충된다고 하더라도 모든 가치들은 존중받아야 하며 그것이 조직 안에서 공존할 때 다양성과 자율성이 확보된다. 가치를 조직과 구성원들이 자발적으로 움직이게 하는 이것이 행동을 담은 규범(이하 행동규범code of conduct)이다. 행동규범은 조직의 제도이다. 제도경제학자 존 R 커먼스 John R. Commons, 1862~1945*는 개인행동을 통제하는 집단행동을 제도라 정의한다. 그가 규칙, 규제 혹은 조례 등은 '행동규칙' 또는 '집단행동의 실행규칙'으로 명명하였듯이 조직의 가치를 행동으로 규범화한 제도가 바로 커먼스가 주장한 집단행동으로 얻어진 행동규범이다. 규율과 행동규범에 차이가 있다면 집단을 조직화하는 집단행동의 규율은 통제의 제도이지만 무지의 베일 속에서 협의하고 합의하는 행동규범은 자율의 제도이다. 이러한 행동에 의한 가치의 구체성과 가시성은 조직의 목표하에 구성원들을 하나로 모이게 함으로써 자유롭고 평등한 인격적 존재라는 정의의 선언을 구체적인 행동으로 이끌

---

* 노동경제학의 개척자이며 집단적 행동을 제도화하는 것에 관심을 두었다. 신고전학파의 시장에 의한 경제가 아닌 조직에 의한 경제라는 개념에 따라 개인의 활동을 제어하는 집단적 활동을 제도의 성질이라 보았다.

어 준다.

 가치는 칸트의 자유와 도덕원칙에서 말하는 사람이 가진 의지의 준칙이 조직에서 실현되는 것이다. 그 준칙이 조직에서 보편적인 법칙 수립의 원리로 타당하게 승인받고 행동하는 것이 행동규범이다. 가치와 규범은 무지의 베일 속에서 구성원들이 참여하여 얻어내는 조직의 입법들이다. 그리고 입법들은 구성원들이 참여하여 공정하게 정한 것임으로 그 자체가 정의롭다. 또한, 외부의 힘에 의해 주어진 것이 아닌 조직의 구성원들이 참여하여 스스로의 법을 세운 것임으로 자발적이다. 조직의 구성원들은 공정하게 반영되고 합의된 입법에 의해 선택할 것이고 행동할 것이고 평가받을 것이며 그 결과가 조직의 사명달성에 어떻게 기여했는지를 구체적으로 인식하게 된다. 그리고 조직의 정의가 된다. 다시 부연하거니와 근로기준법, 취업규칙, 근로계약은 대개 외부의 힘에 의해 주어진 명시적 계약이다. 조직의 자유와 평등을 위한 법이기는 하지만 최소한의 조건일 뿐이기에 실질적인 구성원들의 자유와 평등을 이루는 데 제한으로 작용된다. 또한, 현실에서 부딪히는 조항들이 적지 않기에 조직에 유익이 되는 의견들도 제한될 수 있다. 문제는 그러한 제한과 부딪힘이 발생해도 조직 임의로 바꾸지 못한다는 것이다. 그러나 가치와 행동규범을 정하는 조직 스스로의 입법은 조직이 스스로 정하는 것이기에 지속적인 개선이 가능하다. 주체가 조직이고 구성원들이기 때문이다. 주체를 획득한 조직은 구성원들의 자유와 평등을 보장한다. 사업주에서부터 신입사원까지 함께 참여하여 조직의 입법을 세웠으므로 조직의 미션과 가치 및 규범하에서는 모두가 자유롭고 평등하다. 입법을 지키는 기준 안에서 모두가 자유로운 것이며 함께 지켜야 하기에 모두가 평등하다. 이로써 조직의 계약을 이루는 조건이 충족된다.

조직의 입법행위에 미션과 가치 및 규범만으로 제한되는 것은 아니다. 이러한 과정이 조직에서 숙련되면 조직의 규정과 규칙들 역시도 조직 스스로 입법할 수 있게 된다. 이러한 입법행위는 그 이전의 방식과는 다르다. 조직의 특정권력에 의해 만들어지고 구성원들은 동의하는 수동적 형태가 아닌 조직의 구성원들이 직간접으로 참여하는 능동적이고 자발적 행위에 의한다.

· 호기심
- 자신의 전문 분야 외의 영역에서도 효과적으로 기여한다.
- 다른 사람들이 놓친 연결고리를 제공한다.
- 다른 관점들을 추구한다.

· 용기
- 설령, 불편하더라도 조직에 도움이 된다고 생각하는 아이디어가 있으면 앞에서 나서 말한다.
- 기꺼이 현상에 대해 비판한다.
- 리스크에 현명하게 대처하고 발생할 수 있는 실패에 열린 태도를 취한다.
- 진실을 찾는 과정에서 어설프거나 부족한 모습을 보일 수도 있다.

넷플릭스의 가치와 규범의 예

넷플릭스Netflix의 예를 들어보자. 그들의 핵심가치 10가지 중에는 '호기심'과 '용기'가 있다. 두 단어만을 가치로 선언한다면 구성원들은 각자 인식한 대로 호기심과 용기를 다르게 해석하고 행동할 것이다. 하지만 이들에게는 각 가치를 구체적 행동으로 만들어 주는 행동규범이 있다. 호기심이라는 가치와 관련 행동규범에는 '다른 사람들이 연결고리를 제공한다.' 용기의 가치에는 '기꺼이 현상에 대해 비판한다' 라는 행동들이 기술되어 있다. 호기심과 용기와 관련된 수많은 행동들이 있을 것이지만 각자가 인식하는 행동이 아니라 조직 구성원들이 합의한 구체적 행동을 만들어내는 것이 행동규범이다. 넷플릭스의 구성원들은 가치와 핵심규범을 통해 행동을 결정하고 평가를 받고, 최종적으로 조직의 기준이 된다. 서로가 평등함으로 연결고리를 제공할 것이며 자유롭게 비판할 것이다. 가치와 규범으로 모두가 자유롭고 평등하기 때문이다. 그들의 입장에서는 합의한 가치를 실천하는 핵심적 행동을 하였으니 건강한 행동이며 그들이 원하는 조직시민행동과도 같은 것이다.

입법 과정, 즉 가치를 기반으로 한 핵심규범을 정하는 데 있어서 중요한 요소가 있다. 첫째, 구체적인 행동으로 기술되어야 한다는 것, 둘째, 규범 안에는 의사결정에 대한 사항이 반드시 있어야 한다는 것, 셋째, 규범의 우선순위를 정하는 것이다. 가치를 구체적인 행동으로 기술할 것을 요구할 경우, 대개는 매우 개념적으로 가치를 이해하고 있다는 것을 알게 된다. 실제로 가치의 행동화를 위해 공동작업을 할 경우 70~80%는 개념적인 문장들로 기술된다. 자신만의 경험들을 막연하게 뜬구름과 같은 인식 속에서 담고 있는 경우가 허다하다. 사람들은 그간의 경험 속에서 자신이나 타인의 행동을 관찰했으므로 명확하게 인식한다고 믿는다. 그러나 막상 구체적인 행동으로 기술할 것을 요구받으면 그것이 실체적이지 않았다는 것을 깨닫게 된다.

가장 많이 나오는 비실제적 개념 기술은 역지사지易地思之로 대표적인 갈등 문구이다. 다른 사람이 편에 서서 생각하는 것은 행동으로 보이지 않는다. 동기(M)는 행동(B)으로 발현되어야 한다. 다른 사람 편에 서서 생각하는 것이 중요한 것이 아니라 '그 생각을 구체적인 행동으로 다른 사람에게 어떻게 표현하는가'가 중요한 것이다. 가치의 행동화를 구하는 공동 작업을 통해 자신들이 가진 가치들이 매우 관념적이었다는 것을, 구체적이지 않았다는 것을 자각하게 된다. 인식 속에서 구체적이지 않은 개념들을 서로에게 요구하였기에, 우리들의 조직이 갈등적인 것이다. 링겔만 법칙ringelmann effect을 떠올려 보자. 줄다리기의 참여자들이 힘을 감소시킨 이유는 구체적인 행동으로 요구하지 않았기 때문이다. 왜 당겨야 하는지도 모르고 그저 당기라고 하니 힘을 감소시켰을 뿐이지 참여자들이 도덕적 해이나 무임승차를 선택한 것이라고 볼 수는 없다. 누가 최종결정권을 가지는지, 이러한 역할 분담이 조직의 지배구조에 어떠한 영향을 미치는지에 대해 연구한 계약이론의 올리버 하트Olive hart 교수를 떠올려 보자. 명시적으로 당기라고 했지만 암묵적인 이유를 밝히지 않았다면 힘을 감소하는 것을 비합리적인 선택이라 볼 수 없다. 이처럼 구체적인 행동으로 서로가 협의하고 합의할 때 갈등은 줄고 건강한 행동이 발현될 여지가 크다.

가치의 행동을 구하는 작업은 참여한 구성원들과의 자신의 경험을 공유함으로써 가능하다. 위의 표는 가치의 행동을 묻는 질문에 답

최초 의견	조정 의견
· 업무 추진 과정에서 추진력을 발휘한다. · 자신의 직무를 자각하고 있다. · 근무 태도가 양호하다. · 잠재 능력이 있다. · 공동체 의식을 가지고 있다.	· 목표 기한을 사전에 정하고 업무를 진행한다. · 자신의 직무를 구체적으로 기록하고 설명한다. · 정해진 규칙을 이행한다. · 어려운 과업에 참여하고 개선방향을 제시한다. · 개인 또는 팀에게 책임을 미루거나 탓하지 않는다.
추진력, 자각, 노력, 양호, 잠재능력, 의식 등은 개념적 단어로써 모호하다. 이 단어를 사용할 경우 개념적 차이에 의해 갈등이 발생할 수밖에 없다. 이 갈등 조정은 오직 조직의 권력자의 선택에 의해 결정될 수밖에 없는데 이것이 조직의 자유와 평등을 저해할 여지가 크다.	조직 구성원들과의 대화와 토론을 통해 조직과 구성원들이 요구하는 구체적인 행동 기준을 설정한다. 비록 내용 중에 다소 개념적이 단어들이 있다고 하더라도 토론 중에 어떠한 의미를 다루었는지 알고 있으므로 갈등이 잘 다루어진다. 갈등이 구성원들에 의해 잘 다루어짐으로 조직권력이 개입할 여지가 감소하여 자유롭고 평등해진다

조직의 규범 설정의 조정 예시

을 한 최초 의견과 이후 의견의 경험을 공유함으로써 얻어진 조정 의견의 예이다.

가치와 행동규범을 입법하는 가장 큰 이유는 의사결정을 위해서이다. 결국 조직은 조직의 목표를 달성하기 위해 어떤 선택이 합리적인 것인가를 결정하는 의사결정체이다. 그러므로 규범 안에는 어떠한 의사를 선택할 것인지, 소수의 의견을 어떻게 할 것인지, 의견이 평행을 달릴 경우 어떻게 결정할 것인지를 규범 안에 마련해 놓아야 한다. 이 규범들은 조직의 가치를 기반으로 하기에 무엇 하나 중요하지 않은 것이 없다. 그러나 어느 순간에는 그 많은 규범들 중에서 가장 우선적인 규범을 선택할 것을 요구받을 수 있다. 입법된 법률 중 상위의 법률이 있듯이 조직의 규범 역시도 상위의 규범과 그 순서를 정해 놓을 때, 자유롭고 평등한 결정을 내릴 수 있다. 우선순위는 각자의 선호가치와 선호 행동규범에 대해 논의를 한 후, 투표에 의해 결정된다.

이렇게 만들어진 기준은 조직의 구성원들을 자유롭고 평등하게 만든다. 조직 구성원들이 참여하여 반영된, 절차적으로 공정한 법을 만들고 그 안에서 조직의 사명을 달성하기 위한 수많은 결정으로 자유로워진다. 기준의 명확하게 정해져 있으므로 누구도 비난할 수 없다. 행동에 의한 결과는 차이가 있을 수 있지만 그 과정은 공정한 것임으로 정의롭다. 모든 구성원들이 함께 정한 기준에 의해 자유롭게 결정하고 행동함으로 평등함이 보장된다. 조직의 법들이 조직 구성원들에 참여에 의해 절차적으로 공정하게 정해진 조직일수록 자유롭고 평등하며 조직을 정의롭다고 인식한다. 이러한 조직의 정의에 의해 조직 구성원들이 가지고 있는 자아실현과 행복의 욕구를 촉진시킨다. 욕구의 촉진은 다양한 조직의 사건들로 인해 재구조화되고 비로소 조직이 그토록 구성원에게 원하는 행동, 성과가 높은 조직에서 목격되는 자발적이고 이타적이며, 예의 바르고 시민의식이 높으며 페어^{fair}한, 조직시민행동이 발현된다. 그러므로 공정으로서의 조직을 통해 성과가 높은 조직을 실현하고자 한다면 무지의 베일로 들어가야 한다. 그리고 무지의 베일 속에서 사명과 가치, 규범이라는 입법을 공정한 절차에 의해 모든 구성원들이 참여하여 결정한다. 이러한 가치와 규범들을 계약하는 것이 선의의 계약이다. 아무에게도 구애받지 않는 조직 스스로의 계약이다. 선의가 되는 이유는 생존과 소유가 아닌 조직의 존재 이유인 목표를 달성하기 때문이다. 구성원들은 탈상품화되어 간다. 그것이 조직민주주의이다.

무지의 베일 속에서 얻어진 입법들은 조직경영에서 구체적으로 실현한다. 그러나 조직이 구성원에게 이러한 권한을 아무리 위임하여도 결국 권한이 한 곳으로 집중된다. 권한위임 자체가 매우 인위적이며 비공식적 특성을 가진다. 권력의 이동보다는 사람과의 관계가 우선순위이기에 조직의 사업주나 구성원들이 바뀌면 권력은 다시 본래 자리로 회귀해 버린다. 권한의 위임이 좋은 제도임에도 불구하고 사람에게 주면 종속 내지는 남용되는 이유이다. 권력이 집중되고 남용되지 않도록 공식적 의사결정기구에 의해 관리될 수 있도록 하는 제도가 필요하다. 그것이 바로 '평의회council'이다. 평의회의 구성은 조직의 이슈에 따라 모든 구성원에게 열려 있다. 조직의 이슈와 갈등을 다루는 평의회를 통해 간접민주주의가 실현되며, 기술의 발달로 인해 조직의 규모가 크든 작든 직접민주주의를 실현할 수 있다. 조직의 구성원이라면 누구나 조직의 발전에 기여할 수 있는 기회가 주어져야 한다. 평의회가 그런 기회를 제공할 것이며 평의회의 결정은 합리적이라고 믿고 지지하여 순수한 절차적 공정성을 확보한다. 평의회에서 결정해야 할 수많은 이슈와 갈등은 조직이 정한 가치와 규범이라는 법에 의해 결정된다. 정의롭게 세워진 법이 있으므로 조직 상황에 따라 구성원들이 참여하여 입법행위에 의해 결정한다. 구성원들이 참여하여 원칙들을 서로 합의하였고 그 원칙을 최초로 합의하는 상황이 공정했고, 그 합의된 원리가 제도 속에서 지속적으로 실현되기 때문에 조직은 정의롭다. 특정권력에 의해 결정되지 아니하고 조직 스스로의 입법에 의해 결정한 것이기에 조직은 자유롭고 평등하다.

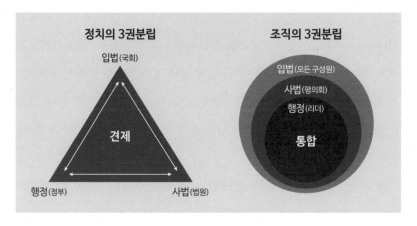

정치와 조직의 3권분립

정치의 3권분립은 입법과 사법, 행정 간의 견제로서 정의가 작동된다. 반면, 롤즈의 조직이 정의를 구현하는 방법을 평의회를 중심으로 설명하자면 이러하다. 먼저, 평의회는 사법적 기능이며 조직에서 합리적 절차에 의해 선출된 사람들이다. 선출된 구성원들에 의해 사법권이 발휘되면 조직의 리더에게서 행정행위로 집행된다. 그러므로 입법과 행정의 사이에서 작동하는 평의회를 만들어 실질적으로 운영하게 되면 조직의 문화와 형태가 건강해진다. 이는 집중되어 있는 권력이 자연스럽게 구성원에게 분산되고 통합되기 때문이다. 대부분의 조직은 입법, 사법, 행정 모두가 특정한 사람에게 집중되어 있다. 조직이 고착화되는 것, 구성원이 수동적으로 변하고 권력이 집중되는 원인은 여기에 있다. 아무리 수평적 조직, 권한위임을 하고 싶어도 수직적 관계, 권력이 독점되는 이유는 이러한 고질적 메커니즘이 원인이다. 그러나 건강한 조직에서의 입법은 모든 구성원에 의한다. 사법은 평의회라는 선출직 구성원이다. 그리고 행정은 조직의 대표자인 사업주이다. 이렇게 권력은 분산된다. 그러나 흔히 알고 있는 권력을 견제하는 3권분립이 아니다. 정치의 3권분립은 견제에 의해 균형을 찾는 것이지만 조직의 3권분립은 권력을 해체하고 통합에 의해 균형을 확보한다. 이것이 바로 조직민주주의 거버넌스^{governance}의 실현이다.

로버트 달은 경제 민주주의의 실현 방법 하나로 자치기업$^{self-governing\ enterprise}$을 주장한다. 민주적 절차의 기준에 의해 정치적 평등을 실현하고 정치적 기본권을 보장하는 자치기업은 구성원에게 1인 1표를 부여하는 투표권의 권리를 갖는다. 그는 자치기업이 민주주의를 신장시키는 데 공헌하고 있다고 보았고 이러한 기업이 기존 기업보다 더 낫다고 주장한다. 이러한 기업 내에서의 민주주의는 국가 통치에 있어서도 민주주의 질을 향상시키는 데 기여한다고 논증한다.[*] 로버트 달이 주장한 절차적 민주주의와 투표권의 평등을 실현할 수 있는 실질적 제도가 바로 롤즈의 조직에서의 입법 과정이고 구성원

---

[*] 로버트 달, 배관표 역, 『경제 민주주의에 관하여』, '민주주의와 경제질서', 후마니타스, 2011.

에 의한 3권분립의 핵심이라 할 수 있다. 입법에 참여하는 구성원, 합의에 의해 세워진 법을 판단하는 구성원, 그리고 함께 그 법을 집행하는 구성원이기에 자유롭고 평등하다. 조직의 권력이 균형을 잡게 되면서 조건(S)이라는 벤스의 법칙이 충족된다. 동기(M)는 부여될 것이며 건강한 행동(B)이 촉진된다.

조직 스스로의 입법에 의해 조직 문화는 진화한다. 입법 행위에 의해 학습되고 훈련된 구성원들이 조직을 끊임없이 재조직화하기 때문이다. 조직문화의 진화는 누적적이고 일관적이다. 제도경제학자 소스타인 베블런은 사회의 진화가 누적적으로 일관되게 습관화되는 이유를 이렇게 밝힌다. '변화의 결과는 이전의 문화에 영향을 받은 것이며 그 변화는 기존의 문화를 기반하여 반응이 일어난다. 이러한 변화에 근거하여 습성화되는 사람의 특성은 본질적으로 변하지 않는다.'* 조직의 재조직화 역시 누적적으로 습관화되며 일관적으로 진화하는 데 조직 스스로의 입법이 그러한 역할을 하는 것이다.

---

* 켄 맥코믹, 한성안 편역, 『경제학자 베블런, 냉소와 미소 사이』, 청람, 2019, 96쪽.

조직의 재조직화

조직을 한번 들여다보자. 선의에 의해 모인 구성원들은 왜 갈등할까? 흔히 볼 수 있는 조직의 전략도이다. 고유한 미션이 있고 이를 달

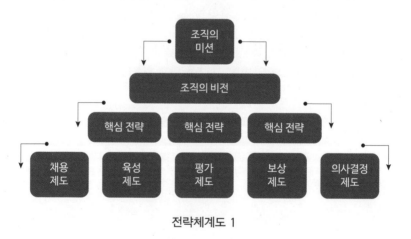

전략체계도 1

성하기 위한 비전이 있다. 그리고 전략들을 만들고 이를 실행시키는 제도들이 전략들을 떠받치고 있다. '갈등은 어디서 촉발되는가?' 미션과 비전은 아니다. 갈등은 전략과 제도의 영역이다. 일을 하면서

실제적인 이해관계가 부딪히는 영역이 전략과 제도이기 때문이다. 미션과 비전은 없고 전략과 제도들만 있는 조직도 있고, 전략만 있고 제도가 없는 조직, 제도만 있고 전략만 있는 조직도 있다. 이러한 것들이 아예 없이 일(과업)만 있다면 그곳의 구성원은 노예이다. 일(과업)이 있고 규정만이 존재한다면 그곳의 구성원은 기계이다. 그러한 조직을 조직이라 부를 수 없기에 여기에서는 논외로 한다. 가장 불행한 조직은 미션과 비전 없는 조직이다. 조직이 갈등이 있을 때, 강력한 무언가에 전략과 제도들이 걸려 있다면 그것을 기점으로 풀어낼 것이다. 그 기점이 미션과 비전이라는 것이다. 있어도 살아 움직이지 않는다면 혹은 아예 없다면 갈등은 증폭되고 해결되지 않는다. 이렇게 중요한 미션과 비전이지만 너무 개념적이라는 단점이 있어, 조직의 실제 현장에서 역동적으로 살아 움직이기 쉽지 않다. 미션과 비전이 조직의 홈페이지나 로비에 걸려만 있는 이유이다. 많은 사람들은 조직을 살아 움직이게 하는 것이 전략과 제도라고 생각한다. 그럴 것 같지만 틀린 주장이다. 전략과 제도는 가치와 규범에 영향을 받는다. 미션과 비전을 실천의 영역으로 이끌어내는 것은 '가치와 규범'이다. 조직을 살아 움직이게 하는 것은 양자를 연결하는 가치와 규범이다. 일이 실질적으로 일어난 행동의 실제이자 이해관계의 영역이다. 그리고 구성원들과 조직의 사명을 현장에서 들어내는 영역이다. 개념적인 미션과 비전, 문서로 녹아 있는 전략과 제도를 가치와 규범이라는 행동으로 연결하여 풀어낼 수 있을 때 조직은 성장하고 건강해진다.

　미션과 비전, 가치와 규범을 조직 스스로 만들어낼 수 있기에 '입법구간'이라 한다. 협의와 합의에 의해 의견을 반영하고 계약함으

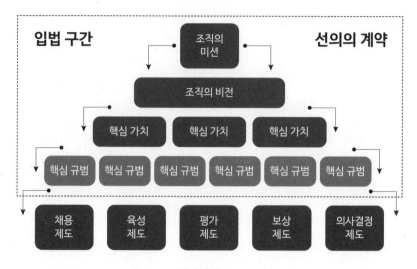

조직의
미션

조직의 비전

핵심 가치 　핵심 가치 　핵심 가치

핵심 규범　핵심 규범　핵심 규범　핵심 규범　핵심 규범　핵심 규범

채용
제도　　육성
제도　　평가
제도　　보상
제도　　의사결정
제도

전략체계도 2

로 '선의의 계약'이라 한다. 이러한 입법은 구성원에게 학습과 훈련의 기회를 제공한다. 민주주의로 육성된 구성원들은 전략과 제도까지 스스로 만들어내 시스템화한다. 이 제도들은 합리적이다. 구성원들이 참여하여 최적의 제도를 만들어내었고 최상부의 미션에 고리를 걸어 연결되었기 때문이다. 이러한 유기성으로 인해 각 제도들은 따로 떨어져 있지 않고 분절되지 않으며 강력하게 작동한다.

　전략과 제도에서 갈등하는 원인은 미션과 비전을 이어주는 가치와 규범이 없기 때문이다. 구성원은 각자도생의 길을 찾을 수밖에 없다. 결코 편하거나 혼자만 살려고 하는 것이 아니라 조직을 위한 행동을 선택하는 것이다. '이렇게 하면 잘 하는 것이겠지? 아마도 이런 행동을 하면 칭찬을 받겠지?' 불행하게도 이러한 결정과 행동은 각자가 가진 경험과 지식으로 가정했을 뿐이다. 다른 경험치를 가진 동

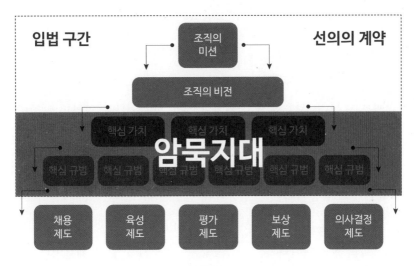

전략체계도 3

료나 상사들의 입장에서는 그 행동이 이해되지 않는다. '왜 저런 행동을 하지? 내가 원하는 것은 그런 행동이 아닌데?' 이런 피드백을 받거나, 나름 조직을 위한 행동이지만 아무런 피드백을 받지 못하면 건강한 행동이 멈춘다. 눈치를 보고 타성에 젖게 된다. 이미 말했지만 조직의 입장에서는 비합리적이지만 구성원의 입장에서는 매우 합리적인 선택이다. 생존과 안전의 욕구가 결핍되었기 때문에 살기 위한 선택이다. 이러한 현상을 '암묵지대'라고 한다. 암묵지대가 존재하는 이유는 명시적 계약만을 치중하고 암묵적 행동의 영역에 대한 계약이 이루어지지 않았기 때문이다.

분명히, 가치와 규범이 조직 안에 있지만 그것이 무엇인지 모르는 상태, 각자가 알아서 결정하고 행동해야 하는 상태이다. 보일 것 같지만 보이지 않고, 존재하기는 하지만 그것이 무엇인지 알 수 없으로 구성원들은 갈등하게 된다. 훌륭한 구성원들이 선의에 의해 모여 함께 하는데 구성원들 간에 갈등이 생기니 조직이 개입한다. 갈등의 이유가 구성원들 간의 행동이 부딪히는 것이므로 조직은 매뉴얼이라는 카드를 꺼내 든다. 일의 절차를 정하는 매뉴얼대로 일하면 갈등이 없을 것이라는 가정이다. 물론 갈등이 줄어들 수 있다. 그러나 매뉴얼을 따르는 구성원들은 통제되는 것이고 수동적으로 변하게 된다. 자발적이고 능동적이었던 구성원들이 수동적으로 변하는 것은 조직의 입장에서 보면 매우 비합리적이라 보이겠지만 구성원들의 입장에서는 합리적 선택이다. 조직이 그렇게 끌고 가고 있기 때문이다. 수평적 조직과 권한위임을 그렇게 외쳐대도 결국 수직적 조직이 되는 이유도 여기에 있다. 조직을 움직이는 메커니즘이 구성원들의 행동에 자유를 주는 것이 아니라 통제이기 때문이다. 이 암묵지대를 보이는 영역으로 바꾸어주는 초대가 무지의 베일이다. 그 속으로 들어가 미션과 비전, 가치와 규범을 입법한다. 입법이 표방되고 실제적으로 실천과 행동의 영역에서 살아 움직이면서 갈등을 잘 다루게 된다. 그리고 전략과 제도까지 만들어낸다. 구성원들을 살아 움직이게 하는 조직의 재조직화이다.

무지의 베일 속에서 얻어진 원칙들을 통해 조직계약이 체결됨으로써 구성원들은 자유롭고 평등해진다. 자유와 평등은 곧 자아의 실현이다. 자기보존과 소유추구의 존재에서 자아실현의 존재가 되는 방법, 동기부여의 촉진은 자유와 평등에 의해서이다. 조직의 본질적 목표는 구성원을 자유롭고 평등한 존재가 되게 하는 것이다. 하지만 본질적으로 조직은 자유를 허용하지 않는다. 조직의 목적을 달성하기 위해서는 규제가 필요하다고 믿기 때문이다. 그것이 적용된 것이 외부에 의한 규정되는 법들이다. 이 법들은 통제의 기능으로 작용함으로 조직 구성원에게 조직이 자유롭다고 느낄 틈을 주지 않는다. 또한 소수 권력에 의해 만들어진 조직의 매뉴얼과 규칙들이 자유를 규제한다. 그러나 이 역시 조직이 만든 것이지 조직 구성원이 참여하여 만든 것이 아니다. 이것은 강제적 억압이다. 반면, 가치와 규범은 구성원들의 의견이 반영되어 자발적으로 만들어낸 입법이다. 동일하게 규제로 작용하지만 결코 강제적이지 않다. 그것은 구성원들 간의 약속이고 조직과의 자율적 계약이다. 자신의 의지가 자율적으로, 즉 자신 스스로 부여한 규칙에 의해 선택할 때 그는 자유로운 존재가 된다. 자유는 입법에 의해 자율적으로 행동한다는 것이다. 조직의 자율성은 조직 스스로가 부여한 입법에 의해 행동하는 것이다. 자율적 행동을 보장받음으로써 모든 조직 구성원들은 평등하다. 조직 구성원들이 문제를 해결하고 목표를 달성하는 능력은 입법을 만들고 자유롭게 행동하는 능력으로 결정된다. 이러한 사고의 능력과 건강한 행동을 통해 조직은 합리적인 선택을 할 수 있다. 그리고 그것이 곧 경쟁력이다. 조직이 그토록 원하는 동기부여(M)된 자발적(B) 인재는 이러한 조건(S)에서 성장한다.

자율성이란, 사람이 외부로부터 압박 혹은 강요를 받지 않으며 개인의 선택을 통해 자신을 조절하는 것이다. 자기결정성 이론*의 에드워드 데시Edward Deci가 제시한 자율성autonomy의 개념이다. 여기서 '자신을 조절'하는 것은 '기준'이 있기 때문이다. 조직에서의 기준이란 조직이 가지고 있는 본연의 목표인 사명이다. 그리고 목표를 달성하기 위한 가치와 실제적인 행동규범^{code of conduct}이라는 입법들이다. 그러한 기준에 의해 한계를 설정하고 자신을 스스로 조절함으로써 자유를 누린다. 자유롭게 선택하고 행동함으로써 평등을 누린다. 조직의 사명, 그리고 가치와 규범 속에서 조직의 구성원들은 모두 자유롭고 평등하다. 가치와 규범을 준수하는 것이 책임이며 가치와 규범 속에서 자유와 평등을 누리고 책임을 다한다. 조직은 본질적으로 차등적이다. 주어진 역할에 따라 과업과 권한의 수준이 다르기 때문이다. 그러나 주어진 과업과 권한의 수준이 다르다는 의미는 불평등을 의미하지 않는다. 롤즈의 조직에서 밝힌 바대로, 기회의 평등 속에서 최소 수혜자의 이익을 위한 차등을 의미한다. 과업과 권한의 수준이 다르다는 것은 불평등이 아니라 최소 수혜자를 위한 평등이며 역할의 평등이다. 균등과 차등이라는 평등 속에서 주어진 자신의 과업과 권한을 다하는 것이 바로 책임이며 이 책임은 본질적으로 조직의 사명과 맞닿아 있다. 그리고 책임을 다하는 것이 바로 조직의 가치와 규범을 준수하는 것이다.

자유는 역량을 인정해 주는 것이다. 조직의 목표를 이루는 데 자신이 가진 역량으로 기여할 수 있는 기회와 과정에 자유를 주는 것이다. 결과의 책임 이전에 기회의 평등, 과정의 자유를 주는 것이다. 롤

---

* 에드워드 데시와 리차드 라이언이 발표한 자기결정성 이론은 인본주의이론 중 하나이며 개인의 행동이 스스로 동기부여 되고 스스로 결정된다는 것에 초점을 둔다. 이 이론에 따르면 사람들에게는 기본적이고 보편적인 심리적 욕구가 있는데 자율성, 관계성, 유능성이다. 자기결정이론을 구성하는 네 개의 미니이론이 있는데. 인지평가이론, 유기적 통합이론, 인과지향성이론(Causality Orientation Theory: COT), 기본심리욕구 이론(Basic Psychological Needs Theory: BPNT)이 그것이다.

즈의 조직은 소득과 부의 분배 이전에 욕구를 충족시킬 수 있는 실제적인 기회의 평등과 자유를 보장한다. 그러므로 조직의 목표를 실현하기 위한 조직계약은 자유와 평등을 실현하는 것임으로 정의롭다. 자유와 평등, 그리고 정의를 실현하고 있으므로 조직민주주의이다. 조직민주주의에서는 '구성원이 주인이 되어', '구성원을 위한 경영'이 이루어진다. '주인이 된다' 함은 조직의 목표달성의 주체가 된다는 의미이다. 주체는 주인이기에 자유롭다. 모든 구성원들은 목표달성에 참여하는 주체가 될 기회가 주어지기에 평등하다. '구성원을 위한 경영'이란 조직의 목표를 달성하여 일의 의미를 발견하고 자아를 실현할 수 있도록 하는 것이다. 일의 의미를 발견하고 자아를 실현하는 것은 구성원들이 주인으로 자유롭고 평등하기 때문에 가능하다. 구성원이 주인이 되고 구성원을 위해 경영을 하는 이유는 그것이 경쟁력이 있다고 믿기 때문이다. 그러한 민주주의 문화 속에서 조직의 성과가 높아지는 이유는, 구성원이 주인이 될 때 주인의식이 일어나고, 조직이 구성원을 위할 때 헌신을 통한 조직 에너지가 만들어지기 때문이다.

그러므로 조직민주주의란, 위계관계의 역전이나 방종, 무책임을 이야기하는 것이 아니라 현대사회의 다양한 위험 속에서 문제를 해결하고 조직이 생존할 수 있도록 '참여와 반영에 의한 조직의 재조직화'를 의미한다. 조직민주주의에 있어서 핵심은 공정한 절차에 의한 참여이다. 무지의 베일 속에서 조직의 입법을 위한 참여가 이루어지기에 권한이 조직 구성원들에게 주어진다. 구성원의 사적이익이 아니라 조직의 공공이익을 실현하는 법을 조직 구성원들이 주체가 되어 입법에 반영한다. 그러하니 조직민주주의는 구성원들에게 권한이 있고 주체가 되는 것이다.

조직의 자유와 평등은 조직자본인 연대(협업)를 만든다. 연대는 공적으로 승인된 규칙들과 절차들에 의해 인도된다. 절대 중앙집권적인 통제에 의하지 않는다. 연대는 모든 구성원들이 수용하고 다른 구성원들도 동일하게 받아들이는 것에 동의할 때 가능하다. 구성원들이 규칙들과 절차들에 있어 자유롭고 평등함이 전제될 때 연대라는 조직자본이 형성된다. 롤즈의 조직이 추구하는 지향점은 자유롭고 평등한 정의로운 조직이다. 나아가 자유롭고 평등한 정의로운 조직은 연대라는 조직자본을 만들고 연대에 의해 조직목표를 실현한다. 정의로운 조직의 끝단은 연대이다. 이 의미는 조직이 목표를 달성하기 위해 자유롭고 평등한 조직을 추구하는 것은 연대로써 가능한 것인데, 정의로운 조직의 시작은 공정한 협력체계, 연대를 하기 위함이 그 출발이다. 조직의 자유와 평등, 연대에 의해 조직의 사명이 실현된다. 사명이 실현되어 구성원들이 행복해지니 조직은 더욱더 정의로워진다.

보이지 않는 의지 an invisible will

"이성적인 존재의 의지는 오직 자유의 이념 아래에서만 자기 자신의 의지일 수 있음으로 자유는 실천적인 관점에서 모든 이성적인 존재에게 주어져야 한다"

(임마누엘 칸트, 『도덕 형이상학을 위한 기초놓기』)*

사람의 행동은 말로 설명되고 그 말은 단어로 표현된다. 그러므로 단어는 그 사람의 행동을 담고 있어야 한다. 조직에서 기술되는 단어들 역시도 조직 구성원들의 행동을 담고 있어야 한다. 그러나 사람의 경험이 다르고 사용하는 단어들이 상이함으로 인해 조직은 거대한 바벨탑과도 같다. 구약성경의 창세기에 나오는 인간들이, 탑을 쌓아 하늘과 가까워지려 했던 이유, 신과 동등해지고자 했던 구약의 의미는 신의 계시를 수용하기보다는 사람의 뜻을 전하겠다는 인간적 욕망에 기인한다. 조직의 바벨탑은 자기의 경험으로 절대기준을 세우고 자신의 단어로 자기가 원하는 행동을 요구하는 것이다. 권력이 강

---

* 칸트는 『도덕 형이상학을 위한 기초놓기』에서 선한 의지는, 그것이 실현하거나 성취한 것 때문에 혹은, 그것이 제시된 어떤 목적들을 제대로 달성할 수 있다는 것 때문에 선한 것이 아니고 오직 '하려고 한다'는 것 때문에 다시 말해 그 자체로 선하다고 말한다. 그리고 선한 의지를 성취나 목적과 상관없이 그 자체로 볼 때, 어떤 한 경향성을 만족시키기 위해서, 더 나아가 모든 경향성을 합한 것을 만족시키기 위해(행복해지기 위해) 그 선한 의지가 실행하는 어떤 것보다도 비교할 수 없을 만큼 훨씬 존경받아야 한다. 그리고 그 의지에 영향을 주는 것은 이성이며 그것이 이성의 진정한 사명이라고 주장한다.

해지는 상층부로 갈수록 요구는 거세지는데 그 이유는 자신의 바벨탑을 유지하고자 함이다. 서로가 자신의 단어를 전하려고만 할 때 조직의 목표는 상실된다. 듣기보다 말하고 요구하려고 하는 것은 자신의 의견을 일방적으로 강요하는 폭력과 다름이 없다. 조직이 건강해지기 위해서는 자신의 단어보다는 구성원들의 단어를 받아들임이 더 중요하다. 오늘날, 소통의 중요성이 부각되는 이유도 여기에 있다. 치열한 시장경쟁 속에서, 내부 이슈들이 끊임없이 변화를 요구한다. 단순하기보다는 복잡한 문제와 빠른 시대의 변화, 그리고 이전 세대와는 전혀 다른 욕구를 가진 사람들. 이러한 시장의 흐름 속에서 생산성을 높여 경쟁력을 확보하기 위한 고민의 결과로 '소통'이라는 대안까지 제시된다. 그러나 소통의 방법을 모른다. 자신의 단어를 쓰기 때문이다. 그리고 권력이 집중된 사업주가 자신만의 단어로 구성원들의 행동을 관리하고 통제하는 조직의 규칙을 입법한다.

윤리, 인권, 원칙이라는 것은 권력자들이 선호하는 단어들이다. 그리고 '윤리적으로 일합시다, 인권을 지킵시다, 원칙경영을 합시다'라는 언어로 전달한다. 그런데 윤리, 인권, 원칙이란 개념은 사람마다 다르다. 그러니 행동도 다를 수밖에 없다. 행동을 담는 것이 단어이어야 하지만 권력자들의 단어 속에 행동을 담으려고 하니 갈등과 모순이 벌어지는 것이다. 그렇게 윤리, 인권, 원칙이라는 단어는 폭력이 되어버린다. 권력자만 알고 있는 단어에 의해 권력자의 심리 상태나 그 날의 기분에 따라 아침저녁으로 바뀌는 입법으로 통제되기 때문이다. 오직 권력자의 윤리와 인권, 그리고 원칙에 따라야 하지만 그것이 무엇인지 알 수 없을 뿐만 아니라 그때마다 다른 입법이니 구성원들의 행동은 멈추어 버린다. 모호한 개념 속에서 자신의 행동으로 인해 어떤 비난을 받을지 모르기 때문이다. 반면, 정의라는 것, 자유와 평등이라는 것, 노동이라는 것은 조직 구성원들이 선호하는 단어들이다. 조직에 정의를 요구하고 자유와 평등을 바라며 자신의 노동이 존중되기를 원하지만 그것은 오직 자신들의 단어일 뿐이다. 자신이 하고 있는 행동 역시도 그것이 정의인지, 자유와 평등인지, 노동인지 모른다. 자신의 경험에 비추어, 상황에 따라 편의적으로 입법하는 행동이기 때문이다. 조직과 동료들에게 불만이 쌓인다. 그리고 행동을 멈추어 버린다. 그러므로 단어들은 행동으로 구체화되어야 한다. 그것이 바로 무지의 베일로 들어가 공정한 절차에 의해 자유롭고 평등한 행동으로 합의하는 입법이라는 과정이다.

자, 여기에 '헌신'과 '혁신'이 있다. 조직에서의 헌신은 권력자의 단어며 혁신은 구성원의 단어이자 언어로 오해받고 있다. 이런 오해로 권력자는 구성원에게 헌신을 요구하고 구성원은 권력자에게 혁신을 요구한다. 이 아름다운 단어가 조직에서 갈등의 단어가 된 것은 구체적인 행동으로 입법화되는 과정을 거치지 않았기 때문이다. 두 단어가 행동으로 구체적으로 표현되면 전혀 다른 의미가 아닌 한 방향의 의미를 갖게 된다. 헌신과 혁신을 서로에게 요구하는 이유는 조직의 목적을 달성하기 위한 공동체적 의식이다. 의식의 전제 속에서 차등과 균등의 원칙을 수용하며 무지의 베일로 들어가야 한다. 그리고 서로의 의견을 들어야 한다. '헌신이란 구체적으로 어떤 행동일까? 혁신은 구체적으로 어떤 행동일까?'에 대한 의견을 들어야 한다. 듣기 위해서는 물어야 한다. 사람들이 질문을 받게 되면 자신이 믿고 있는 단어라는 것이 단지, 인식이라는 막연한 '무지의 뜬구름'이었다는 것을 알게 된다. 그리고 막연하게 생각했던 헌신과 혁신을 구체적인 행동으로 표현함으로써 헌신과 혁신은 이제는 더 이상 권력자나 구성원의 단어가 아닌 조직의 언어가 된다. 살아 움직이고 볼 수 있는 모두의 행동으로 구체화되기 때문이다.

단어는 조직의 제도로 표현되기도 한다. 그러므로 조직의 제도는 구성원들의 행동을 담고 있다. 제도는 변화의 산물이다. 끊임없는 구성원들의 행동 양식이 변화된 것을 담은 것이 제도이다. 그러나 많은 경우 구성원들의 행동을 담은 제도들은 그다지 많지 않다. 단지 외부에서 주어진 법들과 오래된 낡은 규칙들이 존재할 뿐이다. 지금도 우리나라는 1만 2천 개 이상의 직업과 끊임없이 분할되는 직종에서 근로기준법이라는 오직 하나의 법만이 존재한다. 법은 조직에서 바꿀 수 없다. 낡은 규칙은 조직에서 바꾸지도 않는다. 개정에 관한 지난한 비용과 에너지가 필요할 뿐만 아니라 규칙의 개정은 변화를 촉구하기 때문이다. 행동을 담지 못하는 법과 낡은 규칙을 조직에서 오랫동안 묵인하는 집행인은 조직의 권력이다. 그러나 그것을 구성원들이 바꿀 수 있다면 구성원 역시도 집행인이 될 수 있다. 결국 권력이 이동하거나 균형을 찾게 될 것이다. 시간에 따라 구성원들의 행동이 변하듯이 제도도 진화되어야 한다. 그러나 외부의 법과 낡은 규칙은 제도의 진화를 거부한다. 행동이 제도를 만들었으나 이제는 제도가 사람의 행동을 규제한다. 단어로 이루어진 제도가 구성원들의 행동을 담지 못하고 규제한다면 구성원들의 선택은 행동의 위축 내지는 장을 떠는 것뿐이다. 또는 숨 막히는 제도를 해체하기 위한 급진적인 계급운동이 일어날 것이다. 언행이 불일치하는 모순과 통제하는 억압적 상황에서는 사람이 선택할 것은 많지 않다. 법과 낡은 규칙으로 조직이 경직되면 조직의 경쟁력은 시간이 지날수록 상실된다. 제도의 경직성에 의한 경쟁력의 상실은 생존욕구를 자극하게 되고 결국 조직의 갈등으로 표출된다. 모순적이게도 그 갈등의 최대 격전지는 법과 낡은 규칙에서 만난다. 그러나 법은 스스로 바꿀 수 없는 것이고 낡은 규칙은 바꿀 마음도 없으니 경쟁력은 상실되고 갈등은 증폭된다.

그러므로 조직의 낡은 법과 규칙은 재고되어야 한다. 이제까지 서로가 믿고 왔던 신념과 막연한 기대를 포장한 단어들은 오직 자신만의 것이었음이 고백되어야 한다. 인권과 원칙, 그리고 윤리 및 정의, 자유와 평등, 그리고 노동이라는 단어들을 해체하는 방법은 행동으로 구체화하는 것이다. 그 행동들은 이미 구성원들이 눈치를 보며 행동해 오던 것들 이거나 원하는 행동들이기에 결코 부자연스럽지 않다. 그러한 행동들을 단어에 담음으로써 자신만의 바벨탑이 무너지기 시작한다. 무너짐을 통해 건강하고 지속 가능한 조직이 움트기 시작한다. 서로가 사용하는 단어의 의미를 이해하고 행동이 동일하니 언제든지 개선 가능하며 갈등을 잘 다룰 수 있기 때문이다. 외부의 법과 낡은 규칙에 의존하지 않는 것, 조직과 구성원들이 마주하여 새로운 제도를 스스로 만들어냄으로써 변화가 시작된다. 그것이 새로운 시대의 새로운 계약인 선의의 조직계약이다. 그 계약을 이루는 곳이 바로 자본과 권력으로부터 탈상품화된 조직이다. 그러므로 조직민주주의는 효율과 공리를 추구하는 주류경제학인 신고전주의경제학파를 지양하고 정의와 평등, 분배를 중요 가치화하는 제도경제학 institutional economics이라는 비주류경제학을 지지하는 것이다.

제도는 고정된 것이 아니며 주어지는 것도 아니다. 또한 제도는 사람의 선택에 의해 만들어지기도 하지만 사람들의 행동을 선택하는 요인이기도 하다. 만약 제도를 사람이 스스로 만들어낼 수 없다면, 사람이 만든 제도가 사람을 규제하게 된다. 그러므로 제도가 고정되어 사람의 행동을 규제하게 되면 사람은 수동적으로 반응하게 된다. 그러나 사람의 행동은 경제적 이득이나 수요와 공급의 시장 메커니즘만으로 결정되지 않는다. 건강한 행동은 스스로 만들어내는 제도에 의해 결정된다. 제도는 사람들의 의견이 반영되어야 하고 개선되어야 하며 관리되어야 한다. 제도는 사람의 선한 의지에 의해 행동을 결정하고 선택되며, 상호작용에 의해 다시 건강하게 진화한다. 이러한 과정 속의 제도는 조직의 경쟁력에 영향을 미치고 결국 조직의 성과에 영향하게 된다. 그것이 정의와 평등, 분배를 담고 있을 때 조직과 사회는 더욱 건강해진다. 그 제도가 바로 선의의 계약이며 조직 스스로의 입법인 것이다.

제도경제학자인 커먼스는 이렇게 주장한다. 개인은 항상 거래의 참여자이고 구성원이며, 조직에 들어가고 나오는 존재이다. 그리고 개인은 제도의 시민이며, 제도는 개인보다 먼저 존재하고 더 오래 존속하는 것이다.* 그리고 그는 조직의 활동이 유지될 수 있게 하는 실제적 규칙, 개인의 활동을 제한하고 해방시키며 확장하는 집단적 행

---

* Commons, 『제도경제학』, 1934, 16쪽

동*을 제도라고 정의한다. 그러므로 제도는 조직의 목표달성을 위한 집단적 행동을 구성원 스스로 선택하여 입법함으로써 모든 구성원들에게 자유와 평등이라는 해방을 제공하는 것이다. 진정한 제도는 외부의 법과 강제된 규칙이 아니라 구성원들의 행동을 선택한 그들 스스로의 규범이어야 할 것이며 그러기에 조직은 기존의 것들을 해체하고 새로운 제도를 선택해야 한다.

주류경제학은 사람은 이기적인 합리성을 가졌으므로 시장은 규제가 아닌 자유로워야 한다고 주장한다. 그런데 시장에 속한 조직의 구성원들에게는 자유가 아닌 규제를 요구하는 모순적 주장이 존재한다. 시장 속의 사람과 조직 속의 사람은 다른 존재인가? 시장이 자유라면 조직도 자유로워야 할 것이다. 아담 스미스는 『국부론』(1776)에서 시장은 '보이지 않는 손an invisible hand'에 의해 움직인다고 보았다. 보이지 않는 손이란 시장의 작동 이전에 이기적 합리성에 의한 사람들의 선택과 행동이 선제적 조건이 필요하다. 시장에서 자본의 수요와 공급뿐만 아니라 조직과 사람 사이에서의 자원의 수요와 공급도 보이지 않는 손에 의한다. 그러나 사람은 너무나 이기적이기에 사익을 위한 선택으로 흐를 수 있다. 만약, 이기심을 무지의 베일로 걷어낼 수 있다면, 협의와 합의에 의해 제도를 만들어낼 수 있다면, 좀 더 조직과 사회를 위한 선한 선택을 할 수 있을 것이다. 왜냐하면 사람

---

* Commons, 『제도경제학』, 1934, 69 · 73. 커먼스는 제도가 개인에게 '해방된 차원'을 부여해주는 것은 제도 그 자체가 지닌 '제약'의 성격 때문이라고 강조한다. 제도는 개인이 다른 개인에게서 제약받거나 불평등하게 취급당하는 것에서 개인을 보호해 개인의 활동 능력을 극대화하여 개인이 고립된 상태에서 이룰 수 있는 것보다 훨씬 더 많은 것을 실현할 수 있게 한다.(베르나르 샤방스, 양준호 역, 『제도경제학의 시간과 공간』, 한울, 2010, 73쪽)

은 본디 훌륭함과 능력이 있는 존재이기 때문이다.

주류경제학은 정부의 개입을 반대하지만, 시장이 실패하였을 경우 정부의 개입이 허용되는 경우도 허다하다. 2007년 부동산 거품이 붕괴하면서 시작된 세계경제위기로 인해 공적자금이 투자된 경우가 그러하였고, 우리나라의 1997년 IMF구제금융, 그리고 2020년 코로나 19로 인한 경기침체로 세계 각국은 시장에 개입하고 있다. 이것은 제도로 실현된 것이다. 자유로운 시장 역시 제도가 필요한 것이며 아담 스미스 역시 사회 전체의 이익인 국부를 위해서는 법의 정의가 필요함을 인정한다. 그는 『국부론』*에서 경제적 자유는 공정한 법질서의 확립으로 정의의 법을 지키는 것으로 보았다. 또한 『도덕감정론』(1759)**에서는 동류의식과 공감共感이라는 것을 통해 이기적인 사람이라도 타인에 대한 행복과 운명에 관심을 둔다고 보았다. 자유로운 시장과 마찬가지로 조직 역시 자유로운 제도가 필요하다. 단지 차

---

* 『국부론(The wealth of Nations)』에서 아담 스미스는 노동이 부의 원천이며 부의 증진은 곧 노동생산력의 증진이라고 보았다. 이를 위해 사람의 교환 성향에 의한 분업과 자유경쟁으로 자본축적을 이루게 됨으로써 국부가 증진된다고 주장한다. 그는 국부론에서 모든 사람들은 정의의 법을 위반하지 않는 한 완전히 자유롭게 자신의 방식대로 이익추구와 자유로운 경쟁을 할 수 있다고 보았다. 또한 개인의 자유는 공평한 사법행정에 의존하고 있으며 인간의 권리를 확보함으로써 안전감을 느끼기 위해서는 사법을 행정에서 분리해야 한다고 주장한다.(아담 스미스, 김수행 역, 『국부론』, 비봉출판사, 848 · 890쪽)
** 『도덕감정론(The Theory of Moral Sentiments)』에서 아담 스미스는 사람이 아무리 이기적 존재라고 하더라도 몇 가지의 행동원리가 존재하는데 이 원리로 사람은 타인에 행복에 관심을 갖게 되고 그 행복이 자기에게도 필요하다고 생각한다고 보았다. 그러한 연민이나 동정심 등의 감정을 동류의식에 의한 공감이라고 정의한다. 또한 사람이 행하는 선행의 효과는 그 범위가 국가라는 사회를 뛰어넘을 수 없겠지만 사람의 선의의 효과는 그 범위가 한정되지 않고 무한한 우주까지를 포함한다고 보았다(아담 스미스, 박세일 외 역, 『도덕감정론』, 비봉출판사, 1996, 3 · 446쪽)

이점이 있다면, '무지의 뜬구름 속'에서 '보이지 않는 손'에 의한 시장의 법과 제도는 거대사회가 만들어내지만 조직은 내부의 구성원들의 의견이 '무지의 베일' 속에서 '보이지 않는 의지$^{\text{an invisible will}}$'에 의해 반영되어 스스로 입법^{legislation}된다는 것이다.

보이지 않는 그 의지는 선한 의지이다. 선한 의지에 의한 선의의 계약과 입법을 통해 조직이 건강해진다. 조직에 속한 구성원들의 행동이 건강해지기 때문이다. 건강한 행동을 선택하는 이유는 자유롭고 평등한 조건(S)이 충족되었기 때문이다. 이러한 조건 속에서 사람은 동기(M)가 부여되어 욕구(N)를 충족할 것이며 긍정적인 선행사건(E)에 의해 조직은 성장(P)한다. '그렇게 벤스의 법칙$^{\text{M=BENS}}$에 의해 성장한 조직과 구성원의 정체성은 무엇인가?' 바로 사회 속의 조직이며 사회 속의 구성원이다. 그렇게 건강해진 조직과 구성원들은 마침내 사회 구성원으로서, 사회에 속한 하나의 공동체로서 사회의 정의에 이바지하게 된다. 그렇기 때문에 조직의 정의는 사회의 정의이다. 그 사회가 정의롭고자 한다면, 사회의 구성원이 자유롭고 평등하고자 한다면 먼저, 그 사회에 속한 조직에서부터 자유롭고 평등한 정의로운 조직이어야 할 것이다. 조직 구성원과 사회 구성원은 자유롭고 평등한 동일한 인격을 가진 사람이다.

롤즈의 조직에 대한 몇 가지 반론들

이제 몇 가지의 롤즈의 조직에 대한 반론을 점검할 필요가 있다. 롤즈의 사회계약은 사회 및 경제적 가치의 배분에 있어서 불평등이 정당화될 수 있는 제2원칙 간의 양립 불가능성이 지적되고 있다. 또한 '과연 구성원들이 무지의 베일 속으로 들어가 그런 선택을 할까?' 그리고 '그런 구성원들은 실제 좋은 삶을 살 수 있을까?', '공유된 사회적 가치 없이 합리성만을 추구하는 자들이 좋은 시민이 될 수 있을까?'라는 도전을 받는다. 롤즈의 조직은 이러한 도전에 대해 그 범위를 전체 사회에서 특정 목적을 가진 조직으로 한정했음으로 제2원칙 간의 양립 불가능성은 앞서 제시한 기회균등과 차등의 조직에 대한 설명으로 갈음하고자 한다. 그리고 '공유된 가치가 없는 합리성만으로 추구하는 사람들이 좋은 시민이 될 수 없을까?'라는 질문도 앞서 무지의 베일 속에서 가치와 규범을 계약하는 것으로 설명된 바 있다. 또한 조직 정의가 사회정의이며 조직 구성원이 사회 구성원인 하나의 동일한 인격임을 이미 설명하였다. 마지막으로 제기될 수 있는 세 가지의 질문에 대해 답을 하고자 한다. 첫 번째, 사람에 대한 끊임없는 질문인, '과연 구성원들은 정의에 의해 반응할까? 이기적인 사람들이 선한 삶을 선택할 수 있을까?'라는 질문과 두 번째, '과연 롤즈의 조직이 실현가능한가? 과연 의사결정이 합리적인가?'에 대한 답이다. 그리고 마지막으로 '롤즈의 조직이 사회의 정의와 어떤 관계가 있는가?'에 대해 부연 설명하도록 하겠다.

사람들이 정말 그렇게 선택할까?
사람에 대한 믿음, 그리고 리더

　조직은 '최대 다수의 최대 행복The greatest happiness of the greatest number'
을 실현하고자 하는 제러미 밴덤Jeremy Bentham의 양적 공리주의적 성
향을 가지고 있다. 그러므로 양적 공리주의 조직은 일종의 양적 효율
이 정의되어 롤즈의 균등과 차등의 원칙과 대립한다. 그런 이유로 양
적 공리주의 조직은 '개인의 공리 추구가 조직의 공리로 반드시 나타
나지 않는다'라는 믿음으로 근로계약과 취업규칙, 각종 매뉴얼로 구
성원의 사회적 행위를 규제한다. 조직의 공리를 위해 일방적이고 획
일적인 기준으로 구성원의 행위를 규율하고 조정하는 것이다. 조직
이 공리주의 입장을 취하는 것은 구성원들이 행동하는 목적이 자신
의 쾌락(자신만의 행복)이라고 보기 때문이다. 그러므로 이러한 공리주
의 조직의 구성원들은 자유롭고 평등하지 않다. 조직 구성원들이 절
차적 공정성에 의해 참여하지 않고 외부의 힘에 주어진 법을 따르는
것이 준법이기 때문이다. 조직 구성원들이 결정한 원칙이 없이 외부

의 힘에 의해 결정된 법을 준수하는 것은 준법일 뿐이지 조직의 자유와 평등이 아니다.

'구성원들에게 선택의 폭을 넓혔을 때 공리가 아닌 개인의 행복을 위한 선택이 일어날까?' '그렇다고 그 선택이 개인의 행복만을 위한 선택인가?' 그러나 앞서 밝혀 듯이 조직의 목적은 이해관계자의 행복이고 조직 구성원들의 행복이며 그로써 자아를 실현하는 것이다. 즉 구성원들의 공리 추구는 조직의 공리이며 사회의 공리이다. 그러므로 조직 구성원들의 입장에서 보았을 때, 다수의 사회 구성원들의 행복을 위해 자신의 행복이 희생되는 것은 정당하지 않다. 구성원의 공리(행복)라는 것은 결과적 측면에서 이해되는 것보다는 과정적 측면에서 바라보아야 한다. 개인에게 있어서 '행복'이라는 개념은 결과에 대한 편익 분석이 아니라 과정 중 '선택의 기회보장'에서 더 강렬하게 반응한다. 결과의 값이 효율적이라는 성적을 받았다고 하더라도 선택의 기회가 없었다면 사람은 행복의 측면에서 그렇지 않은 것으로 받아들인다. 반면 선택의 기회가 보장되었다면 결과의 값이 나쁘더라도 행복을 체험한다.

롤즈에게 있어서 선은 쾌락이 아니라 행복이다. 그러므로 그는 공리의 원칙에서 선^善이란 욕구의 만족으로써, 보다 좋게 말하면 합리적 욕구의 만족으로 규정한다.* 경제학의 제1원리에 의한다면 사람은 개인의 이익을 위해 움직인다. 사람은 이기적 존재이기에 개인의 이득을 추구하기 때문이다. 그리고 사람들은 개인적 이익을 강하게 기대할수록 합리적으로 선택하는 경향이 높다고 본다. 경제학의 입장에서 보면 사람이 조직에 참여하는 이유는 결국 개인의 이익이다.

그러나 조직의 입장에서는 개인적 이득의 목적이 생존과 안전만을 위한 사익이라면 조직은 그것을 비합리적 선택이라고 판단할 것이다. 하지만 개인적 이득이 조직의 성장과 관계되어 있고 이것이 자신의 소속, 존중, 자아실현을 이룰 수 있는 것에 기여하는 것이 목적이라면 비록 개인적 이득을 추구하더라도 조직의 입장에서는 합리적이라고 볼 가능성이 높아진다.

사람들이 강하게 연결되는 사회가 될수록 선의에 의한 합리적 선택의 가능성은 높아진다. 그렇다고 모든 결정을 이타적으로 한다면 사람의 욕구가 훼손될 수 있다. 그래서 필요한 것이 공통의 가치와 규범의 입법행위이다. 규범을 통해 공동이익의 조건을 결정하고 그 선에서 개인의 이익을 결정한다. 자신의 이익을 과대하게 요구하면 공공의 이익이 저해된다. 그것은 자신의 이익이 감소되는 것에도 영향을 준다. 그러므로 입법에 의한 조직계약을 통해 자신의 이익과 공공의 이익을 지키는 선에서 합리적으로 의사결정을 할 것이다. 이러한 의사결정에 대해 불합리하다고 판단할 수 없을 것이며 자유롭고 평등한 상태에서 조직의 목적달성을 위한 결정을 한 것이니 조직은 정의로워질 수 있다. 그러므로 조직의 구성원들은 당장의 사익보다는 미래에 돌아올 더 큰 보상을 생각해 기꺼이 무지의 베일로 들어갈

---

* 롤즈는 공리주의 있어 한 개인의 행복이 그의 인생 경로의 여러 순간에서 경험되는 일련의 만족에 의해 이루어지듯이, 그와 똑같은 식으로 사회의 행복도 그에 속하는 많은 개인들의 욕구 체계의 충족에서 구성된다고 보았다. 개인의 원칙이 그 자신의 복지와 욕망체계를 증진시켜 주는 것이 듯이, 사회의 원칙도 가능한 한 집단의 복지를 증진시키고 그 성원의 욕구에 의해 구성된 전체적인 욕구체계를 실현시키는 것이라 주장한다.(롤즈의 정의론 60쪽) 이는 공리주의에 있어 밴덤의 양적 공리주의가 아닌 밀의 질적 공리주의에 가깝다.

수 있다. 그리고 차등을 선택할 여지가 있다. 그것이 조직 구성원들이 기대하는 행복이기 때문이다. 만약 자신의 행복이 아니라 다수의 행복을 위해 차등을 요구한다면 수용하지 않을 것이다. 그러나 자신의 행복이 타인의 행복과 강력하게 연관된다면 타인과의 비교에 의해 낙심하거나 포기하지 않는다. 그런 이유로 조직 구성원들은 기꺼이 조건부 불평등을 허용하는 차등의 원칙을 수용하게 된다. 전제는 무지의 베일 속에서 모든 구성원들이 참여한 절차적 공정성을 확보하는 것이다.

여기서 우리는 조직민주주의의 리더십에 대해 다루어야 할 것이다. 물론 롤즈의 정의론에서는 리더를 다루지 않는다. 그럼에도 롤즈의 조직에서 리더를 다루어야 하는 이유는 '과연 구성원들은 그렇게 반응할까? 좋은 삶을 살 수 있을까?'라는 난제의 영향력은 조직의 리더가 가장 크게 작용하기 때문이다.(그렇다고 리더십만이 그 해답을 준다는 것은 아니다) 조직의 리더가, 구성원들이 합리적인 존재이며 사익보다는 공공의 이익을 추구한다는 것을, 그리고 좋은 삶을 희망하고 있다는 확고한 믿음을 가지고 있을 때 조직민주주의가 출발할 수 있다. 구성원에 대한 믿음의 없다면 조직의 리더는 결코 무지의 베일로 들어가지 않는다. 설령 들어가더라도 믿음이 없는 상황이라면 사명과 가치, 규범의 설정에 있어서 리더의 개입 정도가 커진다. 조직의 리더에 의해 그것이 좌우된다면 이것은 공정한 절차가 아니라 절차를 흉내 내는 알리바이일 뿐이다. 그것은 외부의 힘에 의해 주어진 입법이나 다름이 없다. 구성원들이 공정하게 참여하지 않았기 때문이다.

사람이 모두 존중받을 가치가 있는 이유는 이성에 의한 자율적 존재로서 자유롭게 행동하고 선택할 능력이 있기 때문이다. 그리고 그 이성은 사람이 지닌 선한 의지를 작동시킨다. 사람은 누구에게나 잠 재된 에너지가 있다. 그리고 잠재력을 통해 긍정적인 방향인 자아실 현경향성Self-actualizing tendency으로 나아간다. 실현경향성은 공동체에 기여하고 형성하려고 하는 두 가지의 경향성을 의미하며 이것이 사 람이 가진 선한 의지이다. 사람이라면 누구나 다 그렇다. 물론 사람 은 때때로 잔인하고 이기적이며 미성숙하게 행동하여 실망을 주는 경우도 허다하다. 그러나 그러한 사람들이라도 근본적으로는 모두다 자아를 실현하고자 하는 동기인 '실현경향성'을 내재하고 있다. 자아 실현경향성을 촉진하는 것은 그들의 감정을 이해하고 수용하여 주는 것이다. 상대방을 고유의 인격체로 인정해 주는 것이다. 만약, 리더 가 그것을 '촉진'해주는 어떠한 '관계'를 맺을 수 있다면, 도구가 아 닌 인격적인 '관계'를 형성할 있다면, 구성원은 그 관계 안에서 성장 을 위한 잠재력을 발견하게 되고, 그 변화와 함께 성장할 것이다. 내 담자 중심, 학습자 중심을 주장한 인본주의 상담의 창시자인 칼 로저 스Carl Ransom Rogers의 사람중심 이론Person centered이 기반이 되는 자아 실현경향성과 촉진적 관계에 관한 이야기이다.

'촉진적 관계는 어떻게 이루어질까?' 바로 사람 중심의 대화이다. 촉진적 관계에서의 진솔성genuineness은 권위보다는 자신에 대한 이해, 그리고 은폐보다는 자신의 감정과 태도를 솔직하게 표현하는 것이 다. 무조건적 긍정unconditional positive regard은 상대방의 자아실현경향성 을 신뢰하고 아무런 조건 없이, 비판 없이 긍정하는 것이다. 어떠한 예외적 조건 없이 긍정해 주는 것이 바로 무조건적 긍정이다. 마지막으로 공감empathy은 정확한 감정의 이해, 상대방의 입장에서 느끼고 경험하는 것이다. 조직의 리더가 3가지의 조건을 활용하게 되면 촉진적 관계가 형성될 것이고, 마침내 구성원은 잠재력을 활용하여 자아를 실현하게 된다. 그러므로 촉진적 관계는 명령하거나 가르치거나 감독하는 것과는 완전히 다른 이야기이다. 만약 조직의 리더가 이러한 대화를 통해 구성원과의 관계를 형성하고자 한다면 구성원들은 잠재력을 쓰기 시작하여 조직의 형성에 기여할 것이다. 무지의 베일 속에서의 반영된 대화가 바로 촉진적 관계이다.

'그렇다면 무지의 베일 속에서 촉진적 관계를 맺는 조직의 리더는 어떠한 경향을 가진 사람일까?' 롤즈의 조직에서 요구하는 리더십은 자기를 인식하는 사람이다. 자신을 인식한다는 것은 자신 안의 욕구를 알고 있다는 의미이다. 정직, 가치관, 목표 등의 기본적 가치에 의해 그가 조직에서 왜 일하는지, 무엇을 해야 하는지, 무엇을 알고 무엇을 모른다는 것을 인식하고 있다. 그리고 조직과 자신의 인식을 얼라이먼트alignment한다. 그러한 리더는 겸허히 비판을 수용하고 무지에 대해 부끄러워하지 않는다. 그러므로 진정성 있게 조직구성원들에게 부탁할 수 있다. 진정 물을 수 있을 수 있다. 이는 자신의 취약함을 인정하고 고백하는 것이다. 그러니 진실 되게 묻고, 듣고, 부탁할 수 있다. (이 순서를 기억하자. 듣기 전에 먼저 묻는 것이다.) 만약 자기 인식이 되어 있지 않다면 억압과 통제를 사용할 것이다. 자신의 취약함을 보호하기 위해서는 자신의 부족을 보이지 말아야 하고 그러기 위해서는 명령할 수밖에 없다. 묻거나 부탁하는 순간 자신의 취약함이 조직에 드러나기 때문이다. 그러나 자기인식을 하는 리더는 기꺼이 취약함을 들어내는 용기가 있다. 취약함에 의해 조직 구성원들에게서 다른 의견들이 들어오는 자리가 마련된다. 마련된 자리에서 의견의 반영이 시작된다. 바로 무지의 베일이다. 자기인식에 의해 무지하다는 것을 인식하고 기꺼이 구성원들의 의견을 리더가 스스럼없이 구하게 될 때 무지의 베일로 들어갈 수 있다. 조직 구성원들이 의견을 개진할 수 있는 것은 리더의 취약함에 대한 고백을 통해 안전의 메시지가 전해지기 때문이다. 구성원을 안전하게 보호해야 하는 이유는 본질적으로 자유롭고 평등한 존재이기 때문이다. 법은 최소한의 것을 보호할 뿐이며 자유와 평등은 조직의 규범으로 가능하다. 그리고 조직의 규범을 세우는 것은 조직 리더의 취약함과 안전의 메시지에 의해서이다. 리더의 취약함은 구성원들의 안전을 보장하고 안전의 욕구를 충족시킨다. 생존과 안전이 충족되니 조직 리더와 구성원들은 기꺼이 무지의 베일로 들어가고자 한다.

자기인식과 자기조절을 하는 리더는 취약함과 불편함을 허용함으로써 구성원들과 동질감을 확보한다. 동질감이 확보된 구성원들은 드디어 무지의 베일 속에서 자신의 의견을 꺼내 놓는다. 그러면서 조직 본연의 목표를 달성하기 위한 사명, 그리고 가치와 규범 설정에 참여한다. 이질적이라면 규범을 만들 수 없을 것이지만 동질하기에 공통의 규범이 가능하다. 동질감은 그도 나와 같다는 고백이다. 즉 '나와 같이 조직의 목적과 자기를 실현하고자 하는 본질적으로 자유롭고 평등한 사람이라는 동질함의 고백'인 것이다. 롤즈의 조직에서의 핵심은 절차적 공정성이며 자발적 참여이다. 그 가운데서 의견을 수렴하는 것이 또한 핵심이라고 할 수 있으니 대화와 소통은 기본적인 기술이어야 한다. 소통의 기술은 촉진적 관계 속에서 이루어진다. 긍정하고 수용하고 공감하는 리더의 태도 속에서 구성원들은 비난받지 아니한다는 안전함을 느낄 것이고 마침내 자신의 의견을 꺼내어 놓게 된다. 자유롭고 평등한 상황적 조건(S)으로 인식하기 때문이다. 이러한 소통 속에서 나와 너의 경계가 무너지고 나와 조직 간의 경계가 무너지면서 자신의 잠재된 힘을 발휘하게 된다(E). 모든 구성원들 자신이 존중(N)받고 있다는 것을 인식하기 때문이다. 존중의 인식은 자신을 발견하게 한다. 그리고 정서가 공유되고 받아들여지면서 동기(M)가 부여된다. 그리고 자발적인 행동(B)이 촉진된다. 당연히 기여와 형성이 경향성으로 나아가게 될 것이며 마침내 조직의 발전과 나의 발전을 동일시하게 되는 진정한 연대가 이루어진다. 그러므로 조직민주주의에서의 리더의 역할은 촉진적 관계에 의해 구성원들의 의견을 반영하여 건강한 행동을 촉진하는 촉진자^{Facilitator}라고 할 수 있다.

이러한 리더십은 공리가 아니라 공의$^{公義, right}$를 추구한다. 공의란 사람의 삶을 규정한 신이 사람에게 새겨 준 의로운 법, 또는 사람으로서 마땅히 해야 할 의로움과 정의를 의미한다. 조직의 공의는 리더의 공의와도 같다. 그러므로 천직^{vocation*}과도 같은 리더의 사명이란, 사람들이 일을 통해 신과 같이 거룩해질 기회를 보장하는 것, 일을

---

* 직업을 의미하는 영어에는 여러 가지가 있다. 여기서의 vocation은 소명, 거룩한 부르심, 신의 부르심이나 선택을 의미한다. 신이 사람에게 새겨준 법이자 사명이 공의(公義, right)이듯이, 공의를 따르는 사람들의 리더는 그것이 천직이며 소명과도 같다. 신은, 사람들이 자신을 발견하고 사회에 기여하므로써 신과 같이 거룩해질 바란다. 그 안내의 통로는 노동(work)이다. 그 노동이 일어나는 장소가 조직이고 그 한가운데에 리더가 있다. 그것이 바로 조직과 리더의 존재 이유인 공의이다.

통해 자아를 실현할 수 있도록 자유와 평등을 보장하는 것, 그 공의를 조직과 사회에 실현하는 것이라 할 수 있다. 이제까지 밝힌 조직 민주주의에 참여하는 구성원들의 선의$^{good\ will}$라는 것은 공의$^{公義,\ right}$에서 기원한다. 사람은 응당 의로움을 추구하는 공의가 있는 훌륭한 존재이며 그 공의를 실현하기 위해 선의의 계약을 이룬다. 선의의 계약은 자유와 평등이며 사람은 본질적으로 자유롭고 평등한 존재이으로 계약에 동의하는 것이다.

과연 합리적인 의사결정이 가능한가

공정한 절차에 의해 합의된 의사결정이라고 하더라도 불완전성은 존재한다. 허버트 사이먼$^{Herbert Alexander Simon}$이 주장한 제한된 합리성$^{bounded rationality}$처럼 사람들은 의사결정에 있어서 합리성을 추구하지만 실제로는 인지 및 심리, 환경 등으로 인해 합리성이 제한된다. 그래서 그는 합리성이란 최적이 대안이 아니라 만족이라고 보았다. 이처럼 의사결정은 불완전하다. 그러나 불완전성에 논의는 합의된 결정에 대한 옳고 그름이 아니다. 의견에 대한 결과는 환경 변화 등의 다양한 변수들이 존재하고, 예측하지 못한 변화요인과 의사결정을 추진하면서 벌어지는 선택적 과오 등에 영향을 받는다. 그러므로 결과의 성패에 대해 의사결정의 합리성 여부를 논하는 것은 무의미하다. 다만 합리적 의사결정에는 정보격차의 문제를 고려해야 한다. 불완전성의 여지는 정보의 차이에서 발생한다. 이는 매슬로우의 욕구위계론에서 밝힌 정보의 자유, 하버드대 올리버 하트$^{Oliver Hart}$ 교수와 벵트 홀름스트룀$^{Bengt Holmström}$의 계약이론에서의 밝힌 정보의 중요성이기도 하다.

롤즈는 무지의 베일 이전에 이미 많은 부문에서 숙고된 상태까지도 가정하였다. 굳이 교섭이 필요가 없는 상태까지도 가정하고 있는데, 이는 다양한 정보들을 확보했다는 의미이기도 하다. 그런데 앞서 설명한 롤즈의 무지의 베일에서는 정보의 중요성을 애써 다루지 않았다. 그 이유는 '자기의 지위나 계층을 모르며, 천부적 자산과 능력, 지능과 체력 기타 등등을 어떻게 타고나는지 자신의 운수를 모른다'는 무지의 베일의 전제조건과 오해될 수 있기 때문이다. 롤즈의 조직에서 합리적 의사결정을 위한 정보의 범위에는 구성원들의 인적조건에 대한 정보가 아니라 조직의 정보, 즉 시장 및 자원의 분석, 조직의 구조 및 정책 등의 과업 해결을 위한 정보들을 의미한다. 무지의 베일 속으로 들어가기 이전에 조직의 구성원들은 이미 이러한 정보를 자유롭게 획득하고 있어야 한다. 실제 롤즈도 정보의 제한에 있어서 강한 제한과 약한 제한으로 구분한다. 강한 제한은 전혀 아무런 정보가 없이 시작하는 것이고 약한 제한은 합리적 합의가 성립되는 데 요구되는 정보들을 허용한다.* 조직은 이러한 모든 정보에 대해 완전히 투명하게 열어 놓아야 할 것이다.

정보의 격차는 조직 구성원들 내에서의 문제뿐만 아니라 조직 외의 정보들까지도 고려되어야 한다. 그러므로 합리적 의사결정을 위해 다른 조직의 정보들도 확보되고 투명하게 공개되어야 할 것이다. 이러한 정보의 개방성과 접근성이 필요한 이유는 다른 조직에 대한

---

* 롤즈, 황경식 외역,『공정으로서의 정의』, 서광사, 1977, 333쪽.

정보 역시 중요한 하나의 의견이기 때문이다. 의견은 정보를 주는 것이고 정보들은 하나하나가 모두 의견들이다. 롤즈의 정의론에서는 정보의 범위를 특정한 사회로 한정하고 있다. 어떤 외부인도 개입도 허용하지 않는다. 그러나 이것이 롤즈의 정의론에 있어서 한계가 된다. 개입하지 않는다는 것은 오류를 방지하기 위한 조치이지만 그 이면에는 편향적 의사결정의 위험이 있다.* 외부의 조직에 대한 정보의 비교는 외부 조직의 의견을 받아들인다는 의미이며 이를 통해 편향의 오류를 해소할 수 있는 방법이기도 하다. 즉, 외부 조직의 정보라는 것은 그들이 가지고 있는 시장분석 등의 정보가 아니라 그들의 의견을 의미하는 것이다. 롤즈의 조직에서는 외부의 의견을 수렴한다. 조직이라는 것은 독자적인 공동체를 유지하기도 해야 하지만 그로 인해 발생할 수 있는 편협성도 고려되어야 한다. 그럼으로 조직이 개방체계를 갖춤으로써 한계를 극복하고 자연스럽게 다른 공동체와 연대할 수 있게 된다. 정보의 교류와 연대는 롤즈가 주장한 사회계약과 롤즈의 조직의 조직계약과 비교하여 가장 큰 차이점이라 할 수 있다. 이로써 롤즈의 조직은 자유와 평등의 조건이라는 기본 조건에 외부의 정보를 의견으로 수렴하고 연대를 포용하여 민주주의 조직으로서의 면모를 갖추게 된다.

고대 아테네의 군인이며 정치가인 페리클레스[Perikles]는 민주주의에

---

* 아마르티아 센은 그의 저서 정의의 아이디어에서 공평성의 영역들에서 열린 공평성과 닫힌 공평성을 주장한다. 롤즈의 사회계약은 닫힌 공평성으로 일정한 공동체에 한정하는 것으로 무지의 베일을 조건화하지만 이는 편향성의 오류가 있을 수 있음을 제기한다. 열린 공평성은 일정한 공동체에 한정하지 않고 다른 공동체의 정의를 고려하는 것을 의미하며 이는 편향성을 감소할 수 있는 여지가 있다.

대해 이렇게 말했다.

"몇몇 사람이 통치의 책임을 맡는 것이 아니라 모두 골고루 나누어 맡습니다. 나라에 기여할 수 있는 사람이라면, 아무리 가난하다고 해도 인생을 헛되이 살고 끝나는 일이 없습니다."

무지의 베일과 정보의 중요성은 그리스 민주주의의 무작위 선출 방식인 클레로테리온^{kleroterion}을 지향한다. 고대 그리스인들은 제비뽑기를 통해 시민들 중에서 대표를 선출하여 더 많은 시민들이 정치에 참여하기를 기대했다. 그들은 통치자와 시민들이 분리된 것이 아니라고 보았다. 시민이라면 누구나 나라의 발전을 위한 합리적 의사결정을 할 수 있다는 것이 그들의 믿음이었다. 추첨에 의해 선발된 대표자의 결정이 합리적이라 보는 것은 합리적 의사결정을 위해 다양한 정보들을 공유하였다는 데 있다. 그러므로 조직 구성원들의 합리적 의사결정을 담보할 수 있는 방법은 두 가지이다. 하나는 무지의 베일, 그리고 또 하나는 완전한 정보이다. 그러니 조직 구성원들의 의사가 비합리적이었다면, 혹은 그러한 비합리적 선택의 경험이 있다면 그것은 조직 구성원들의 문제가 아니라 정보 비대칭성의 문제, 그리고 무지의 베일에 들어가지 않았기 때문이다.

우리는 여기서 '합리적 의사결정은 수정될 수 있는가?' 만약 수정이 가능하다면 그것은 '합리적인 결정이 아니었다는 의미인가?'라는 의문을 가질 수 있다. 롤즈의 조직은 수정 가능하다고 본다. 그렇다고 해서 앞선 결정이 비합리적이라 판단하지도 않는다. 롤즈의 조직은 끊임없이 무지의 베일로 들어가는 조직이다. 그 이유는 사람과 환경이 끊임없이 변화하기 때문이다. 앞선 결정의 오염은 비합리적 의사결정에 원인이 있는 것이 아니라 조직의 내외부 변화에 원인이 있다. 오류가 아니라 오염된 것이다. 그러니 수정 가능함이 타당하며 그러한 수정 가능성이 조직을 더 자유롭고 평등하게 만드는 조건이 된다. 만약, 결정이 불변하여 고정된 것이라면 합의가 더 이상 필요가 없게 된다. 이는 무지의 베일이 필요가 없어지는 것을 의미하는 것이며 무지의 베일에 대한 무용론이기도 하다. 이러한 오류성은 새로운 절대권력을 용인할 수 있는 여지를 주게 될 것이며 정의로움을 상실하게 될 것이다. 변하지 않는 것은 절대권력이 된다. 끊임없이 절차적 공정을 확보하여 의견을 수렴해가는 의사결정은 합리적이다. 오염에 의한 수정 가능성을 승인하는 것은 의사결정의 정의를 더욱 윤택하게 해 준다.

롤즈의 정의론에서의 사회계약은 공정한 제도, 규범과 규제에 초점을 맞추었지 실제적이고 구체적인 행동은 다루지 않는다. 실제로 롤즈는 사회의 구조체계가 정의의 기본 구조라고 보았다. 즉 행동이 아닌 제도에 초점을 맞춘 것이 롤즈의 사회계약이다. 그런 면에서 롤즈의 사회계약은 실현 가능성에 대한 도전을 받는 것이 사실이다. 하지만 이제까지 다룬 롤즈의 조직은 그 대상이 사회가 아니라 살아 움직이는 조직이기에 실제적인 행동의 가능성이 확보된다. 사회가 아닌 조직이므로 무지의 베일을 설명하기 위해 애써 사람들을 고립시킬 필요가 없다. 자연적으로 합의된 목적에 의해 모인 집단이므로 그 자체로 무지의 틀 속으로 들어갈 수 있다. 실현 가능성의 정도는 조직의 합의에 의한다. 어느 정도 실현되었을 때를 실현했다고 할 것인지에 대해 사전에 합의하는 것이다. 그리고 그만큼을 실현했다고 본다. 전언했듯이 정의란 그 조직이 스스로 결정한 합리적 의사결정이다. 그 정의 안에서 조직 구성원들은 자유롭고 평등하다. 그리고 그만큼 정의로우며 그만큼 자유롭고 평등하다. 이에, 외부의 조직들이 들어와 실현의 정도를 판단하고 평가할 일이 아니다. 다만 실현 정도에 따라 다른 조직과 교류할 수 있다. 이는 상이한 실현 정도가 교류될수록 정의의 가능성은 더 커지기 때문이다. 조직 내의 합의에 있어서 다양한 의견이 중요하듯이 조직 밖의 조직과의 의견도 정의의 실현 가능성을 확보할 수 있다.

롤즈는 정의론에서 순수한 절차적 정의로써 카드게임과 케익의 분배를 예시로 들었다. 공정한 조건과 술수를 쓰지 않는 조건하에 정해진 룰에 의한 결과는 공정하다는 것이다. 그 결과가 어찌 되었든, 조직의 성과에 어떤 영향을 주던, 그것은 공정하고 정의롭다는 것이다. 왜냐하면 그 결정의 과정이 자유롭고 평등하기 때문이다. 그러므로 실현 가능성의 판단은 오직 조직의 몫이다. 그리고 이러한 절차적 공정성과 자발적 참여, 이로 인해 주어지는 구성원들의 자유와 평등에 의해 조직의 목적을 달성할 것이다. 이것이 롤즈의 조직이 지향하는 정의이다. 조직의 실현 가능성은 사회의 실현 가능성이기도 하다. 조직은 하나의 작은 사회이다. 작은 사회가 실현 가능하다면 사회도 가능해진다. 만약 당신이, 사회의 민주주의가 실현 가능하다고 본다면 조직의 민주주의도 실현 가능하다. 하지만 '얼마나 민주적인가?'의 정도는 판단될 수 없다. 마찬가지로 정의도 그렇게 판단될 수 없다. 우리가 정의로운 만큼, 우리가 민주적인 만큼, 그만큼 정의롭고 민주적인 것이며 그만큼 실제적이다. 롤즈의 정의론은 경험되지 않은 한계가 있다. 하지만 롤즈의 조직은 실현 가능하다. 롤즈의 조직은 사회정의에 대한 관념적 정의론을 조직 정의의 실천적 정의론, 즉 행동의 경험으로 이끌어 낸 것이기 때문이다. 그런 이유로 롤즈의 조직은 가상이 아니라 실제적이며 관념에서 경험으로 나아간다.

롤즈의 조직은 롤즈의 정의론처럼 제도와 규제에서 머무는 것이 아니다. 롤즈의 조직은 동기(M)가 부여된 건강한 행동(B)을 위한 자유와 평등(S)의 제도적 계약(C)을 설명한다. 협의와 합의(E)에 의한 선의의 계약을 통해 조직의 목적을 실현(P)한다. 조직의 목적 달성은 곧 자신을 실현(N)하는 것이다. 어쩌면 우리는 자유와 평등이라는 중요한 단어를 너무나 부끄러워했는지 모른다. 그리고 너무나 어려워했다. 그로 인해 윤리, 인권, 정도 경영이라는 말로 에둘러서 대체하려고 했지만 사실 이 단어들이 더 어렵고 난해하다. 사람의 내면 안에서 충족되어야 할 가장 중요한 가치인 서로의 자유와 평등을 이제는 존중하고 고백하자. 공정한 절차에 의한 자발적 참여라는 롤즈의 조직이 그것을 이끌어 줄 것이다.

롤즈의 사회계약을 이해하면서 조직의 계약을 가상해 보았다. 롤즈의 조직은 정의롭다. 무지의 베일 속에서 기회의 평등과 차등을 수용하면서 자유와 평등을 얻기 때문이다. 그러니 조직의 존재 목표는 곧 정의이다. 구성원들이 참여하여 공정한 절차를 확보함으로써 구성원들의 의견이 반영된 조직의 존재 목표와 가치 및 규범을 만들어낸다. 원칙들은 구성원들이 공정한 절차에 의하여 결정한 것이므로 그 자체만으로도 정의롭다. 목표와 가치, 규범은 구성원들에게 자유와 평등의 한계를 정해 준다. 그러나 스스로 선택한 것임으로 결코 강압적이지 아니하며 자율적이다. 그리고 자유 안에서 모든 구성원들은 평등하다. 규범이 작동하지 않거나 규범끼리의 충돌이 있을 경우 조직 구성원들은 다시 무지의 베일로 들어가 자발적 참여에 의한 공정한 절차로 규범을 개선한다. 이러한 끊임없는 반복과 실천 속에서 조직의 정의는 유지되고 확장될 것이다. 이러한 조직을 '공의의 조직'이라 한다. 동기부여에서부터 선의의 계약, 그리고 조직민주주에서 공의의 조직까지의 과정은 다음과 같다

① 구성원의 동기부여[M=B(행동)E(사건)N(욕구)S(조건)]→
② 내부의 힘, 자율성, 자유와 평등이라는 조건의 계약(선의의 계약)→
③ 조직민주주의(자유롭고 평등한 조직)→
④ 구성원의 참여(협의와 합의로 조직의 공정성)→
⑤ 조직의 성과(조직과 구성원의 자기실현)→
⑥ 공의의 조직(조직의 정의를 확장하여 조직과 사회의 발전)

동기부여, 조건과 계약, 조직민주주의, 그리고 공의의 조직 과정

① 사람의 동기부여는 조건이 충족되어야 한다. ② 그 조건이란 자유와 평등이며 조직민주주의는 선의에 의해 그것을 계약한다. ③ 자유롭고 평등한 조직에서의 구성원들은 동기부여 되어 ④ 협의와 합의로 조직에 참여한다. 참여에 의해 조직과 구성원들은 ⑤ 자기를 실

현한다. 공의의 조직은 조직과 구성원의 자기실현을 사회로 확장시킨다. 공의의 조직이 많아질수록, 선의를 가진 조직 구성원이 많아질수록 ⑥ 그 사회는 정의로워진다. 우리의 조직이 정의로워야 하는 이유이다. 공의^{公義, right}란 사람들이 일을 통해 신과 같이 거룩해질 기회를 보장하는 것, 일을 통해 자아를 실현할 수 있도록 자유와 평등을 보장하는 것, 그 공의를 조직과 사회에 실현하는 것이기 때문이다.

마치는 글

공의의 조직, 조직민주주의 선언문

조직의 성과란 한마디로 공의公義, right라는 사명을 이루는 것이다. 공의는 선함과 이로움은 사람이 자유롭고 평등할 때에 가능하다. 억압받고 불평등한 상황에서 조직과 타인의 행복을 위한 선함과 이로움이 발현될 일은 만무하다. 공의라는 사명을 다하기 위해 선의를 가진 사람과 새로운 계약을 맺는다. 여기, 조직의 새로운 계약을 맺기 위하여 조직민주주의 선언문을 제시하고자 한다. 조직의 목표를 위하여 기꺼이 무지의 베일로 들어가고자 하는 조직에게 도움이 될 것이다. 조직민주주의 선언문은 이제까지 설명한 조직의 선의의 계약, 그리고 조직민주주의의 방향을 제시하여 줄 것이다. 조직민주주의 선언문은 UN의 세계인권선언문을 차용하였으며 조직민주주의 선언문의 조항은 세계인권선언문에 나와 있는 1조와 2조의 기본원칙을 차용한 것을 제외하고는 중복을 피했다. 그리고 우리나라의 헌법이나 근로기준법에 나와 있는 기본적 노동관계 조항들도 다루지 않았다. 오직 이 책에 기술되어 있는 구성원으로서의 자유와 평등만을 기술하였다. 조직민주주의가 준법으로만 오해되지 않기를 바라기 때문이다. 조직민주주의 선언문에 나와 있는 권리들이 수호되고 확장될 때, 사람이 일하는 진정한 의미를 발견할 수 있을 것이다. 조직에서의 구성원들은 사회공동체의 발전에 기여하면서 일의 의미를 발견하고 자아를 실현할 것이다. 그곳이 바로 조직이다. 이로써 조직의 구성원들은 사람으로서의 존엄성을 확인하고 존재의 의미를 발견한다. 이 선언문은 이제까지 주장한 조직민주주의, 선의의 계약, 그리고 조직의 공의를 가장 핵심적이고도 이해하기 쉽게 설명한 것이기도 하다.

조직민주주의 선언문

1조. 조직의 목표

　조직의 목표와 함께 하는 모든 구성원들은 자유롭고, 존엄하며, 평등하다. 모든 구성원들은 선한 의지와 책임을 가지고 있으므로 서로에게 동료애의 정신으로 대해야 한다.

　조직은 목표에 의해 설립되고 움직입니다. 모든 조직이 가지고 있는 목표의 공통점은 공공의 이익입니다. 공공의 이익을 추구하지 않는 조직은 조직이라고 볼 수 없습니다. 반면, 공공의 이익을 추구하는 방법과 경로는 다양합니다. 사람은 자신에게 부합하는 조직의 다양성에 동의함으로써 조직의 목표와 함께합니다. 이러한 동의에 의해 사람은 구성원으로서의 자유와 평등, 존엄성이 확인됩니다. 또한 사람은 스스로의 선택에 의한 선한 의지에 의해 책임을 다합니다. 그러므로 서로가 동등한 존재인 구성원들은 동료애의 정신으로 연대합니다.

2조. 구성원의 자격

　모든 구성원들은 인종, 성, 종교, 학력 등 어떤 이유로도 차별받지 않으며, 이 선언에 나와 있는 모든 권리와 자유를 누릴 자격이 있다.

　차별을 받지 않는 이유는 조직의 목표에 동의한 동등한 구성원이기 때문입니다. 목표에 동의하는, 자유롭고 존엄하고 평등한 존재이니 인적 조건이나 사회적 조건에 의해 차별을 받을 수 없습니다. 차별을 받지 않는다는 것은 모든 조건에서 자유롭고 동등한 권리가 있는 존재라는 의미입니다. 이로써 이 선언에 나와 있는 구성원으로서의 권리와 자유를 누릴 자격이 충족됩니다.

3조(주체권).

모든 구성원들은 조직에게 주어진 문제해결의 주체로서의 권리가 있다.

조직의 주인은 구성원입니다. 왜냐하면 목표에 동의하였기 때문이고 모두가 동일한 인격적 존재이기 때문입니다. 이러한 동일성으로 인해 문제해결의 주체가 될 수 있습니다. 사람이 조직에서 일을 하는 이유는 조직에게 주어진 문제, 사회와 사회 구성원들이 요구하는 문제, 혹은 욕구를 해결하기 위함입니다. 구성원들은 그것을 주체적으로 해결함으로써 일의 의미와 자기를 실현합니다. 그러므로 이러한 주체의식은 남에게 양도될 수 없으며 침해받을 수 없습니다. 문제해결의 주인이 구성원이기 때문입니다.

　　모든 구성원들은 조직의 사명과 가치와 규범 등의 입법에 참여할 권리가 있다.

　　문제를 해결하기 위해서는 방법과 절차를 합의해야 합니다. 이때의 합의는 외부의 힘에 의해 강요된 것이 아니라 내부의 힘, 즉 구성원들에 의해 절차적으로 공정하게 합의된 것이어야 합니다. 그러므로 조직의 내부에서 정해지는 각종, 규정과 규범, 규칙과 원칙 등은 조직 스스로의 입법행위로써 구성원들이 참여하여 정당성을 확보합니다. 스스로 참여하여 입법하는 것은 자유와 평등입니다. 그 자유와 평등에 의해 자발성이 확보됩니다.

　　모든 구성원들은 조직의 입법을 준수하면서 자유로이 실험하고 도전할 수 있는 권리가 있다.

　　조직의 자유는 구성원들이 합의해 낸 입법을 준수하면서 주어집니다. 그리고 그 입법은 조직의 목표와 주어진 문제를 해결하는 정당한 경로가 됩니다. 그러므로 이를 준수하는 조건하에서 조직의 구성원들은 자유를 확보합니다. 그 자유란 문제해결을 위한 도전을 인정하는 것이며 실패하더라도 다시 기회를 주는 것입니다. 조직의 구성원들은 자유의지가 있습니다. 이 자유의지에 의해 사람으로서 존중받을 뿐만 아니라 구성원으로서도 인정받습니다. 자유의지는 책임을 전제로 하며 사람은 책임을 스스로 받아들임으로써 자유로워집니다. 조직의 구성원들은 입법의 준수와 자유에 의해 능동적 존재가 됩니다.

6조(평등권).

모든 구성원들은 조직의 성장에 기여할 수 있는 기회에서의 평등한 권리가 있다.

구성원들은 조직의 목표와 조직에게 주어진 문제를 해결하기 위해 스스로 참여한 자유롭고 평등한 인격적 존재입니다. 그러므로 조직은, 구성원들에게 균등한 기회를 보장해야 합니다. 누구든지 구성원에게는 그 문제를 해결할 수 있는 기회가 열려 있어야 합니다. 만약, 그 기회에 접근하기 용이하지 않는 구성원이 있다면 그것을 보장할 수 있는 차등적 기회가 보장되어야 합니다. 조직 구성원 중에서 가장 약자에게 그 기회를 보장하기 위해서는 모든 직위와 역할은 개방되어야 할 것입니다.

7조(참여권).

　모든 구성원들은 조직의 경영과 관련된 평의회에 참여하고 의견을 개진할 수 있는 권리가 있다.

　조직의 경영은 특정한 계층에게만 소유된 것이 아닙니다. 조직은, 구성원들이 경영에 참여할 수 있도록 다양한 평의회를 조직해야 합니다. 구성원들은 그 평의회를 통해 조직의 경영에 참여함으로써 조직의 발전에 기여할 수 있는 기회를 보장받습니다. 평의회에서 내려진 의사결정은 합리적입니다. 왜냐하면 모든 구성원들은 문제해결의 주체이며 입법에 참여하였고 그 입법을 준수하는 합리적인 존재이기 때문입니다. 구성원이라면 누구든지 조직의 경영에 참여할 수 있는 기회가 있다는 것, 그리고 그 결정은 합리적이라는 사실은 민주주의의 핵심입니다. 또한 마땅히 보호되어야 할 구성원의 권리입니다.

8조(학습권).

　모든 구성원들은 조직의 성장을 위한 학습을 선택할 수 있는 권리가 있다.

　학습의 목표는 조직의 성장을 위한 것입니다. 그러하니 조직의 구성원들은 다양한 방법과 도구를 선택할 권리를 가집니다. 비록 그 선택은 당장은 인격적인 차원에서 존중되어야 할 것입니다. 또한 조직은 다양한 학습 기회를 장려하고 정보를 공유해야 할 것이며 학습의 성과를 위한 학습 모임을 장려해야 합니다. 사람은 성장하기 위해 일합니다. 조직의 구성원들은 조직의 문제를 해결하기 위해 학습하여 자연스럽게 성장합니다. 그 성장에 의해 일의 가치를 더하며 자신의 존재를 확인할 것입니다.

9조(정보권).

모든 구성원들은 조직의 목표를 달성하는 데 필요한 정보에 접근할 수 있는 권리가 있다.

조직의 입법, 합리적 의사결정, 조직의 문제해결은 보다 완전한 정보에 근접할수록 가능해집니다. 구성원들이 만약 비합리적 의사결정, 조직의 입장과 거리가 있는 입법을 한다면 그것은 정보의 비대칭성 때문입니다. 결코 구성원들이 나태하거나 무능해서가 아닐 것입니다. 그러므로 조직은 정보를 공유할 책임이 있으며 그것을 선택하는 것은 구성원들의 자유의지와 책임에 의해서입니다.

이상 9가지의 권리에 의해 조직의 구성원들은 자유롭고 평등하다. 민주주의는 자유와 평등의 권리가 지켜지는 것이며 구성원은 이로써 존엄한 존재가 된다. 민주주의 제도는 사회에만 국한되지 않고 조직에서도 지켜져야 한다. 조직과 사회는 다르지 않고 하나이기 때문이다. 이러한 자유와 평등이 지켜지는 조직이 정의롭고 그러한 조직은 민주주의 시민을 양성한다. 조직의 존재의미는 조직에게 주어진 고유의 목표 달성과 문제의 해결임과 동시에 조직의 구성원을 민주적인 사회 구성원으로 양성하는 것에 있다. 그러므로 조직은 구성원을 존중함으로써 마땅히 지켜야 할 사회적 책임을 완수한다. 이것이 조직의 구성원들에게 주어진 공동의 목표인 공공의 이익이며 조직의 존재 이유인 공의公義, right의 사명이다.

사람들은 공정한 분배, 기회가 보장되는 민주적인 사회질서에서 살고 싶어한다. 그것이 자유와 평등이고 인간으로서의 권리가 지켜지는 복지국가이다. 그런 사회를 원한다면 먼저 조직에서부터 실현되어야 함이다. 작은 사회인 조직에서 불공정과 불평등이 만연하다면 결코 그 사회는 민주적일 수 없다. 조직이 공정할수록 그 사회도 공정해질 것이라는 가정이기는 하지만 결코 억지는 아니라고 본다. 반대로 그 사회가 공정하다면 사회에 속한 조직도 공정하다. 자유에 이견을 다는 자는 없다. 민주주의 역시 그러하다. 다만 자유와 민주주의 정도가 사람마다 다를 뿐이다. '얼마만큼이나 공정한가? 어느 정도 민주적인가?'에 대한 문제인 것이다. 사랑의 정도는 사랑한 만큼이다. 우리가 믿은 만큼만 신을 믿는 것이다. 설령 사랑에 증오와 믿음에 불신이 있다고 하더라도 그것이 사랑이 아닌 것이 아니요, 믿음이 아닌 것이 아니다. 우리는 그만큼 사랑하고 그만큼 믿는 것이다. 그리고 더 사랑하기 위해 더 믿기 위해 삶을 영위한다. 마찬가지로 공정함과 민주주의 역시도 우리가 진전한 그만큼 공정하고 평등한 사회, 민주주의 사회인 것이다.

자유와 평등의 조건(S)과 구성원들의 욕구(N)를 충족, 촉진적 사건(E)과 동기(M)부여된 건강한 행동(B)으로 목표를 달성하는 정의로운 조직은 존재한다. 다만 드러나지 않았고 어느 정도 진전하고 있는지 가늠할 수 없을 뿐이다. 민주주의는 그런 것이다. 결과가 아닌 과정이다. 그리고 항상 과정 속에 있을 것이다. 또한, 사람이 변하는 것이 아니라 진전하듯이 사람이 속한 조직 역시 진전한다. 단지, 정의와 민주주의가 어느 정도의 수준인지 평가할 수 없을 뿐이다. 그런 의미에서 볼 때, 비록 사회계약의 정의론을 차용하여 가상으로 롤즈의 조직계약을 그려보았지만 롤즈의 조직이 현존하리라 믿는다. 조직의 목표를 위해 기꺼이 무지의 베일로 들어가는 구성원, 참여를 통한 협의와 합의를 통해 스스로의 입법을 이루는 조직은 분명 존재한다. 그것이 당신의 조직일 수 있고, 그런 조직을 이미 경험했을 수도 있다. 또는 그런 조직을 지금껏 희망할 수도 있다. 각자의 경험상, '얼마만큼 공정한가? 어느 정도 민주적인가?'의 질문에 대한 당신의 답변과 우리들의 답변이 다를 뿐이다.

"당신의 조직은 정의로운가?"에 대한 설명을 롤즈의 조직에서 다루었다. 그러니 동의한다면 정의의 기준을 차용하기를 바란다. 조직이 정의로워야 하는 이유에 대해서는 벤스의 법칙에서 다루었다. 동의한다면 조직의 문화를 민주주의로 개선하기를 바란다. 우리는 그만큼 공정하고 정의로울 것이며, 또 그만큼 조직과 사회의 민주주의로 진전할 수 있을 것이다. 민주주의가 닫혀 있는 조직의 문을 활짝 열어젖힐 날을 우리 모두에게 촉구하고자 한다. 그것이 사람이 사람답게 일하는 세상이 아닐까?

자본주의의 천박한 개인주의와 공산주의의 천박한 집단주의를 비판한 피터모린의 푸른 혁명^{Green Revolution}은 인간성을 말살하는 사회가 아닌, 사람이 사람답게 살 수 있는 사회를 촉구한다. 비록 그가 주장한 것처럼 노동자와 학자가 자유롭고 평등한 농경 공동체를 선택할 가능성은 희박할지 모른다. 그러나 희망이 없지는 않다. 삶의 장소를 옮겨 조직의 계약을 정의로운 선의의 계약으로 이행한다면 푸른 혁명은 가능하다. 자유롭고 평등한 조직민주주의, 그리고 공의의 조직이라면 말이다. 최소 수혜주의자 피터 모린의 「그것이 사람을 사람답게 만든다」[*]라는 시를 마지막으로 소개하며 글을 맺고자 한다.

주고 빼앗지 않는 것, 그것이 사람을 사람답게 만든다.
섬기고 지배하지 않는 것, 그것이 사람을 사람답게 만든다.
도와주고 부수지 않는 것, 그것이 사람을 사람답게 만든다.
키우고 먹어 치우지 않는 것, 그것이 사람을 사람답게 만든다.
그리고 필요하다면 죽고 살지 않는 것, 그것이 사람을 사람답게 만든다.
이상적인 것 그리고 거래하지 않는 것, 그것이 사람을 사람답게 만든다.
믿는 것 그리고 탐욕을 가지지 않는 것, 그것이 사람을 사람답게 만든다.

---

* 마크 H. 엘리스, 조세종 역, 『피터모린 20세기에 살다간 예언자』, 하양인, 2015, 197쪽.

부록

홉스, 로크, 루소의 사회계약에 의한 가상적 조직으로의

탐험사회가 계약으로 이루어지듯이 조직도 계약으로 이루어진다.

사회계약에 의한 생존권과 소유권, 공공이익이라는

국가의 목적은 조직의 목적이기도 하다.

조직계약에 따라 조직 구성원들은 행동을 달리한다.

본 부록을 통해 토마스 홉스, 존 로크, 장 자크 루소의 고전 사회계약론을 하나씩 소개하고 사상가들의 이론에 의한 가상의 조직을 그려보고자 한다. 이 시도가 롤즈의 사회계약론과 롤즈의 조직을 이해하는 데 도움이 될 것이다. 또한 가상의 조직들이 추구하는 조직의 목적, 입법의 행위와 지배하는 권력구조를 조명하여 조직의 진화와 조직민주주의를 설명하고자 한다.[*]

홉스의 사회계약

홉스[Thomas Hobbes][**]는 사람의 삶 자체는 운동에 불과하다고 본다. 그리고 이 운동을 두 가지로 나눈다. 생명을 유지하기 위한 운동 하

---

[*] 부록의 홉스부터 루소까지의 사회계약은 서강대학교 출판부의 사회계약론 연구(조긍호 · 강정인, 『사회계약론 연구』, 서강대 출판부, 2012)를 주로 참고하였음

[**] 17세기 영국의 철학자 · 정치 사상가(1588~1679). 유물론을 기조로 하였다. 그는 자연상태에서는 만인의 만인에 대한 전쟁상태의 싸움이 되므로, 사람들은 이를 막기 위해 주권자를 세우고, 그에게 복종하는 것이 국가라는 사회계약설을 주장하였다. 주요 저서인 『리바이어던(Leviathan)』은 1640년 영국 의회의 대립이 격화되어 자신이 왕당파로 의심받게 되었다. 이에 프랑스로 망명하였고 이 시기에 쓰였다. 리바이어던은 총 4장으로 구성된다. 1장은 인간에 관하여, 2장은 국가에 관하여, 3장은 그리스도 왕국에 관하여, 4장은 어둠의 왕국의 관하여로 구성되어 있다.

나와 생명체로서의 운동 하나이다. 이중 생명체로서의 운동은 자발적이다. 자발적인 생명체로서의 운동은 또 두 가지로 나뉜다. 욕구에서 회피하려는 운동과 욕구에 접근하려는 운동이다. 만약 사람의 운동이 성공하면 기쁨, 사랑, 희망과 같은 감정을 갖게 된다. 그러나 실패하면 슬픔, 미움, 분노 같은 감정을 갖는다. 이것이 정념passions, 情念이다. 사람이 욕구를 획득하거나 상실하는 등의 경험에서 오는 다양한 감정과 그 감정의 근원을 정념이라고 보았고 이것이 사람을 움직인다는 것이다. 이러한 정념이 선과 악의 기준으로 작용한다. 선이란 인간이 욕구를 갖는 것이며 악은 증오 또는 혐오의 대상이 되는 것이다. 선과 악의 기준은 사람에 따라 다르기 때문에 상대주의적인 도덕관을 갖는다. 이 정념은 동물도 가지고 있는데 동물과 비교하여 인간만이 가지고 있는 것이 바로 이성理性이다. 이 이성으로 사람은 개인에게 유리한 것을 합리적으로 선택하게 된다.

사람은 이성에 의해 권력을 추구한다. 사람이 가진 최고의 욕구인 자기보존의 욕구 때문에 권력은 다른 사람보다 월등히 강해야 하는 상대성을 가지고 있다. 사람이 가장 두려워하는 것은 자기가 보존되지 않은 상태, 즉 생명이 중단되는 것이다. 한편으로 사람들은 누구나 비슷한 능력을 가진 평등한 존재이다. 평등도 생명과 관계되어 있는데, 자신의 생명을 보호받고 유지할 수 있는 존재이며 다른 사람의 생명도 위협할 수 있는 존재라는 의미이기도 하다. 이로 인해 생명에 대한 평등의 모순이 발생하게 되는데 서로에게 위협적인 존재가 될 수 있기 때문이다. 생명은 또한 자유와도 연관된다. 사람은 자기보존을 위해서 타인의 신체에 대한 권리까지 갖는다는 것이 자유에 관한 홉스의 주장이다. 이러한 생명의 자유에 관한 모순으로 인해 자기보존의 욕구가 결핍된다. 다른 사람들이 그 자신의 생명을 자유롭게 하기 위해 자신의 생명을 위협할 수도 있기 때문이다. 그런 이유로 사람들은 자기보존이 단절되는 죽음의 공포에서 벗어나기 위해서는 더 많은 권력을 가지기 위한 경쟁을 할 수밖에 없다. 그 경쟁의 목적은 오로지 자기보존이라는 욕구의 충족이다. 이렇게 자기보존의 욕구를 추구하다보면 필연적으로 갈등과 혼란이 벌어지고 '만인의 전쟁상태'가 되어버린다. 만인의 전쟁상태에서는 자신의 자유와 평등을 무제한적으로 추구하게 된다. 그러므로 경쟁에 의해 약탈자가 되는 지배적인 폭력, 타인에 대한 불신으로 타인의 안전을 먼저 침략하는 되는 자기방어적 폭력, 타인이 자신을 과소평가하는 것에 대해 명예를 수호하기 위한 폭력이 발생하는 분쟁이 만연해진다.

자기보존을 위한 자유와 평등만이 사람들 사이에 작용된다면 인간은 불안하다. 이러한 상황을 극복하기 위해 사람이 선택하는 방법이 이성이다. 사람이 내린 이성적 결론은 이렇다. '갈등과 혼돈을 안정시키기 위해서는 사람에게 권한이 남아 있어서는 안 된다. 대신 공통의 권력인 국가에 권력을 주는 것이 타당하다.' 이로써 이성에 의해 자신에게 주어진 동등한 권리를 자발적으로 상호양도함으로써 안정을 찾는 것으로 서로 합의하게 된다. 그 결과가 바로 국가이고 사회계약이다. 사회계약을 통해 사람끼리 분쟁하지 못하도록 법이 만들어진다. 법의 목적은 자기보존을 위한 자원과 체계를 규율하는 것이다. 이전의 사회에서는 개인의 생명에 대한 자유와 평등의 권리가 주어졌지만 이 법으로 자기보존을 위해 자유와 평등을 강제한다.

이 법의 원칙은 다음과 같다. 첫째, 가장 상위의 원칙인 자기보존을 위한 평화추구의 원칙을 둔다. 자기보존이 보장되지 않는 평화는 강요된 것이다. 평화의 목적은 오로지 자기보존이다. 두 번째는 다른 사람의 권리를 방해할 수 있는 자유를 포기한다는 의미에서 상호가 동등한 양도의 원칙을 둔다. 자유라는 권리의 포기에는 '양도'와 '폐기'로 구분된다. 폐기는 완전히 버리는 것이고 양도는 특정인에게 이익이 될 것을 감안하고 기꺼이 자기의 권리를 버리는 것이다. 이렇게 권리를 포기하게 되면 다른 사람의 권리행사를 방해하지 않도록 자유가 강제된다. 자유의 양도는 상호양도의 중요한 책무이자 정의이고 이것을 거부한다면 불의가 된다. 그러나 자기보존의 권리만큼은 양도되지 않는다. 즉 자유의 포기는 자기보존이 보장될 때만 유효하다. 세 번째는 상호신뢰의 원칙을 둔다. 상호양도가 자의가 아니라 강제된 것이라면 이 계약은 무효이기에 서로 신뢰의 원칙을 둔다. 이러한 세 가지 원칙에 따라 계약이 약정되고 마침내 공통의 권력이 존재가 탄생하는데 그것이 국가이다. 그 계약을 준수하는 것이 정의의 원천이다. 계약이 성립되기 전에는 어떠한 권리도 양도된 것이 아니기에 자기보존을 위한 어떠한 행위도 불의가 될 수 없다. 그러나 계약이 맺어지면 이것을 깨뜨리는 행위가 불의가 된다. 불의란 간단히 말해서 계약의 불이행이다. 이러한 계약을 지킬 것을 강제하는데, 이것이 그 사회의 정의social justice이다.

계약의 주체는 개인들이다. 개인들의 상호양도와 동의에 의해 형성된 국가는 인위적인 인격人格을 가진다. 국가가 사회계약을 유지시키는 법의 원칙을 강화시킬 수 있는 방법은 공포를 주는 것과 명예와 자존심을 주는 것이다. 명예를 위해 법을 지킨다는 것은 사람들에게 기대할 바가 못 되므로 힘에 대한 공포만이 계약을 강화시킬 수 있다고 본다. 따라서 홉스의 사회계약에서 바라보는 인간관은 '명령과 통제'이다. 이러한 공포에 의해 사람들이 국가권력과 법에 의지함으로써 결과적으로 자기보존의 욕구가 충족된다. 이것이 홉스의 절대군주론이다. 국가권력은 모든 사람들의 합의에 의해 권리를 양도받았음으로 절대권력의 정당성을 갖는다. 이때의 국가권력은 어느 누구에게도 침해받지 않으며 비난받지도 처벌받지도 않는다. 모두 합의했기 때문이다. 또한, 권력은 위임되는 것이 아니다. 국가는 모든 권한을 위임받아 독점적으로 보유한다. 모든 사람들로부터 권력을 위임받았음으로 권력은 분리될 수 없다. 절대권력은 사람들에게 자기보존과 안전이 실현되었을 때에만 강제력을 갖는다. 이런 이유로 사람들에게는 저항권이 인정된다. 만약 생명이 위협받거나 생명보존의 안전한 수단을 확보하지 못할 경우에는 사람들은 절대권력에 복종하지 않을 자유가 있다. 이것을 저항권이라 한다.

이제 홉스의 사회계약론을 바탕으로 하여 홉스의 조직을 그려보겠다. 홉스가 가정하는 사회계약에 의해 운영되는 조직은 어떤 모습일까? 홉스의 시대인 16~17세기의 유럽에는 현대의 조직과 같은 집단이 없었다고 볼 수 있다. 그러나 근현대사회에서는 홉스의 사회계약으로 이루어진 조직이 존재한다. 만인의 전쟁상태이며 자기보존만이 목적이 된 조직은 너무나 많다.

홉스의 조직

　홉스의 조직은 만인의 전쟁상태이다. 구성원들이 조직에서 일을 하는 이유는 오직 생존을 위해서이다. 홉스의 조직에서 구성원들이 요구하는 것은 생명보존, 즉 생명의 위협에서 벗어나려고 하는 기본적 욕구이다. 그러므로 매슬로우의 욕구 5단계에서 생존의 욕구에 머물러 있다고 보는 것이 홉스의 조직에서 구성원을 바라보는 관점이다. 매슬로우는 생존의 욕구에 머물러 있는 시대는 지나갔다고 보았지만 사실 근현대사회의 조직에서는 생존의 욕구가 구성원들의 행동에 지대한 영향을 미치는 경우는 허다하다. 홉스의 조직에서 구성원들이 행하는 모든 조직 행동의 목적은 생존을 위해서이다. 이런 이유로 홉스라는 리더(이하 홉스)의 입장에서는 생존의 욕구 차원에서 구성원 모두가 평등하다고 본다. 그리고 생존을 지키는 목적과 범위 내에서 선택하는 모든 행동은 모든 것이 자유롭다고 본다. 그러나 홉스에게 있어 자유와 평등은 고차원적인 것이 아니라 생존을 위한 자유와 평등의 범위 내에서만 만족하는, 모두 동일한 구성원들이라는 의미일 뿐이다.

　생존만을 위한 자유와 평등은 다른 구성원들의 생존의 욕구와 충돌할 수밖에 없다. 모두가 생존을 위해서만 자유롭고 평등하니 조직 내에서 치열한 경쟁이 일어날 수밖에 없는 구조이다. 경쟁에서 승리하기 위해서는 다른 구성원들보다 권력이 많아야 가능함으로 이것이 또한 서로의 생존을 위협한다. 결국 생존의 위협으로 조직의 갈등은 심화된다. 자기생존을 위해서는 자원을 가져야 한다. 제한된 조직의 내부자원을 확보하기 위한 암투가 벌어진다. 줄서기가 일어나고 비공식적 문화가 패거리 문화를 형성한다. 암투는 불신을 기반으로 한다. 불신에 쌓인 조직에서는 타인에게 약점을 보이지 않기 위한 끊임없는 자기방어적 태도가 주류를 이룬다. 그런 구성원들이 핵심인재가 되고 조직에서 인정받으며 오래 버틴다. 결국 구성원이 구성원을 지배하려는 폭력과 억압이 자리하게 되며 생존의 욕구를 충족시키는 것만이 조직에서 일하는 유일한 목적이 된다. 생존을 위해 조직에 들어 왔지만 조직에서 조차 생존을 위한 사투가 벌어진다.

자신의 생존을 위해 타인에게 시간과 비용을 강요한다. 자신의 안전을 위해 타인의 안전을 위협하는 것이 부자연스럽지 않으며 타인의 명예보다는 나의 명예가 중요하다. 그것이 자기생존을 담보하는 일이기에 합리적 선택으로 인식한다. 자신의 자유와 평등을 지키기 위해 희생자를 찾아다닌다. 집단을 형성하여 가장 약한 자, 가장 네트워크가 약한 자를 선정하고 강요와 위협을 가한다. 그로 인해 조직 내의 협업이 상실되고 이직이 빈번해지고 조직의 성과가 나오지 않는다. 그래도 자신의 생명을 담보하기 위한 행동을 멈추지 않는다. 멈추는 순간 자신의 생존이 위협받기 때문이다. 비공식적인 집단이 만들어지고 사내 정치가 시작된다. 생존을 위해서는 어떡하든 모여서 힘을 과시해야 된다. 어디에도 속하지 못한 구성원은 희생된다. 극단적으로는 조직의 존폐에 대한 기로에서도 구성원들은 조직이 아닌 자신을 선택한다. 이 조직이 없어져도 다른 조직으로 갈아탐으로 써 자신의 생존욕구를 충족시킬 수 있기 때문이다.

조직에 들어온 이유가 생존이므로 조직이 생존하기 위하여 자신의 희생을 요구하는 조직은 매력적이지 않다. 헌신은 자기생존이 희생되는 것과 다르지 않음으로 그러한 가치들은 무의미해진다. 오로지 생존만이 유일한 덕이니 동료나 조직은 중요하지 않다. 그들은 이렇게 말한다. "조직이 어려운 것은 알아요, 하지만 저도 먹고 살아야지요." 그들은 여전히 힘을 확장하기 위해 사람들을 규합하고 다른 한편으로는 다른 조직을 알아보기 시작한다. 만인의 전쟁상태인 상황에서는 생존의 욕구를 충족시키는 것만이 절대 선일 뿐이기에 그들의 선택적 행동은 합리적이다.

홉스의 조직이 탄생하는 이유는 특정한 소수 구성원들의 생존을 위해서이다. 그리고 조직에서 구성원이 일하고자 하는 목적도 생존하기 위해서이다. 조직을 살리는 방법은 이제 단 한 가지 밖에 없다. 이 전쟁상태를 휴전시킬 수 있는(생존만이 능사인 조직에서는 절대 이 전쟁상태를 종식시키지 못한다) 유일한 방법은 절대권력뿐이다. 갈등과 혼란이 가득한 조직에서는 구성원들에게 권한을 주는 것은 비합리적 선택이다. 자유와 평등도 최소한의 생존을 위해서만 허락될 뿐 그 이상의 자유와 평등도 기대될 수 없다. 이 상황을 타개打開할 여지는 오직 조직의 절대권력뿐이라는 것을 구성원들은 암묵적으로 동의한다. 그 권력이 서로의 생존욕구를 침해하지 않는 강력한 힘으로 작용되기를 희망하는 것이다. 나의 생존을 위해서는 기꺼이 자신의 자유와 평등을 조직에게 양도한다. 그리고 그 권력에 줄을 대고 눈치를 본다. 강력한 권력에 의해 생존을 보존하면서 명령에 따르게 하는 것이 조직 리더의 덕목이 되어버린다. 그것이 곧 조직의 계약이다. 조직의 절대 권력은 이렇게 탄생된다.

이 계약의 조건은 구성원 스스로의 자발적 구속이며 약속된 바에 대한 철저한 이행이다. 조직에게 주어진 권력 외에 구성원에게 일말의 또 다른 권리가 있다면 이 계약은 이행되지 못한다. 조직 안에서 보이지 않는 생존의 암투가 벌어질 수 있는 여지가 있기 때문이다. 생존을 위해 다른 권리를 포기한다는 것은 조직의 절대권력에게 이익이 될 수 있는 여지가 있다는 의미이기도 하다. 그리고 실제로 양도된 권리에 의해 조직은 다양한 이익을 가져간다. 권리를 양도한다는 계약의 의미에는 양도에 의한 결과들, 즉 조직의 성과들까지도 모두 종속된 것으로 계약하기 때문이다. 구성원들이 보장받는 것은 자기보존과 생존뿐이다. 계약에 의해 조직은 인위적 인격을 갖는다. 구성원도 생존을 필요로 하지만 인위적 인격인 조직 역시 생존을 하고자 한다. 생존의 욕구를 충족시키기 위한 구성원들이 모인 집합체인 조직 역시 생존을 필요로 하는 것은 당연하다. 그런 이유로 구성원의 생존이 아닌 조직의 생존을 위한 권력을 행사함으로써 구성원이 아닌 조직의 생존을 위한 이익으로 변질된다. 사람보다는 힘을 확장하는 비공식집단 또는 공식집단과 거대 권력이 조직의 중심이 된다.

이렇게 절대화된 권력은 자유와 평등의 양도에 대한 보상으로 생존을 위한 평화를 제공한다. 평화로 인한 모순이 발생하기 시작한다. 구성원의 자발적인 권리 포기에 의해 생존을 강요받지 않는 평화를 얻었다. 그러나 자신이 요구하는 자기보존, 생존의 욕구는 조직의 생존을 위해 강요된다. 자발적으로 자유와 평등을 양도하였지만 생존을 위해서는 비자발적인 강요와 억압을 수용해야 하는 모순적 상황이다. 이것은 조직 입장에서는 평화이지만 구성원의 입장에서는 평화가 아니다. '조직이 생존해야 구성원도 생존할 수 있다'는 논리로 구성원에게 희생을 요구한다. 이것이 동의되는 이유는 구성원들이 자기보존, 생존의 욕구만을 절대적 가치로 신봉하고 있다는 믿음으로 계약되었기 때문이다. 그러므로 상호양도라는 동의 안에는 구성원이 가진 신념과 가치마저도 양도한다는 것을 내포하고 있다. 또한 생존을 위해 절대화된 권력은 조직 입장에서만 정의^{justice}이지 사람의 정의가 아니다. 하지만 이러한 계약에서는 상호양도의 책무를 거부하면 불의가 되어버린다. 그리고 조직은 구성원을 단죄(구성원의 자유와 평등을 강제)할 수 있는 권력을 행사한다. 계약을 불이행한 것은 불의이기 때문이다. '계약이 상호신뢰의 원칙에 이루어지고 그것을 위반하였을 때 단죄할 수 있다'는 것은 궁극적으로 계약에 의해 조직이 가져갈 수 있는 최대의 이익이 된다.

　서로의 자유와 평등을 침해하지 않도록 하며, 이를 위배하였을 시에 단죄할 수 있는 근거는 조직계약 시에 이루어지는 조직의 규율체계인 법에 의한다. 이 법에는 근로기준법, 취업규칙, 근로계약서 등 있으며 사회와 조직에서 내려오는 암묵적인 조직신화$^{神話, myth*}$로 남

---

* 가족신화(가족 구성원 모두가 공유하고 있는 가족의 과거사나 가족 구성원에 대한 신념과 기대)를 차용한 것으로써 조직 역시 조직과 구성원들이 경험하고 공유하고 있는 신념과 기대들이 있다. 주로 가족치료(family therapy)에서 쓰이는 용어이다. 가족신화 신념은 가족 구성원이 상호작용하는 방식에 영향을 주고 가족의 일체감과 안정성을 보장하는 가족규칙(family rules)을 강화하는데 기여한다(가령 어떤 가족은 남자 식구가 여자 식

는다. 이들 법들을 자기보존과 생존욕구를 충족시키는 것으로 한정한 이유는 그 내용이 최소한의 보장만을 담고 있기 때문이다. 구성원으로서 노동의 공급으로 발생되는 급여, 휴가, 단체협약은 생존을 지키기 위한 최소한의 권리일 뿐이다. 마치 이 법들이 구성원들의 권리 신장을 위한 것으로 믿겠지만, 이 법의 적용은 그 이하일 경우에만 적용되는 것이지 그 이상의 내용은 담아내지 않는다. 이런 이유로 조직권력은 최소한의 법의 내용을 준수함으로써, 조직과 구성원들의 생존을 보장하게 된다. 이러한 낮은 보장성을 스스로 윤리적이라 판단하고 그것이 인권이라 만족해한다.

하지만 이러한 윤리와 인권은 조직권력의 무한정한 남용을 법적으로 보장하는 것뿐이다. 법을 지키는 것은 윤리적인 것이 아니다. 준법은 당연히 지켜야 하는 것이다. 법의 내용은 당연히 지켜야만 하는 것이고, 그 이상의 것을 추구하는 것이 이 시대가 바라는 경영의 윤리이다. 그렇다면 그 이상의 것은 어디에 담겨 있는가? 바로 조직신화이다. 하지만 홉스의 조직에서의 조직신화는 어디에도 명문화되어 있지 않다. 단지 조직권력의 자의적 해석에 의해 상황마다 다르게 적용될 뿐이다. 그것이 가능한 이유는 생존의 욕구를 충족시키는 것만이 구성원들이 양도한 권리에 대해 보상하는 것이기 때문이다. 그러므로 굳이 이러한 신화를 명문화할 필요가 없다. 오히려 명문화되어 있다면 단죄가 필요 시, 조직권력에 저항할 수 있는 여지가 있고

구보다 덜 독단적이라는 시각을 믿고 이야기할 것이다). 그 가족 구성원은 이러한 이데올로기가 불명확하다는 것을 알지라도, 현재의 가족 구조를 보존하기 위해서 그것들을 문제 삼지 않고 허용한다.

그렇게 되면 서로의 계약에 대한 파기가 일어날 수 있기 때문이다. 또한 생존을 위해서는 구성원들에게 명예심과 자존심에 기대는 것보다는 공포감을 활용해야 하는데 조직신화의 명문화는 구성원들의 명예와 자존심을 기대하는 것이기 때문이다. 공포심을 명문화할 수는 없는 것이다.

마지막으로 홉스의 조직에서는 모든 권한을 위임받아 독점적으로 보유함으로 절대권력은 분리되지 않고 위임되지도 않는다. 양도는 완전히 권력을 이양하는 것이고 위임은 권력이 오고갈 수 있는 여지가 있는 것이다. 홉스의 조직에서의 권력은 한번 계약으로 양도되면 위임되지 않는다. 그것이 또한 절대권력이다. 이 권력의 조건은 오로지 자기보존과 생존이 실현될 때만 강제력을 갖는다. 구성원들은 이 조건하에서 계약을 준수하는 의무만이 주어진다. 그러나 만약 구성원들의 생존이 위협받을 경우가 발생한다면(예를 들어 경영악화, 도산위기, 구조조정), 그때는 절대권력에 복종하지 않은 자유가 구성원에게 주어진다. 이것을 저항권이라 하고 파업이나 조직을 떠나는 것이 이에 해당될 것이다. 그러나 그 외의 어떤 욕구에 대해서도 저항권을 인정하지 않는다.

홉스의 사회계약을 이해하면서 조직의 계약을 가상해 보았다. 한마디로 홉스의 조직을 요약한다면 구성원보다는 조직의 우위를 주장하고 다양한 인간들의 갈등적인 욕구, 즉 생존의 욕구만을 보장하는 집단이다. 그리고 계약을 통해 조직을 통제하고 단죄할 수 있으며 그 해석은 오직 조직권력에게만 주어진다고 볼 수 있다. 조직권력은 생존을 위해 행사된다. 그리고 생존을 지키는 것이 자유와 평등이며 그것이 정의로운 조직이라 본다. 그러므로 홉스 조직의 자유와 평등은 오로지 힘, 권력에 의해서만 유지된다.

로크의 사회계약

로크^{John Locke*}는 모든 사람은 자유와 권리의 주체로서 태어나며
이성의 주체라고 말했다. 그리고 이성을 가진 모든 사람은 평등하고
독립된 존재이므로 어느 누구도 다른 사람의 생명, 건강, 자유 또는
소유물이라는 재산권^{**}에 위해危害를 가해서는 안 된다(통치론 2장 돋을
새김). 재산권에는 타인의 허락이 없이도 자신의 행동을 규율하고 자
신을 처분할 수 있는 인신처분권과 생명의 보존, 그리고 재물을 소유
하고 상속받을 수 있는 상속권으로 구성된다. 아무에게도 통제받지
않는 재산권이야말로 최고의 권리이자 자유의 핵심이다. 재산권은
양도 또는 양보될 수 없으며 이를 침해하는 자에게는 처벌권과 손해
배상청구권이 주어진다. 자유란 재산권이 보호되는 것이다. 사람이

---

* 로크(1632~1704)는 영국의 철학자이자 정치사상가로서 경험론 철학자의 선두주자로 높
은 평가를 받는다. 그는 계몽철학자의 한 사람으로서, 스콜라 철학에 대항하였으며 사회계약
론을 체계화하여 주장하였다. 그의 이론은 미국 「독립선언문」에도 반영될 정도로 민주주의의
형성과 발전에 큰 영향을 미쳤다. 로크는 사회계약으로 권리를 위임받은 국가가 탄생하였다고
주장하였으며, 이로써 사람의 자연권이 보장된다고 보았다. 그의 저서 통치론은 절대왕권의
논리적 모순을 들어내고 있는데, 사람들이 동의한 통치권의 집행만이 합법적인 국가의 통치라
고 주장한다. 그는 국가의 설립과 목적은 절대왕권에 의해서가 아니라 공동체의 사람들이 동
의와 선택에 의해 시작된다고 본다. 통치론에서 제시하는 그의 이론은 영국 명예혁명의 정당
성을 이론적으로 뒷받침하였고 이후 프랑스 대혁명, 미국 독립혁명의 이론적 기반이 된다.
** 로크의 통치론에서는 재산의 개념은 광의의 자유와 생명이기보다는 협의의 개념인 자
산(물질적 재산)이다.

누리는 이러한 재산권에 대한 자유의 권한은 모두에게 똑같이 주어지는 것이기에 사람은 평등하다.

　재산권의 자유를 지키기 위해서는 최소한의 법이 필요하다. 자연상태에서는 그것을 지배하는 자연법이 있으며 모든 사람을 구속한다. 법은 자유를 보존하기 위해 자유를 강제할 수 있다. 이는 타인에게 복종하는 것이 아니라 자신의 의지에 의해 자유롭게 따르는 것이다. 이것이 자연법이며 사람은 법의 집행자이다. 신이 사람에게 준 이성과 양심, 그리고 자연법을 통해 인간은 자유롭고 평등하다. 사람은 이러한 재산권의 보존을 핵심으로 하는 권한을 가지고 있으며 재산권을 합리적으로 보호하는 수단인 법의 집행자이자 재판관이어야 한다. 그러나 사람이 스스로 재판관이 되면, 결정이 편파적일 수 있고 타인의 자유와 재산을 과도하게 처분할 수 있는 위험이 있다. 그렇다고 이렇게 발생한 다툼을 해결할 수 있는 공명정대한 의지의 재판관도 없다. 또한 올바른 결정이 내려졌다고 가정할지라도 그것을 집행할 공정한 권력이 결여되어 있다.

　이러한 상황이면 사람들은 법을 따르지 않는다. 결국 다른 사람의 재산권을 침해하게 될 것이고 자신의 재산권마저도 보호받지 못하게 돼 마침내 전쟁상태가 되어버리기 때문이다. 전쟁상태에서는 자신의 재산을 스스로 보호하기에는 너무나 취약하다. 이에, 서로 합의된 상태에서 자연권의 포기와 양도로 재산을 지킬 수 있는 새로운 권력을 원하게 된다. 이것이 국가권력이다. 이렇게 사람들은 자신의 자유를 맡김으로써 자신과 재산보호의 보증을 받게 되는 사회를 구성하게 된다. 포기와 양도에 의해 재산을 새로운 권력의 지배하에 두고자 하는 이유는 결국 그들의 재산을 보호하기 위함인 것이다. 이렇게 재산권을 보호하고자 이루어지는 것이 바로 사회계약이다.

사회계약의 전제조건은 사람들의 자발적인 합의이다. 본래 사람은 모두 자유롭기 평등하고 독립된 존재임으로 어떤 사람도 동의 없이 다른 사람의 권력에 복종될 수 없다. 사람은 자발적 합의에 의해서만 각자가 가지고 있는 법의 집행권을 포기하고 양도하는 계약을 체결할 수 있다. 양도된 권력의 목적은 재산권의 보존에 있으며 공공의 안전을 위해서만 권력을 사용할 수 있다. 만약 이것이 지켜지지 않게 될 때 계약은 파기될 수 있으며 사람은 저항할 권리를 갖는다. 생명권에 대한 저항을 주장한 홉스와는 달리 로크는 이 저항권을 더욱 적극적 개념으로 확장한다. 생명보존의 침해로부터 저항할 권리뿐만 아니라 그것을 예방할 권리(소수에게 영향을 미치지만 모든 사람을 위협할 수 있는 경우)까지도 저항할 수 있다고 본다.

로크는 사회계약 이전에 사람의 소유권에는 세 가지의 한계가 있다고 보았다. 어떤 사람의 노동이라도 모든 것을 정복하거나 취할 수 없다는 '노동한계', 사람이 소유하고 소비할 수 있는 양은 매우 적다는 '손상한계', 공유물은 타인이 사용할 수 있도록 남겨 두어야 한다는 '충분한계'이다. 이러한 세 가지의 소유권의 한계가 지켜질 때만이 완전한 자유와 평등의 상태를 가진다고 보았다. 그러므로 어느 누구도 다른 사람보다 더 많이 가질 수 없다. 로크는 이러한 소유의 한계상태를 벗어나 재산을 보다 많이 소유할 수 있는 근거로 노동가치설을 주장한다. 자연은 신이 사람에게 준 공유물로써 공동의 것으로 속한다. 이 공유물은 사적인 지배권이 없지만 개인의 노동에 의해서 사유화될 수 있다. 그 이유는 사람의 노동을 통해 공유물에게 가치를 부여함으로써 소유권을 획득할 수 있기 때문이다. 사람은 자신의 노동을 투입함으로써 공유물인 자연을 자신의 소유물로 만들 수 있는 도덕적 자유와 권한을 가진다. 본디 자연물들은 사람들이 사용하기에 풍족한 공유물이다. 그러나 사람이 투입하는 노동의 차이에 따라 소유물에 차이가 발생한다. 그러므로 빈곤은 노동을 투입하지 않은 사람에게 원인이 있다. 사람의 게으름과 나태가 결국 빈곤과 격차를 만들어내는 원인이다.

사회에 불평등한 분배가 이루어지게 된 이유에 대하여 로크는 이렇게 주장한다. '불평등의 원인은 인간이 사회의 경제 밖에서 아무런 협정도 없이 단지 금과 은에 가치를 부여하고 화폐의 사용에 암묵적으로 동의했기 때문이다.' 화폐가 사용되면서부터 앞서 제시한 소유권의 세 가지 한계인, 손상한계를 뛰어넘어 사람이 사용할 수 있는 소비의 한계를 초과할 수 있게 되었으며, 화폐를 통해 타인의 노동을 자유롭게 고용할 수 있는 여건이 조성되었다. 이로 인해 노동력을 마음껏 정복하고 취할 수 있게 되어 노동한계를 초과할 수 있게 되었다. 충분한 보상이 화폐로 가능하게 됨으로써 남겨 두어야 하는 충분한계를 무시할 수 있게 된 것이다. 화폐의 사용이 암묵적으로 용인돼 공유물에 대한 모든 한계가 일거에 폐지되고 만 것이다. 로크는 이렇게 재산권과 소유권, 그리고 화폐 사용을 통해 사회의 빈곤과 당위성을 설명한다.

로크의 사회계약에서는 권력이 분립된다. 사회계약의 상태에서는 입법부의 입법권에 의해 법이 제정되고 그 사회의 모든 사람에게 적용되는 공통된 법률을 가진다. 입법권이란 사회와 사람들을 보존하기 위해 권력을 어떻게 사용할 것인가를 지도할 수 있는 권력이다. 입법부에는 공동선을 위한 법을 만들고 처벌할 수 있는 결정권, 해석권 및 재판권, 임명권도 부여된다. 입법권은 항시 있는 것이 아니라 필요할 때 소집된다. 집행부의 행정부는 항시적으로 소집되어 있다. 행정부는 입법부가 임기가 끝났을 때 소집하는 소집의 집행, 새로운 입법부 설립, 입법부를 소집하고 해산할 수 있는 집행권을 가진다. 그러나 행정부는 입법부에 우위에 있지 않으며 불확실성에 의해 사람의 안전을 위해 맡겨진 권력일 뿐이다. 또한 행정부는 연합권을 가진다. 연합권은 국가 밖에 있는 모든 사람 및 공동체와 모든 교섭을 할 수 있는 권력이다. 입법권과 집행권 중 입법권이 가장 우위라고 보는 것이 로크의 견해이다. 입법권의 소유처에 따라 권력의 형태가 달라진다. 공동체의 모든 권력을 장악한 다수에게 입법권이 있다면 민주정, 선택된 소수에게 있다면 과두정, 한 사람에게 맡겨졌다면 군주정이 된다.

이제 로크의 사회계약론을 바탕으로 하여 로크의 조직을 그려보겠다. 로크의 시대인 17~18세기의 유럽은 아직 산업화가 이루어지기 전의 시기이다. 홉스와 마찬가지로 현대사회와 같은 조직이 있던 시기가 아니라고 볼 수 있다. 그러나 로크가 그려낸 사회계약으로 이루어진 조직 역시 근현대사회에 존재한다. 재산권과 소유권의 추구가 조직의 제1덕목이 되고 조직 내의 불평등과 격차를 사람의 노력 여하와 능력의 문제로 간주하는 그런 조직 말이다. 그럼에도 로크의 조직이 의미가 있는 것은 미약하기는 하지만 구성원들에게 조직의 입법권이 있다는 것을 인정했다는 것이다.

로크의 조직

　로크라는 리더(이하 로크)는 조직 구성원들의 재산권에 주목한다. 구성원은 본질적으로 자유의 주체이며 재산을 소유하고 관리할 수 있는 권리인 재산권을 가지고 있다. 재산권이란 다른 타인의 뜻을 따르지 않고 스스로가 자신의 행동을 자율적으로 규율하며 소유물을 사용할 수 있는 완전한 자유를 가진다는 권리이다. 재산권은 남에게 양도되거나 양보할 수 없으며 누구도 인위적으로 재산권을 침해할 수 없다. 그러므로 조직 구성원은 재산권을 영위할 수 있는 완전한 자유를 누린다. 그런데 구성원이 아무리 자유롭다 하더라도 남의 생명과 재산을 침해했을 때에는 한계를 가진다. 이러한 자유의 한계는 사람들 간에 서로 호혜적이고 불가침적으로 작용함으로 모두가 평등함을 보장받는다. 조직의 법은 재산권의 자유와 평등을 지키기 위해 필요하다. 이 법은 서로의 재산을 지키기 위해 자유를 강제하고 각 사람들에 의해 집행된다.

　조직의 구성원은 재산을 소유하는 정도에 따라 구성원의 자격이 주어진다. 소유가 많을수록 이성적이며 노동을 많이 하는 훌륭한 구성원이라는 증거가 된다. 소유권의 근거는 노동에 있다. 조직이 소유한 공유물은 모두에게 공동의 것으로 속한다. 이 공유물을 각 구성원의 사적인 사유물로 소유할 수 있는 여지는 오직 구성원들의 노동생산에 의해서이다. 노동에 의한 생산은 조직의 공유물을 사유물로 전환할 수 있는 가치를 제공한다. 그러나 노동에 의해 구성원들 사이의 격차가 발생하는 이면이 있다. 구성원들 사이에서 격차가 발생하는 이유는 구성원들 간의 노동의 차이, 즉 근면, 성실의 차이에 의해서이다. 나태와 게으름, 그리고 노력과 능력의 차이에 따라 구성원들 사이에서 성과의 차이가 발생한다. 성과에 따른 보상의 차이가 격차이다. 그러므로 열심히 노력하여 취득한 재산의 소유는 정당하다고 본다. 이에 반해, 빈곤의 이유는 열심히 노동을 투입하지 않은 구성원에게 원인이 있고 그 결과는 정당하다고 본다. 이러한 격차가 정당화하게 된 이유에는 화폐(상벌의 인센티브)가 영향을 미친다.

조직 구성원의 소유권에는 세 가지의 한계가 있다. 첫 번째 노동한계로써 다른 구성원의 노동을 착취할 수 없다. 두 번째 손상한계로써 조직에서 구성원이 소유할 수 있는 재산의 양은 매우 적다. 세 번째 충분한계로써 조직의 공유물은 다른 구성원들이 사용할 수 있도록 남겨두어야 한다. 세 가지의 소유에 관한 한계에 의해 조직의 공유물은 평등하다. 이렇게 평등한 조직의 공유물이지만 화폐(상벌 인센티브)에 의해 소유의 불평등이 발생한다. 화폐는 타인의 노동을 강제함으로써 추가적인 노동의 강요를 정당화한다. 화폐에 의해 소유의 한계를 초과함으로써 소유의 상한선을 통제할 수 없게 된다. 화폐로 보상함으로써 굳이 조직의 공유물을 더 남겨 둘 필요가 없게 된다. 로크의 조직은 화폐의 사용을 구성원들이 암묵적으로 용인하였다고 본다. 화폐 사용에 의해 공유물에 대한 모든 한계가 일거에 폐지된다. 화폐에 의해 노동의 가치가 무력화된 것이다. 즉, 인센티브로 유인하여 노동력을 마음껏 사용함으로써 노동한계를 초과한다. 인센티브에 차등을 둠으로써 재산 소유의 충분한계를 뛰어넘는다. 마침내는 손상한계인 소비의 한계를 초과할 수 있다는 인센티브의 매력으로 구성원들에게 소유욕의 자극을 극대화하고 노동을 정복해 버린다. 재산의 소유에 대한 자유와 평등의 조건은 화폐에 의한 노동의 정복으로 위협을 받는다.

자유롭게 재산권을 처분할 수 있다는 자유에 의해서 재산권 침해의 문제가 발생한다. 구성원은 스스로가 법의 집행자이다. 그렇기에 타인의 재산을 과도하게 처분할 수 있는 여지가 있다. 또한 재산에 대산 갈등이 발생할 경우 이를 공명정대하게 조정할 수 있는 의지나 능력도 미약하다. 설령 재산에 대한 갈등의 조정이 이루어졌다고 하더라도 그것을 제대로 집행할 힘도 없다. 이런 상황이 지속되면 구성원들은 법을 따르지 않고 다른 구성원의 재산을 침해할 여지가 커져 전쟁상태가 된다. 이런 전쟁상태에서는 서로의 재산권을 보호할 수 없게 된다. 마침내 구성원들은 서로가 자발적으로 합의하여 자유와 평등을 양도하게 되는데 이것이 바로 조직권력이다. 완전한 자유와 평등의 상태에서는 열심히 노력하여 자신의 노동을 제공하여 재산권과 소유권을 확보할 수 있다. 그럼에도 이러한 자유와 평등의 상태를 버리고 스스로를 권력의 지배하에 두는 이유는 각자의 재산을 보호하기 위함이다. 그리고 이것이 로크 조직의 계약이다.

로크 조직은 구성원들의 자발적인 합의에 의해 계약이 성립된다. 재산권을 지키기 위해 자발적으로 합의하여 조직권력에게 자신들이 가진 법의 집행권을 양도한 것이다. 조직권력은 구성원들의 소유에 대한 침해 상황에서의 갈등조정의 역할을 가진다. 구성원들 사이에서 발생할 수 있는 과분한 처분을 조정해야 하며, 의지를 가지고 갈등 상황에서 공명정대한 결정을, 그리고 조정과 결정 사항에 대한 힘이 있는 실행력을 발휘한다. 그러한 전제조건으로 구성원들은 자신의 자유와 평등의 권리를 양도한다. 조직권력은 사유재산의 보호와 공정한 분배, 그리고 구성원들의 안전이라는 명목으로서 인정된다. 조직 구성원들이 순종과 복종을 하는 이유는 평화를 얻기 위함이다. 그 평화가 정의로운 것은 그것에 의해 자신의 자유와 평등을 보장받기 때문이다. 그리고 실질적인 자유와 평등은 재산권을 보장받는 것이다. 그러나 조직권력은 구조적으로 공정한 분배를 하지 않는다. 상벌 인센티브라는 화폐의 활용은 한계 상황을 초과하는 것임으로 그 자체가 공정하지 않기 때문이다. 조직권력이 보장하는 안전이라는 것도 한계 상황을 초과한 상황이므로 격차와 불평등을 어쩔 수 없이 수용하는 조건에서의 안전일 뿐이다.

조직계약이 파기되는 경우는 양도된 조직권력이 약속을 이행하지 못할 경우이다. 이때 구성원들은 계약을 파기할 수 있으며 조직권력에 저항할 수 있는 저항권을 갖는다. 이때의 저항권은 홉스의 조직에서 생존권에 위협이 발생할 경우 구성원들이 갖게 되는 저항권 이상의 의미를 갖는다. 로크의 조직에서 인정하는 저항권은 생명권 이전에, 당장에는 소수에게 영향을 미치지 않지만 미래에는 모든 사람을 위협할 수 있는 경우까지도 확장된 저항권이다. 로크 조직의 확장된 저항권은 중요한 의미를 갖는다. 저항권으로 인해 로크의 조직에서의 최고의 권력이 조직권력에서 구성원으로 대체될 여지가 있기 때문이다. 그러나 저항권을 통해 조직권력이 그 목적대로 행위를 할 수 있도록 견제 장치로 활용되어야 하지만 범위는 재산에 한정되는 한계를 가진다. 즉, 노동에 대한 적절한 보상, 조직에서의 균등한 처우, 강요에 의해 조직에서 이탈을 요구할 시의 저항에 관계된 사항들뿐이다. 재산 소유에 관한 저항 이외의 것에 대해서는 입법사항이 아니기 때문에 소유권에 외의 저항권은 허용되지 않는다. 저항권은 법의 집행 이전에 입법권을 더 중요한 위치에 놓게 되는 근거가된다. 로크의 조직은 규정과 규칙을 제정하는 입법권의 소유처에 따라 권력의 형태가 달라진다. 조직의 구성원들에게 입법권이 있다면 민주정(수평적 구조), 선택된 소수나 특정권력에게 맡겨졌다면 수직적 구조(과두정, 군주정)가 된다. 조직계약에서는 권력이 분립되며 그중 가장 큰 권력은 입법권이다. 그러므로 구성원들의 자유와 평등을 양도하여 얻게 되는 권력의 최종 수탁자는 조직권력이 아니라 구성원들의 공동체가 될 수 있는 것이다. 로크의 조직계약에서는 입법권이 제정되고 조직 구성원 모두에게 적용되는 법을 가진다. 이때의 법은 근로기준법을 제외한 취업규칙, 근로계약서이다. 근로기준법이 제외되는 이유는 조직과 구성원들이 만들어낸 것이 아닌 외부의 법이기 때문이다. 내부에서 제정되는 취업규칙과 근로계약서는 구성원의 복지와 안전을 위해 제정되지만 이 형태는 오직 재산권과 소유권을 보호하기 위함으로 기능할 뿐이다.

또한 로크의 조직은 적정한 분배에 관심이 없고 오로지 소유에만 관심이 있다. 로크의 조직은 민주정이 아니라 과두정 내지는 군주정이라 볼 수 있기 때문이다. 앞서 주장한 로크가 바라보는 구성원들에 대한 시각을 다시 새겨볼 필요가 있다. 로크는 다른 구성원들의 소유권을 과다하게 처분할 여지가 있다고 보았다. 그리고 공명정대하게 결정할 의지도 없으며 결정 사항에 대하여 강력하게 시행할 힘도 없다고 보았다. 구성원들이 가진 이기심과 무의지, 무력감에 의해 조직권력이 인정된 것이다. 그러므로 입법권 안에 다수의 구성원들이 참여할 여지보다는 소수권력에 의할 가능성이 크다. 이런 이유로 입법권에 의해 구성원들이 모두 만족할 수 있는 자유와 평등을 이루어내기에는 역부족이다. 만약 입법자들이 다수로 구성되었다면 소유의 정당성 이전에 분배의 적정성을 논했을 것이기 때문이다. 분배보다는 소유에 대한 정당성이 조직의 입법사항이 된 이유이다. 소수와 특정권력이 입법을 하였음으로 로크의 조직은 소유권에 있어서 구성원들 간의 격차를 묵인한다.

입법권의 내용이 그러할 여지가 농후함으로 저항권의 활용 역시도 다수보다는 소수의 소유를 위한 경우가 많다. 소수가 영위하고 있는 소유권이 침해받게 되었을 때, 조직에 저항권을 행사할 것이고, 이럴 때 조직은 소수의 입장을 수용할 가능성이 크다. 만약 소수의 저항을 조직이 수용하지 않는다면 소수는 조직을 이탈할 것이기 때문이다. 그러므로 로크의 조직은 시간이 지날수록 격차가 심화될 수밖에 없다. 결국 재산의 소유권은 조직에서의 생존과 관계된다고 볼 수 있다. 이런 면에서 로크의 조직도 매슬로우의 욕구단계 중 생존의 욕구와 관계되어 있다고 보는 것이 타당하다. 소유권은 바로 생명권과 다름이 아니다. 좀 더 범주를 넓힌다면 소유권은 안전의 욕구와 관계되어 있다. 노동을 하는 이유도, 소유하고자 하는 이유도 생존과 안전을 위해서이며 저항의 이유 역시 생존과 안전의 욕구를 충족시키기 위함인 것이다. 이러한 조직의 상황은 소수와 특정권력의 생존과 안전의 욕구를 충족시키는 이면에 다수의 생존과 안전의 욕구를 결핍시키는 것을 용인함으로써 조직의 계약을 유지한다.

이러한 면에서 로크의 조직도 만인의 전쟁상태일 가능성이 크다. 그러나 홉스의 조직보다는 덜 전쟁상태인 것은 그나마 구성원들이 참여할 수 있는 입법권으로 자신의 자유와 평등을 주장할 여지가 있기 때문이다. 하지만 이 역시도 실제적인 평등과 자유가 아닌 소수와 특정권력의 평등과 자유를 보호하는 차원에 머물 수밖에 없을 것이다. 이런 이유로 조직의 계약 사항 중 취업규칙, 근로계약서는 소수와 특정권력의 소유를 보장받을 수 있는 근거로써 활용될 뿐이고 그 소유권을 제외한 나머지의 몫만을 다수의 구성원들에게 할당할 수 있다는 것을 보증할 뿐이다. 그런 의미에서 로크 조직에서의 계약에 대한 구성원들의 참여는 실제적이 않고 형식적일 가능성이 크다. 계약의 참여가 실제적이지 않다면 진정한 의미에서의 계약이라 볼 수 없다. 왜냐하면 로크 조직의 자유와 평등은 어디까지나 소수의 특정권력을 위한 정의justice일 것이기 때문이다. 정의가 없는 계약, 즉 실제적인 자유와 평등이 보장되지 않은 계약은 진정한 의미의 계약이 아니다.

로크의 사회계약을 이해하면서 조직의 계약을 가상해 보았다. 한마디로 로크의 조직을 요약한다면 조직의 존재 목적은 재산의 소유이다. 그러나 모든 구성원들에게 재산의 소유에 대한 자유와 평등을 보장하기보다는 소수 및 특정권력에 편중될 여지가 크다. 로크의 조직에서는 참여의 입법권이 중요한 의미를 가진다. 그러나 참여의 대상이 소수 및 특정권력일 가능성이 농후함으로 참여에 의해 격차가 심화된다. 그러므로 비록 만인의 전쟁상태는 아니나 암묵적으로 차등과 격차를 인정하고 있음으로 진정한 의미에서의 정의로운 조직이라고 볼 수 없다. 재산의 소유권이 소수 및 특정권력에게만 보호됨으로써 생존 및 안전에 의해 갈등적 상황이 심화되는 조직이기 때문이다. 그러므로 로크 조직의 자유와 평등은 오로지 소유의 격차에 의해서만 유지된다.

루소의 사회계약

  루소Rousseau, Jean Jacques*는 사람의 권리와 의무 및 도덕성의 근원을 자유라고 보았다. 그러므로 사람이 자유를 포기하는 것은 사람으로서의 자격을 포기하는 것이며 나아가 사람으로서의 권리와 의무도 포기하는 것이다. 또한, 사람의 의지로부터 자유를 완전히 빼앗는다는 것은 바로 도덕성을 완전히 빼앗는 것과 마찬가지이다. 그러므로 사회계약은 사람으로서 타고난 자유를 보장해주는 것이다. 사람은 자연상태, 즉 원시상태에서 벗어나 사회상태로 이행하게 되면 이성의 지배를 받게 됨으로써 동물적인 존재에서 이성적인 존재가 된다. 이 상태에서 권력자들은 자기들이 확보한 이익을 보호하기 위해 구조적으로 불평등을 심화시킴으로써 자유와 평등을 훼손한다. 이러한 초기의 사회상태에서 모든 사람들의 동의에 얻어 자유와 평등을

---

* 루소(1712~1778): 프랑스의 계몽사상가며, 철학자, 사회학자, 교육론자이다. 그는 사회학적으로 봉건적 지배에 반대하였고 시민의 자유를 강조했다. 루소는 당시 사회를 비판하며 올바른 사회 모습을 제시하는 사회 계약론을 저술한다. 그의 사회계약론은 인민의 주권 원리에 기반한 근대민주주의 국가를 제시하였다. 이는 주권자 각자의 합의에 따르는 국가의 성립과 일반의사에 따르는 국가 운영의 원리였으며 국민의 절대적 주권을 강조하는 절대주권론이다. 당시의 시대 상황에 견주어 그의 사회계약론은 금서가 되었고 그에게 체포령이 떨어진다. 그의 사상은 '자유 · 평등 · 박애'라는 자유주의 이데올로기로 이어져 로베스피에르 등 혁명가에게 큰 영향을 주었다. 그의 사후 11년 후에 일어난 프랑스혁명(1789) 및 근대 민주주의 발전에 큰 영향을 주게 된다.

회복하는 것이 사회계약이다. 사람의 의지 자체가 자유의지를 전제함으로 사회계약은 자유와 평등을 기초로 한다. 그리고 자유와 평등이야 말로 사회계약이 추구하는 방향이다.

　루소는 자기보존의 욕구가 행동을 촉진하는 가장 큰 요인이며 특수의지의 근원이라고 본다. 사적인 이익을 추구하는 특수의지는 그 어떤 의지보다 강하다. 이에 반해, 일반의지는 연민과 동정심이라는 자기이익을 넘어서 공공의 이익에 관심을 갖게 한다. 일반의지는 공공이익과 평등성을 지향하지만 특수의지는 개인과 사익에 국한되며, 일반의지에 의해 사람은 사회적 존재가 된다. 이러한 일반의지가 사람들을 결합시켜 특수의지의 영향력을 압도함으로써 정당한 사회를 만든다. 그러므로 사회계약은 공공이익에의 추구인 일반의지가 중심이 된다. 일반의지는 특수의지처럼 개인에게 편중되지 아니하고 전체의 이익을 대상으로 한다. 이런 조건하에 각자의 능력을 일반의지의 지도하에 두는 자발적이고 전적인 양도의 계약을 한다. 이러한 일반의지에 의한 계약 속에서 사람과 공동체의 자유가 일치되기에 사람의 자유가 보장되는 것이다.

　만약, 자신의 것을 양도하기 싫은 사람은 자기의 자유를 보장받지 못한다고 믿는 사람일 것이다. 그러므로 사회계약의 주체가 되는 것을 단 한 명도 거부하지 않을 것이다. 때문에 사회계약은 만장일치제이다. 만장일치제에 의해 계약을 맺으면 자신이 자신에게 계약을 맺는 것이다. 자신의 권리를 전적으로 양도하는 조건의 계약이기는 하지만, 만장일치에 의해 본인에게 양도한 것이 됨으로 자신의 권리는 남에게 양도되는 것이 아니라 자신에게 양도하는 것과 같다. 그러므로 모두가 평등하다. 사람은 자신의 권리를 사회계약으로 양도하게 되면 자유를 상실한다. 그러나 상실되는 자유는 특수의지에 의한 무제한적인 자유일 뿐이고 획득하는 자유는 일반의지에 의한 시민적 자유와 도덕적 자유, 그리고 그가 소유하는 모든 것에 대한 재산권이다. 역설적으로 특수의지에 의해 자신의 자유를 버리고 일반의지에의 복종을 통해 진정한 자유를 갖는다는 것이다. 진정한 자유를 갖는 것은 자기보전과 공공의 이익, 공동선의 실현에 있다. 이렇게 해서 합법적으로 정당화된 권력이 만들어지고 그것이 바로 국가이며 국가권력의 목적이 된다. 그러므로 국가는 특수의지에 의해서 소수 특권의 이익이 아니라 일반의지에 의해 성원 모두의 공동선이 추구되어야 한다. 그것이 곧 국가권력이 공적 인격이어야 하는 이유이다.

국가권력의 정당성이 확보되는 것은 사회계약에 의한다. 계약은 사람들의 힘을 양도에 의하여 하나로 결합시킨다. 그리고 하나의 공통된 힘을 만드는 것임으로 정당한 권력을 갖는다. 사회계약에 따라 공적 인격인 국가가 형성되고 국가의 존속을 위해 지배할 수 있는 절대권력이 형성되는데 이것이 시민주권이다. 이 주권은 사람이 지니고 있는 자유와 평등을 합법적으로 보장한다. 사회계약의 주체는 참여한 사람이므로 모두가 주권자이다. 또한 절대권력임으로 포기될 수 없다. 포기는 자유를 포기한 것이고 생존을 포기한 것이다. 또한 주권은 단일한 것이기에 분할될 수 없다. 만약 분할되면 파괴된다. 또한 주권은 일반의지의 지도를 받는다. 특수의지는 본질적으로 편향될 수 있기 때문이다.

주권은 사회계약에 의해 형성되는 국가의 성격과 성원들 사이의 관계, 권력의 조율, 처벌 등 국가운영을 위한 입법권을 갖는다. 입법권은 성원에게만 속해 있는 권리로서 다른 누구도 대신할 수 없다. 법에 복종하는 성원만이 법의 제정자가 된다. 입법은 다수결의 원칙이 적용된다. 법을 제정한 후, 대리인을 선정하여 이로 하여금 국가와 주권자를 연결함으로써 공적 인격의 역할을 부여하게 되는데 이 대리인이 바로 정부이다. 집행권을 위임받는 정부를 구성하는 행정관의 수에 따라 정부의 형태가 달라진다. 사적인 개인에 해당하는 시민의 수보다 행정관에 해당하는 시민의 수가 더 많으면 민주정, 행정관보다 단순한 시민의 수를 더 많게 할 경우 귀족정, 정부 전체를 단일한 행정관에게 위임할 경우 군주정, 정부 형태가 어떤 것이든지 법에 의해 통치되는 국가를 공화국이라 한다. 공화국에서 공공이익이 실현되고 공공의 것을 중요하다고 간주함으로 모든 합법적인 정부는 공화정이라 본다.

이제 루소의 사회계약론을 바탕으로 하여 루소의 조직을 그려보겠다. 루소의 시대인 18세기 후반의 유럽은 자본가계급이 성장하던 시기이다. 그리고 또 한편에서는 자본에 대한 노동자의 투쟁이 시작되는 시기이기도 하다. 사회의 존재 이유는 자본가나 노동자 간의 투쟁이 아니라 공존에 의한 그 사회의 진보이다. 공존이란 특수의지에 의한 사적이익이 아닌 일반의지에 의한 공공이익에 목적을 둘 때 가능할 것이다. 사익보다는 공익을 추구하는 조직이 요구되는 이유이기도 하다. 그것은 자본과 노동 간의 특수의지에 의한 전쟁상태가 아니라 일반의지에 의해 조직의 목적을 실현하는 장이어야 가능하다. 18세기의 조직들이나 오늘날의 루소의 조직도 이 점에 주목한다. 루소의 조직에서 추구하는 제1덕목은 공공이익이다. 그러므로 루소의 조직은 공공이익을 달성하기 위하여 구성원들의 전체의사에 의한 입법권을 다룬다.

루소의 조직

　루소의 조직에서의 조직계약은 구성원의 자유라는 권리와 계약한다. 구성원은 자유로운 존재이다. 모두가 자유롭기에 평등하다. 구성원이 자유를 포기하는 것은 구성원으로서의 자격을 포기하는 것이고 구성원으로서의 모든 권리와 의무를 포기하는 것이다. 그러므로 구성원의 의지로부터 자유를 완전히 빼앗는 것은 바로 구성원의 사람됨을 빼앗는 것과 마찬가지이다. 구성원들의 자유와 평등을 보증하는 것이야 말로 조직계약이 추구하는 방향이다.

　루소라는 리더(이하 루소)에게 있어 구성원들은, 자기의 이익만을 생각하는 특수의지를 넘어서 공공이익에 관심을 갖는 일반의지가 있다고 본다. 구성원들은 일반의지에 의해 조직의 목표에 동의함으로써 조직의 구성원이 된다. 구성원들이 가지고 있는 이러한 일반의지가 구성원들을 결합시킨다. 각 개인의 이익만을 생각하는 특수의지의 영향력을 압도함으로써 건강한 조직을 만든다. 자신의 능력을 일반의지에 의해 공공이익을 추구하는 구성원들의 행동은 조직의 구성원들에게 자유와 평등을 보증하는 조건이 된다. 그러므로 루소의 조직에서는 복종을 내세우는 계약은 무의미하다. 모든 구성원들이 일반의지에 의해 자유로움으로 루소 조직의 구성원들은 모두가 평등하다.

　루소의 조직이 설립되는 초기부터 자유롭고 평등한 것은 아니다.

루소의 조직에서의 권력자들은 때때로 자기들이 확보한 이익을 보호하기 위해 불평등을 구조적으로 심화시키려고 한다. 이러한 초기의 조직상태에서 모든 구성원들의 일반의지에 의한 동의를 통하여 자유와 평등을 회복하는 것이 조직계약이다. 조직의 목표를 달성하기 위한 일반의지에 의해 구성원들은 자발적이며 전적인 양도로써 조직계약이 이루어진다. 양도에 의해 구성원들은 무제한적인 자유를 포기해야 하는 대신에 그 양도로써 자신을 보호할 뿐만 아니라. 구성원으로서의 자유와 도덕적 자유, 그리고 조직의 성과로 얻어지는 공공의 이익, 공동선을 얻는다. 구성원과 조직 간의 이러한 주고받음에 의해 합법적으로 정당화된 조직권력이 만들어진다. 그것이 바로 조직권력의 본질이며 목적이 된다. 조직계약에 의해 얻어진 공통의 힘에 의해 구성원들이 하나로 결합되고 정당한 권력을 확보한다. 조직계약에 따라 공적 인격인 조직이 형성되고 자유와 평등을 보장하는 조직권력이 주어지는 것이다. 조직권력은 구성원들이 동의하여 형성되었으므로 구성원들의 의지가 반영된 일반의지의 지도를 받는다.

　루소의 조직은 의사결정의 합리성을 확보하기 위해 전체의사를 중요시한다. 특히 사안이 중요할수록 의사결정에 있어서 의견의 차이를 좁혀야 하므로 의사결정은 만장일치를 지향한다. 또는 긴급한 사안이라면 소수의 선출된 구성원들의 대표들에 의한 결정도 지지한다. 루소의 조직이 의사결정에서 중요하다고 보는 것은 결정의 결과보다는 구성원들이 조직의 목표에 기여할 수 있는 기회를 보장하는 것이다. 이것이 가능한 이유는 모든 구성원들은 자유롭고 평등한 이성적인 존재이기 때문이다. 이견은 틀린 것이 아니라 다른 것뿐이며 모두가 공공이익을 위한 일반의지에 의한 의견들임으로 만장일치의 가능성은 높아진다. 선출된 구성원들은 의사결정에 있어서 독단적 결정이 아니라 전체의사를 반영할 것이다. 그것이 조직의 법이다.

구성원들의 입법권은 루소 조직에 있어서도 핵심이다. 로크 조직의 입법권과 다른 점이 있다면 전체 의사를 다룬다는 것이다. 조직계약의 주체는 참여한 구성원들이므로 동의한 모든 구성원들은 조직의 주권자가 된다. 조직권력은 주권자인 구성원들이 합의한 전체의사가 반영되는 입법권을 갖으며 조직의 목표를 달성하는 목적으로 기능한다. 이렇게 만들어진 법의 목적은 구성원들을 지배하는 것이 아니라 전체의사가 지향하는 목표, 즉 조직의 목표를 달성하는 것이다. 전체의사에 의해 합의하는 목표의 중심은 언제나 조직의 공공이익이다. 그러므로 목표가 개별적인 사익이라면 그것은 조직의 목표도 아닐 뿐더러 전체의사도 아니다. 루소 역시도 조직의 구성원이므로 법위에 자신이 있지 않다고 본다. 입법권은 구성원에게만 속해 있는 배타적인 권리로서 다른 누구도 대신할 수 없다. 그러함으로 입법권은 루소 등 다른 이들에게 전적으로 위임을 할 수 없다. 법에 복종하는 조직 전체의 구성원들만이 법의 입법권리가 있기 때문이다.

전체의사는 법을 통해 실현되며 조직의 법으로써 자유와 평등을 실현한다. 그러므로 조직의 법은 전체의사에 관한 것이며 선의에 의해 만들어지며 법의 적용에서 제외되는 특권이란 있을 수 없다. 조직은 법에 의해 움직이며 구성원들의 자유와 평등을 보장함으로 더 나은 법을 만들기 위해서 구성원들이 참여를 촉진한다. 구성원들이 법에 복종하는 이유는 그것을 모든 구성원들이 만들어 낸 이성적 규범이라 믿기 때문이다. 그러므로 조직의 법이 유익하지 않아 법을 폐기 내지는 수정해야 한다면 구성원들의 전체의사에 의해 할 것이다. 그 누구도 독단적으로 법을 폐지하거나 개정할 수 없다. 만약 소수가 독단적으로 법을 폐지 및 개정할 수 있다면 다수의 구성원들은 법을 따르는 것이 아니라 특정권력에게 복종할 것이다. 복종은 일반의지가 아니라 특수의지에 의한 것이기에 공공이익이 실현될 수도 없다. 또한, 복종이 허용된다면 절대권력을 인정하는 것이고 그 권력은 구성원들에게 폭력적일 것은 자명하다.

루소 조직의 법은 취업규칙과 근로계약서이다. 로크 조직과 마찬가지로 근로기준법은 구성원들이 만들어낸 내부 입법이 아니므로 조직의 것이 아닌 강제된 외부의 법이다. 취업규칙과 근로계약서가 로크의 조직과 차이점이 있다면, 구성원들이 참여하여 스스로 만들어낸 내용을 담고 있는 입법이란 것에 의미가 있다. 이 법은 일반적으로 통용되는 내용을 주로 다루지만 그 외에도 자유와 평등과 관련된 구체적인 계약 내용이 담겨 있다. 왜냐하면 루소 조직에서의 취업규칙과 근로계약서는 단순히 재산과 생존권을 보장하는 것 이상의 자유와 평등을 계약하는 것이 목적이기 때문이다. 여기에 루소 조직은 취업규칙과 근로계약서 외에 별도로 조직 자체적으로 구성원들이 참여하여 만들어낸 규범이라는 입법을 가진다. 이 규범은 취업규칙과 근로계약서에 담을 수 없는 조직의 목표를 달성하는 데 있어 구성원들 사이의 건강한 행동을 약속한 조직 자체의 법이다.

일반의지에 의해 움직이는 조직을 공적republic조직이라 한다. 반대로 특수의지에 의해 통치되는 조직을 사적조직이라고 한다. 공적조직에서 공공이익이 실현되고 공공의 것에 보다 많은 가치를 부여함으로 모든 합법적인 조직은 모두 공적조직이라 본다. 반면에 사적조직은 그 목표가 절대권력만을 위한 사익私益이기 때문에 위법하며 조직의 법으로 인정되지 않는다. 이런 이유로 어떠한 조직의 형태이든 법에 따라 운영되면 공적조직으로 본다. 왜냐하면 공적조직은 구성원들의 일반의지에 의한 공공의 이익을 목표로 두기 때문이다. 루소의 조직은 자체 입법과 일반의지가 주도하여 공공의 이익을 실현하고자 하는 공적조직이다.

조직의 목표가 공공의 이익임이므로 여기에 동의하는 구성원들의 욕구는 소속과 존중, 그리고 자아실현이다. 소속의 욕구는 공적조직에 참여함으로써 얻어지는 공공이익을 함께 영위함으로써 충족된다. 루소의 조직은 절대권력을 인정하지 않음으로 공공이익의 추구가 가능하다. 생존과 안전 이상의 욕구를 추구할 수 있는 기본전제는 특정권력에 지배되지 않음으로써 조직의 이익이 사적이익이 아니라 공공이익이 될 수 있기 때문이다. 공공이익을 목표로 하는 공적조직에 참여하는 구성원들은 모두가 자유롭고 평등함으로 존중의 욕구를 충족시킨다. 만약 구성원들 모두에게 자유와 평등이 인정되지 않는다면 경쟁이 있을 수밖에 없고, 경쟁사회에서는 존중의 욕구가 결핍될 가능성이 크다. 구성원들의 자유와 평등, 그리고 일반의지에 의해 지배되는 조직에 동의하는 이유는 자신의 자아실현을 이룰 수 있는 가장 믿을 만한 보증이기 때문이다. 이러한 욕구의 실현은 법에 의해 가능한 것이고 이 법도 모두가 참여하여 동의하는 일반의지에 의한 전체 의사가 조직에 반영된 것이기에 욕구들을 충족시킨다.

사람들이 목표에 합의하여 모여들기 시작하면서 조직이 형성되는데, 조직은 목표에 동의한 사람들과 계약을 한다. 홉스는 생존권을, 그리고 로크는 소유권을 보존하는 조건으로 계약을 한다. 이 계약의 조건은 조직의 목적이기도 하며 조직의 설립조건이다. 생존과 소유라는 사람의 목적을 달성하기 위해서는 주권이 구성원들에게 주어지는 것이 아니라 소수 및 특정인에게 양도되어야 한다. 권력이 선행적으로 확립되어야 안전과 소유를 보장받을 수 있기 때문이다. 이런 이유로 대개의 조직들은 절대권력이 필요하다. 그러나 루소의 조직은 공공이익을 목적으로 한다. 그리고 공공이익을 조건으로 사람들과 계약을 한다. 이 공공이익은 조직의 목적이기도 하지만 참여하고자 하는 사람들의 목적이기도 하다. 홉스나 로크의 조직이든 루소의 조직이든 간에, 소수 및 특정인에 의해 조직이 탄생하는 초기의 모습은 모두 같다. 그러나 결합되는 동기와 목적은 상이하다. 이런 상이함이 조직의 차이를 만들어내며 그 차이가 바로 권력이 누구에게 있는가를 결정하게 되는 것이다. 자유롭고 평등한 사람들이 결합된 루소의 조직은 주권이 구성원에게 있다. 소속과 존중과 자아실현은 권력이 선행되지 않아도 먼저 주어질 수 있기 때문에 집합하는 사람들에게 권력을 선행적으로 인정할 수 있는 것이 가능하다. 주권이 이미 구성원에게 있기에 구성원들에 의해 법이 만들어지고 그 법이 구성원들의 자유와 평등을 보장한다. 조직을 처음 만들려고 했던 소수 및 특정인들도 이 법에 지배를 받는 것에 동의한 것임으로 루소의 조직은 공공이익을 추구할 수 있다. 자유와 평등을 위한 법을 만드는 데 있어 조직의 모든 구성원들의 참여를 보장함으로 외부에서 강제된 법이 아닌 그들 스스로의 법을 만들어 낼 수 있다. 이러한 자유로움에 의해 조직의 계약은 보다 더 정의로워 질 수 있는 가능성이 높아진다.

입법권을 가진 모든 구성원들 중에는 법을 집행하는 구성원들이 있다. 법의 집행권이 위임된 권한을 가진 구성원들의 수에 따라 조직의 형태가 달라진다. 일반적인 구성원의 수보다 권한을 가진 구성원의 수가 더 많으면 귀족조직, 소수의 결정권을 가진 자보다 구성원을 더 많게 할 경우 민주조직, 권한을 가진 단일한 자에게 조직 전체를 위임할 경우 군주조직이라 한다. 루소의 조직은 민주조직을 지향한다.

루소의 사회계약을 이해하면서 조직의 계약을 가상해 보았다. 한마디로 루소의 조직을 요약한다면 조직의 존재 목적은 공공이익이다. 그리고 모든 참여한 구성원들에게 자유와 평등을 법에 의해 보장하는 것이다. 그리고 여기에 참여한 구성원들은 안전과 함께 자신이 추구하고자 하는 욕구들을 충족시킨다. 그러므로 루소의 조직은 특정권력에 편중되지 않으며 모든 구성원들에게 동등한 권력이 분산된다. 분산된 권력은 공공이익을 위한 법을 만들고 그 법에 의해 구성원들은 자유롭고 평등하다. 루소의 조직에서도 참여의 입법권이 중요한 의미를 가진다. 그러나 로크의 조직과는 비교될 만한 것이, 참여의 대상이 소수 및 특정권력이 아니라 모든 구성원들이라는 것이다. 그러므로 만인의 전쟁상태도 아닐뿐더러 구성원들의 자유와 평등을 보장함으로 정의로움에 근접한 조직이라고 볼 수 있다. 루소의 조직이 정의로움에 보다 가까이 갈 수 있는 방법은 구성원들 스스로의 입법에 있다. 조직의 입법이 자유와 평등을 보장할 수 있는 수준으로 올라갈수록 조직은 정의로워질 것이다.

그러나 루소의 조직이 완전히 정의로운 것은 아니다. 전체 구성원들의 전체의사에 의해 자유와 평등을 보장하고 공공이익을 목적을 추구하는 것은 좋다. 그러나 전체의사를 반영하는 절차와 합의되는 과정이 구체적이지 않다. '구체적이지 않다'라는 의미는 소수의 특정 권력에 의해 전체 의사가 정의될 수 있은 위험의 여지가 있다는 것이다. 이러한 구체성 결여의 위험은 공공이익에서도 드러난다. 공공이익이란 무엇인가? 노동과 자본이라는 각자의 입장에서 정의하는 공공이익은 차이가 크다. 정의definition가 다르니 그것을 실현하는 원칙 역시도 다를 것이고, 당연히 원칙이 다르니 방법상의 갈등을 내포한다. 조직이 존재 목적을 실현하는 현장現場이 아니라 계급투쟁이 벌어지는 전장戰場이 되어버리는 이유이기도 하다. 자유롭고 평등한 정의로운 조직을 실현할 수 있는 가능성은 구성원들에게 입법권이라는 주권이 있을 때이다. 그러나 그 주권의 행사에 있어서 절차와 합의의 과정, 그리고 원칙을 간과한다면 입법권이 오히려 절대권력을 옹호하는 모순에 빠질 수 있다. 그리고 실제 루소의 조직은 아쉽게도 그 정의로움보다는 수많은 갈등들을 다루는 데 조직의 힘을 소비한다. 과정이 합의에 의해 정의되지 않았기 때문이다.

정의로운 조직에 근접한 루소의 조직은 결국 절대권력을 허용하고 말 것이다. 합의되지 않은 공공이익, 그리고 원칙과 절차의 부재는 조직의 그 정의로움에도 불구하고 새로운 권력으로 대체되고 만다. 마치 인민주권에 의한 프랑스대혁명이 로베스피에르Maximilien

François Marie Isidore de Robespierre * 나폴레옹Napoleone Buonaparte이라는 절대 권력에 의해 불타버린 것처럼 말이다.

---

* 프랑스 대혁명 당시 최소 수혜자파 지도자, 루이 16세 등 반대파를 숙청하였으나 공포 정치에 의해 그 역시 처형당하였다.

사회계약과 조직계약

홉스, 로크, 루소의 조직은 그 시대 상황에 따라 조직의 모습을 달리하고 있다. 공통적인 부문이 있다면 조직 구성원들을 자유롭고 이성적인 존재라고 본다는 것, 그리고 구성원들의 욕구를 중요하게 다룬다는 것이다. 이 욕구는 사람이 조직에서 일하는 이유이기도 하다. 홉스의 조직은 구성원 자신의 생존을 위한 생존권이 바탕이며, 로크의 조직은 자기보존을 위한 재산이라는 소유권에 대한 안전이며, 루소의 조직은 소속과 존중, 자아실현이라는 공공의 이익이다. 그리고 모두 동일하게 욕구에 상응하는 저항권을 다루고 있다. 생존을 지키기 위한 생존권만을 보장하는 홉스의 조직, 생존의 위협을 가정할 수 있는 예비적 상황에 대해서도 저항할 수 있는 로크의 조직, 그리고 루소의 조직은 입법 그 자체가 저항권이다. 입법에 있어서는 차이를 보인다. 홉스 조직의 입법은 생존욕구를 충족시키는 최소한의 내용을 담고 있으며 외부에 의해 강제된 근로기준법, 취업규칙, 근로계약서등과 함께 조직신화가 작용한다. 로크의 조직은 안전욕구를 충족시키는 선에서 입법이 되며 취업규칙, 근로계약서에 의한다. 이때 근로기준법이 제외되는 것은 그것이 외부의 의해 주어진 것이기 때문이다. 로크의 조직에서부터 실질적인 법이 다루어진다고 할 수 있는데 조직 내에서 스스로의 입법이 시작되었기 때문이다. 루소의 조직

조직 비교	욕구 (조직의 목적)	입법 (작동되는 규범)	권력
홉스의 조직	생존권	근로기준법, 취업규칙, 근로계약서, 조직신화	절대권력
로크의 조직	소유권	취업규칙, 근로계약서	절대권력
루소의 조직	공의	취업규칙, 근로계약서, 자체 입법	조직과 구성원

사회계약론의 조직 1

도 근로기준법이 제외된 취업규칙과 근로계약서가 입법되며 그 내용
에는 자유와 평등을 담고 있다. 특징적으로 루소의 조직은 구성원들
이 법을 집행할 수 있으며 조직 구성원들이 만들어낸 스스로의 법이
있다는 것이다. 이를 비교하면 위의 표와 같다.

　또 하나, 이들 조직의 중요한 공통점은 자유와 평등을 담고 있다.
시대 상황에 따라 정의가 상이한 것은 당시의 사회와 사회 구성원들
이 추구하던 바가 다르기 때문이다. 그러나 궁극적으로 그들이 고민
했던 부문은 정의로운 사회이며 그 안에 담고 있는 자유와 평등의 내
용이 상이할 뿐이다. 이러한 역사적 노고는 결국, 사회 구성원들의
행복과 존엄성, 인격적 존재라는 것을 고백하기 위함이었다. 홉스의
조직부터 시작된 이 여정은 로크에 의해 미국의 독립선언문에 영향
을 주었고, 마침내 루소의 조직은 프랑스 대혁명에 영향을 준다. 그

의 사상은 자유와 평등, 박애의 정신에 의해 사회 구성원들이 바라는 그것이었고 마침내 혁명으로 분출된다. 그러나 로베스피에르와 나폴레옹이라는 절대권력에 의해 좌절되어버린다. 좌절의 원인은 루소가 주장한 공공이익에 대한 견해가 대중과 로베스피에르, 나폴레옹이 달랐기 때문이다. 그들은 각자 나름대로 공공이익을 꿈꾸었을 뿐, 절차에 의해 합의되고 수렴되지 않았다. 이후 자유와 평등이라는 사회계약의 담론은 산업혁명과 자본주의에 의해 집어 삼켜져 자취를 감쳐버린다. 마치 대한민국의 혁명들이 절대권력에 의해 좌절된 것처럼, 그리고 산업화와 도시화가 삼켜 버린 것처럼 말이다. 그들의 자유주의적 신념은 그로 인해 신자유주의로 변질되었으며 오로지 시장에 의한 자유와 평등만을 거론할 뿐, 그것이 촉발되는 조직의 문 앞에서는 자유와 평등이 멈추어버렸다. 민주주의가 직장 문 앞에서 멈춰서는 이유는 리더십이나 구성원의 문제가 아니다. 조직을 자유와 평등으로 정의로운 장場으로 바라보지 않기 때문이다. 노동운동이 진척되지 않은 이유, 계급운동으로 변질되는 이유는 그 힘이 부족해서가 아니다. 자유와 평등이라는 구성원들의 실존적 욕구를 물질적 보상이라는 생존적, 소유적 욕구로만 바라보기 때문이다.

생존의 조직, 소유의 조직, 공공이익의 조직은 마치 산업혁명 전후의 생존을 위한 조직, 자본주의가 심화된 소유의 조직, 그리고 현대사회의 공공이익을 추구하는 조직의 모습과 비교될 수 있겠다. 이렇듯, 앞서 사회계약에 의한 가상의 조직 모습을 보면 조직의 역사적 발전과정을 이해할 수 있을 것이다. 이렇게 3개의 사회계약을 설명한 것은 롤즈의 사회계약을 들어 자유롭고 평등한 정의로운 조직을

조직 비교	욕구 (조직의 목적)	입법 (작동되는 규범)	권력
홉스의 조직	생존권	근로기준법, 취업규칙, 근로계약서, 조직신화	절대권력
로크의 조직	소유권	취업규칙, 근로계약서	절대권력
루소의 조직	공공이익	취업규칙, 근로계약서, 자체 입법	조직과 구성원
롤즈의 조직	공공이익	사명, 가치, 행동규범의 자체입법, 조직 내 규정과 규칙의 자체입법	구성원에 의한 3권분립

사회계약론의 조직 2

비교하기 위함이었다. 사회계약론자의 주장을 비교하여 보자.

롤즈는 공정으로서의 정의에서 이렇게 주장한다. '입헌 민주주의의 기본 제도가 시민의 기본권과 자유를 규정하고 보호해 주기 위해서는 그리고 시민들이 자유롭고 평등한 인격체로 간주될 경우 그것이 민주주의적 평등의 요구를 만족시켜 주기 위해서는, 그 제도가 어떤 식으로 구성되어야 하는지에 관하여 아무런 합의도 존재하지 않았다.'[*] 수많은 정치 변화 속에서 인민의 혁명과 저항을 통해 얻어진 민주주의는 시대에 따라 다양한 이론가 및 시대적 정신에 의해 태어

---

[*] 롤즈, 『공정으로서의 정의』, 서광사, 1977, 111쪽.

나고 자랐다. 그 탄생과 성장 속에서 자유와 평등이라는 기본적 가치가 어떻게 구체적으로 실현되는지에 대해 불일치하다는 것이 그의 주장이다. 그러므로 사회정의social justice는 아직 정의되지 않았다. 정의되지 않았으므로 불일치이고, 불일치에 의해 부정의injustice가 되며 이것이 사회의 갈등요인이다. 마찬가지로 조직 역시 그러하다. 조직의 갈등 역시도 의견의 불일치이며 이것이 조직이 정의롭지 못하다는 인식을 고착화시킨다. 그러하니 이 시대는 사회의 정의justice에 대한 자유와 평등의 담론을 진중하게 숙고할 필요가 있다. 그 숙고의 과정에서 조직의 정의justice에 대해서 거론할 필요가 있는 것은 조직이 사회이고 사회는 조직으로 이루어지기 때문이다. 어쩌면 사회정의에 대한 의견의 불일치는 산업화와 사상의 갈등, 그리고 급속한 자본주의 팽창 속에서 미처 조직의 정의justice를 정의definition하지 못한 이유일 수 있다.

홉스, 로크, 루소의 사회계약은 이 시대에 혼재되어 있다. 생존권, 소유권, 공공이익 사이에서 사회는 의견일치의 내홍을 겪고 있으며 이것에 의해 서로를 부정의하다고 내몰며 갈등하고 있다. 조직 역시 홉스, 로크, 루소의 조직이 혼재되어 있고 조직과 구성원들이 추구하는 목적의 상이성에 따라 반목하고 있는 것이 현실이다. 이 책에서는 우리가 원하는 조직은 미래지향적인 정의로운 조직이라 가정하고 거대사회의 관점에서 접근하기보다는 관점을 삶의 터전으로 좁혀서 조직으로 들어가 보았다. 사회가 다변화되고, 기술이 혁신되면서 점점 더 조직의 의미가 상실되거나 변질, 변화되고 있다. 수익 지상주의는 날로 심화되고 소득격차는 점점 벌어지고 있으며, 일자리는 줄고 있다. 일의 의미는 퇴색되고 있을 뿐만 아니라 사람은 노동에서 의미를 찾기보다는 다른 곳에서 자신을 발견하고자 한다. '노동은 기계에 의해 대체될 것인가? 조직은 어떤 존재로 남을 것인가? 사람은 어디에서 그 의미를 찾아야 할까?' 사회계약을 조직계약으로 풀어보는 것은 조직의 의미와 일의 의미, 삶의 의미, 그리고 공동체의 의미, 마침내 조직의 미래에 대해 대안적 제시이다. 그 대안적 조직은 롤즈의 조직이다.

참고문헌

존 롤즈, 황경식 역, 『정의론』, 이학사, 2014.

존 롤즈, 김은희 역, 『도덕 철학사 강의』, 이학사, 2020.

존 롤즈, 황경식 외역, 『공정으로서의 정의』, 서광사, 1988.

존 롤즈, 에린 켈리 엮음, 김주휘 역, 『공정으로서의 정의 재서술』, 이학사, 2016.

존 롤즈, 황경식 역, 『정의론』, 쌤파커스, 2018.

마이클 샌델, 김명철 역, 『정의란 무엇인가』, 미랜엔, 2019.

아마르티아센, 이규원 역, 『정의의 아이디어』, 한국통신대학교 출판문화원, 2019.

조긍호, 강정인, 『사회계약론 연구』, 서강대 출판부, 2012.

장 자크 루소, 이재형 역, 『사회계약론』, 문예출판사, 2013.

줄리언 바지니, 서민아 역, 『자유의지』, 스윙밴드, 2017.

존 스튜어트 밀, 박문재 역, 『자유론』, 현대지성, 2019.

존 로크, 권혁 역, 『통치론』, 돋을새김, 1997.

토마스 베네딕토, 성연숙 역, 『더 많은 권력을 시민에게』, 다른백년, 2019.

임마누엘 칸트, 이원봉 역, 『도덕 형이상학 기초놓기』, 책세상, 2002.

임마누엘 칸트, 김석수 역, 『도덕 형이상학 정초 실천이성 비판』, 한길사, 2019.

임마누엘 칸트, 백종현 역, 『실천이성비판』, 아카넷, 2022

서정옥, 『칸트의 순수이성 비판 읽기』, 세창미디어, 2012.

임마누엘 칸트, 백종현 역, 『순수이성비판』, 아카넷, 2019

칼 로저스, 연문희 역, 『학습의 자유』, 문음사, 1990.

칼 로저스, 주은선 역,『진정한 사람되기』, 학지사, 2009.

에스핑 엔더슨, 박시종 역,『복지 자본주의의 세 가지 세계』, 성균관대 출판부, 2007.

로버트 달, 배관표 역,『경제 민주주의에 관하여』, 후마니타스, 2011.

애이브럼햄 매슬로우, 왕수민 역,『인간욕구를 경영하라』, 웅진씽크빅, 2011.

애이브럼햄 매슬로우, 정태연 외역,『존재의 심리학』, 문예출판사, 2005.

애이브럼햄 매슬로우, 소슬기 역,『매슬로우의 동기이론』, 유액스 리뷰, 2018.

닐 도쉬 외, 유준희 외역,『무엇이 성과를 이끄는가』, 생각지도, 2016.

에드워드 데시 외, 이상원 역,『마음의 작동법』, 에코의서재, 2005.

이반일리치, 신수열 역,『전문가들의 사회』, 사월의 책, 2015.

베르나르 샤방스, 양준호 역,『제도경제학의 시간과 공간』, 한울, 2010.

소스타인 베블런, 이종인 역,『유한계급론』, ㈜현대지성, 2018.

존 R 커먼스, 박상철 역,『집단행동경제학』, 한국문화사, 2012.

아담 스미스, 박세일 외역,『도덕감정론』, 비봉출판사, 1996.

아담 스미스, 김수행 역,『국부론』, 비봉출판사, 2007.

한성안,『진보 집권 경제학, 아름다운사람들』, 2020.

켄 맥코믹, 한성안 편역,『경제학자 베블런 · 냉소와 미소 사이』, 청람, 2019.

마크 H. 엘리스, 조세종 역,『피터모린 20세기에 살다간 예언자』, 하양인, 2015.

도로시데이, 이건 역,『오늘 유성처럼 살아도』, 바오로 딸, 1995.

감사의 말

 3개월 동안 치즈김밥을 혼자 먹었습니다. 분식집 사장님도 제가 입장하면 주문도 없이 치즈김밥을 내어 주셨습니다. 조직의 리더와 시비를 가려야 하는 이슈가 있었습니다. 옳고 그름의 문제로 판단되어 저의 주장을 굽히지 않았고 그 결과로 밀려난 것입니다. 저를 배제한 채 회의들이 열렸으며 저의 결재 없이도 일이 진행되었습니다. '무엇이 잘못된 걸까?' 처음에는 정의의 문제로만 생각했지만 치즈김밥을 먹으면서 생각이 바뀌었습니다. 제 처지의 변화는 결국 결정권과 거버넌스의 문제였습니다. 제가 권한의 중심에 있을 때는 조직의 권력이 편중되어 있다는 사실을 몰랐습니다. 그 중심에서 밀려나 권한이 사라지니 행복하지 않았습니다. 관리주의 방식에 의해 조직을 운영하였고 꽤 많은 성과들이 있었던 것도 사실입니다. 조직 구성원들도 그 성과에 행복한 줄 알았습니다. 하지만 그들도 역시 제 처지였던 것 같습니다.

 '어떡하면 권한이 분산되어 조직의 구성원들이 참여할 수 있을까? 구성원들이 일의 의미를 발견하고 자아를 실현하는 행복한 조직은 어떻게 이룰 수 있을까? 나와 같은 경험을 하는 사람이 더이상 없으려면 조직에게 필요한 것은 무엇일까?' 이런 질문에 대한 답이 조직민주주의였습니다. 치즈김밥을 먹으며 '다시 한번 제게 권한이 주어진다면 꼭 그렇게 해보리라'는 마음으로 시작된 조직민주주의 여정입니다. 학습하며 칼럼을 쓰고 강의를 하고 있습니다. 이직을 하여 비영리조직의 대표가 되었고 그 곳에서 고민한 바를 실천하고 있습니다. '당신의 조직은 정의로운가'는 그렇게 쓰여졌습니다. 이 책이 조직의 존재와 의미를 밝히기 위해 헌신하고 있는 수많은 조직개발자들과 촉진자들, 구성원들에게 도움이 되길 바라는 마음입니다.

사람들은 제게 묻습니다. '그래서 당신의 조직은 얼마나 민주적인가?' 민주주의는 완성되는 것이 아닐 것입니다. 조직에게는 과정이자 저에게는 여정입니다. 그래서 이렇게 대답합니다. '우리가 고민한 만큼, 우리가 참여한 만큼, 우리가 결정한 만큼, 그 만큼이 민주주의입니다.' 사회의 민주주의도 깨어 있는 시민들이 참여한 만큼 이루어지듯이 조직 역시 그만큼이 민주주의입니다. 조금이라도 더 진전되는 조직민주주의를 위하여 많은 학습과 연구를 할 것입니다. 그것이 사람이 사람답게 사는 것이고 우리가 진전된 만큼 더 많은 사람들이 행복한사회가 될 것이라 믿기 때문입니다. 그 진전이 저의 두 자녀뿐만 아니라 후대들이 살아가는 세상에 좋은 유산heritage이 되었으면 합니다.

끝으로 '좋은 삶eudaimonia'을 함께 꿈꿔 주는 제 아내와 함께 감사의 마음을 드리고 싶은 분들이 계십니다. 조직과 사회를 소유所有함이 아닌 사유思惟함으로 이끌어 주신 한림성심대학 유희정 교수님께 감사드립니다. 교수님께서는 제가 학업을 계속할 수 있도록 후원자가 되어주셨습니다. 이분이 제게 주신 선의는 제가 사회에 기여해야 하는 선의의 계약이기도 합니다. 집필의 동기를 주신 세상을 바꾸는 사회복지사(사회단체) 이명묵 대표, 조직철학의 영감을 주신 쿠퍼실리테이션그룹 구기욱 대표께도 감사드립니다. 무엇보다도 기꺼이 출판을 허락해주신 플랜비 최익성 대표와 파지트 송준기 대표에게 고마운 마음이 큽니다. 모두가 고맙습니다.